教育部人文社会科学重点研究基地重大项目
"实践语言、实践思维与实践智慧"
（项目批准号：11JJD710010）

丛 书 策 划：中山大学实践哲学研究中心
　　　　　　重庆出版集团重点图书编辑室
学术主持人：徐长福

实践哲学的传统与创新丛书

总体与实践

刘习根 著

图书在版编目(CIP)数据

总体与实验/ 刘习根著.—重庆：重庆出版社，2013.11
ISBN 978-7-229-06601-7
（实践哲学的传统与创新丛书）

Ⅰ.①总… Ⅱ.①刘… Ⅲ.①哲学理论—理论研究
Ⅳ.①B0

中国版本图书馆 CIP 数据核字(2013)第 117328 号

总体与实践
ZONGTI YU SHIJIAN
刘习根 著

出 版 人：罗小卫
责任编辑：秦　琥
责任校对：夏　宇
装帧设计：重庆出版集团艺术设计有限公司·王芳甜　刘　尚

重庆出版集团
重庆出版社　出版

重庆长江二路 205 号　邮政编码：400016　http://www.cqph.com
重庆出版集团艺术设计有限公司制版
自贡兴华印务有限公司印刷
重庆出版集团图书发行有限公司发行
E-MAIL:fxchu@cqph.com　邮购电话：023-68809452
全国新华书店经销

开本：787mm×1092mm　1/16　印张：19.25　字数：300 千
2013 年 11 月第 1 版　2013 年 11 月第 1 次印刷
ISBN 978-7-229-06601-7
定价：38.50 元

如有印装质量问题，请向本集团图书发行有限公司调换：023-68706683

版权所有　侵权必究

《实践哲学的传统与创新丛书》总序

徐长福

《实践哲学的传统与创新丛书》是由中山大学实践哲学研究中心和重庆出版集团重点图书编辑室联合策划的。作为本丛书的学术主持人，我谨代表策划机构向读者简要说明一下本丛书的创意。

在汉语学界，有很多家族相似的实践哲学出版物。经过对近30年约170种以实践哲学为主题的汉语著作的归纳分析，我发现，这些出版物按照目前的学科体系来分主要有两大类：一类是属于广义马克思主义学科，包括马克思主义的哲学、美学和伦理学等学科的研究成果，一类是属于西方哲学学科，包括西方伦理学和政治哲学等学科的翻译作品和研究成果。在余下部分，一些是属于中国哲学和科技哲学等学科的研究成果，一些是属于跨学科或自创新说的研究成果。不用说，这些出版物自有其价值和特色，不过，其局限也毋庸讳言。

第一类出版物比较贴近现实，面向实践本身，关乎我们自身实践中的痛痒，但其理论观点的条条框框太多，非学术的先入之见太强，结论都统一落脚到马克思主义的正确性上，意识形态价值明显大于学术价值。这种实践哲学旨在以一种话语力量加入当下的实践，特别是政治实践，因此主要是一种直接**作为实践**的哲学。第二类出版物中的翻译作品大多因取材较好而有较高的学术价值，研究性成果的学术价值虽等而次之，但也不会差得很远。不过，前者的关切是原作者本人的历史时空中的实践，跟当下中国读者的实践客观上存在距离；后者则是对这种关切的讲述，虽然有助于读者理解那些原著及其相关学术传统，特别是有助于专业教育，但其主题和内容却无关读者当下实践的痛痒，并且普遍缺乏独立于所讲述对象的理论观点。显然，这种实践哲学是一种单纯的**关于实践**的哲学。此外，在属于中国哲学和科技哲学等学科的相关成果中，侧重现实的成果有类似马克思主义学科的那些优长与不足，尽管它们的理论落脚点可能不是马克思主义，而侧重文本的成果则有类似西方哲学的那些优长与不足,尽管它们跟读者的距离可能主要不在空间上。至于少量跨学科或自创新说的成果,尽管也开显了某些有新意的视野,或提出了一些有启发性的见解,但在学术积累和学理发掘上还远未做到让读者像对那些名著那样心悦诚服的程度。

基于上述估量,本丛书旨在推出一些在吸纳既往成果的优点的基础上对其局限多少有所突破的研究成果。按照我们的期望,这些成果应具有这样一个共同特征:至少要在实践哲学的传统与创新的张力中运思。一方面,不管是研究现实问题的作品,还是探索新颖学理的作品,都不搞凭空而论,而是以消化吸收传统学术资源为立论的前提,做到先充分说明先前同类成果的得失,再提出自己的新见解。另一方面,侧重研究传统的作品,也不画地为牢,不自限于现行学科畛域,不停留于一般性评介,而是以问题为中心,以揭示传统中特定学理的因革损益关系为目的,从而有补于本领域的创新事业,并为中国当下实践问题的解决提供学理鉴照。

不仅如此,我们推出这套丛书,还有更进一步的目的,即通过一个较长时段的持续不断的努力,团结越来越多的同仁,共同推动实践哲学在整体上逐步复归其本性——做到既是关于实践的哲学,也是作为实践的哲学。关于实践的哲学,意味着弄清实践所包含的复杂学理。其中,许多学理都已被中外前人揭示出来了,或者正在被学术发达国家的同行们发掘着;对前者我们要认真学习,对后者我们要密切关注。与此同时,有待探究的学理一定更多,因此需要我们把眼光除了投向他人文本外,还要投向实际的问题及其所蕴涵的未知学理。作为实践的哲学,意味着要为同时代的实践课题承担理论责任。实践哲学如果总是脱离当下现实的实践课题,那就不能算真正的实践哲学;如果在现实生活中总是扮演回避问题、甚至掩盖真相的角色,那就走到了哲学本身的反面。任何真正的实践哲学都是自己时代实践问题的揭露者、实践课题的创议者、实践思路的探索者和实践过程的参与者。实践哲学在关于实践的哲学方面的所有积累和成就都是为了更好地成为作为实践的哲学。或者说,实践哲学尽管有多样化的内部分工,但合在一起应当既是哲学,又是实践,是实践和哲学的统一。

正如近来人们普遍感受到的那样,中国的改革开放又到了一个不进则退的关键阶段,中国在全球化格局中也正在急切地重新定位自己,与此同时,包括中国人在内的人类共同体更是面临重重危机,亟须寻求化解之道。所有这些都是事关重大的实践课题,它们呼唤着实践哲学的突破,尤其是中国人在实践哲学上的突破。

当然,回到操作层面上讲,本丛书的每一部作品毕竟都是一个有限的成果,不可能完全超越其处境,因而各自只能在特定的方面和程度上去体现上述意图。我们惟愿跟作者们同心协力,使这些良好意图能够通过一部部扎扎实实的作品而得到渐趋全面的体现,并由衷欢迎学界同行和广大读者随时不吝赐教。

2012年3月7—10日
写于广州祈乐苑寓所

《总体与实践》序

徐长福

刘习根博士的《总体与实践》原为作者在我指导下完成的博士学位论文，现纳入"实践哲学的传统与创新"丛书出版。作为该丛书的学术主持人和该书作者的指导教师，在此向读者写几句推荐的话应是责无旁贷的事情。

首先，该书所探讨的总体与实践的课题非常值得关注。

实践可以是个体性的，比如修身；也可以是集体性的，比如齐家；还可以是总体性的，比如治国、平天下。修身虽是个体性的，但并不容易。不过，相比之下，齐家无疑更难。可是，跟治国、平天下相比，前两者又都不算什么了。可见，总体性实践肯定是最难的实践。

总体性实践之难，在于像国家、天下这种总体既事关重大，又远远超出了每个人的直观视域，人们只能靠语言等符号去把握，其方式是：根据直观视域之内的事实，利用符号的普遍性和可推导性，在意识中逻辑地构造出总体。但这样一来，符号所把握到的总体和客观存在的总体之间是否一致就成了悬疑的事情。这种情况下，如果再根据符号所把握的总体去进行总体性实践，后果就很难逆料了。

因为总体只能通过符号去把握，而符号系统的构造必须借助逻辑推导，所以对总体的把握往往表现为符号的逻辑化系统，即西方传统中的那种理论，尤其是哲学。就此而言，西方哲学所把握的总体对于我们反思总体与实践的关系就具有典型意义。

该书的主要内容正是梳理和反思西方关于总体与实践的哲学学说的基本类型和历史脉络，对于读者了解这个领域的概貌具有参考价值。

其次，该书对马克思和马克思主义的相关思想采取了一种学术化的态度。

目前国内马克思主义学科的著述有一个普遍的特征，即不管讲什么，最后都落脚到对马克思或马克思主义的意识形态辩护上来。这跟宗教的护教差不多。当然，护教也好，意识形态辩护也好，自有其信仰方面的合理性和价值。但是，毋庸讳言，它们跟从学术上弄清事情的真相并不自动就是一回事。

跟上述做法不同，该书对马克思和马克思主义采取了一种自觉的学术态度，或者说采取了一种跟对柏拉图、康德、黑格尔等非马克思主义哲学家并无两样的态度，亦即基于文献和史实的分析—批评态度。这样做有助于揭示真实的问题，发掘真实的学理。

在总体与实践的问题上，马克思提出了改变世界的主张，这等于把总体和实践统一起来，堪称总体性实践哲学的最激进形态。对此，人们以往都给予高度评价，并长期遵照执行。如今看来，正是这种主张把以理论把握实践的冲动发挥到了极致，并导致了严重的历史后果。因此，马克思的总体观和实践观最值得认真反思。

该书的一个可贵之处正是在于对马克思和马克思主义的有关问题作了较为深入的解剖。

再次，该书在学理上对我关于理论思维和工程思维的区分有所推进。

我在《理论思维与工程思维——两种思维方式的僭越与划界》(上海人民出版社2002年第1版；其修订本已纳入这套丛书即将出版)中提出了两种思维方式划界的主张。我的基本观点是：由于实践所涉及的事物及其属性充满异质性，因而任何一种理论都只能合乎逻辑地把握到实践个例的某一方面的属性，而不可能把握到其所有属性，这种情况下，用理论思维从事实践只会适得其反。为此，我主张理论思维和工程思维划界，即用理论思维研究理论，用工程思维设计工程，二者分工而互补。在我这本书中，工程思维被定位为实践思维中最具建构性特征的一种下属的思维方式。

习根博士在读博期间了解了我的这套想法，并深为认同。他在自己的这本书中把我对理论思维与工程思维的区分普遍化为理论思维与实践思维的区分，并将这种区分运用到对总体与实践的问题的研究上。在我看来，该书在学理上最重要的一个观点就是对理论总体和实践总体的区分：理论总体是呈现在特定理论学说中的总体，是用理论思维合乎逻辑地推导出来的关于总体的认识系统；实践总体是人们在实践中实际遭遇到的总体，它比由任何一种理论所把握到的总体都要复杂得多。区分理论总体和实践总体的意义在于:在总体性实践中,切忌单凭一种理论去指导实践;要想充分把握总体性实践的复杂性,就必须博采众理论之所长,然后用实践思维加以统筹。马克思主义在总体性实践上的一个重要教训就在于,它以为单靠自己一家理论就能把握全人类的总体性实践,而没有意识到理论总体和实践总体之间的根本界线。

该书在学理上的上述探进反映了近年来我所带领的实践哲学团队的一种共同追求,即对"修、齐、治、平"等人类实践的历史遗产与现实问题亲自做一番理论性的思考。这也是这套丛书的意旨所在。我们深知,在各种类型的学术研究中,做理论是最难的,而要真正在理论上有所创新,更是谈何容易!尽管如此,我们不想在理论思考上弃权,尤其不甘心单纯充当先辈或域外理论的传声筒。因为如果那样的话,我们所关心的总体性实践就危乎殆哉。所以,该书以及丛书中的其他著作如果在理论创新上有值得肯定之处的话,或许主要不在于其已经得出的结论,而在于其对读者们的创新意识的激发作用。

最后,该书的基本学术品质值得信任。

目前的汉语学术,相对于西方发达国家的学术来说,还处在发展中状态,学术出版物的一般品质明显较低。特别是汉语马克思主义学术,长期奉行政治意识形态标准优先的原则,对出版物的学术性缺乏应有的重视,其品质更低一等。

针对这种情况,我在指导习根博士撰写这篇学位论文时特别强调一条底线,那就是必须在学术品质上基本达标。我所树立的这个"标"包括两点内容:其一,鉴于该论文所研究的是西方的事情,因此在题材选择、总体构思和关键论断上必须以尚无汉译的比较权威的西方研究性著作为参照基准;其二,对专题探讨的人物及其学说的论述,必须以其原著(包括其汉译本)为主要依据。这样就避免了时下汉语著述中常见的宏观上任意联想、微观上断章取义的做法。

为了落实上述标准,习根博士可谓竭尽了全力。他不仅当初在撰写论文时数易其稿,而且在按出版要求将其改写成书的过程中,又反复征求我的意见,并据以多次修订和完善其稿本。在读了该书的最新修改稿后,我有把握这样讲:该书所实际达到的水准已经超出了我最初的期待。

当然,作为当今汉语学术大背景下的一部普通作品,该书在学术上一定还存在这样那样的不足。比如,该书遗漏了一些重要人物的相关思想,对一些哲学经典的解读不够细致,一些理论论证还可以进一步推敲,等等。但不管怎样,把该书推荐给读者,我心里是完全踏实的。

习根博士性情敦厚,为人为学诚实本分。该书或许没有振聋发聩之力,但确实属于真才实学之作。兹感其勤勉,爰以为序,以嘉其志。

写于 2013 年 6 月 4 日

目　录

《实践哲学的传统与创新丛书》总序（徐长福）/1
《总体与实践》序（徐长福）/1

导　言/1
　一、问题的缘起：总体在实践中遭遇的困境/1
　二、本书的研究视角/3
　三、本书的基本思路与篇章结构/8

第一编　前马克思主义哲学的总体观/13

第一章　古代哲学的总体观/15
第一节　柏拉图规范性的"理念"总体观/15
　一、古希腊的启蒙时代/16
　二、作为规范性总体的"理念"/19
　三、规范性"理念"总体的实践问题/22
第二节　基督教哲学的总体观/26
　一、基督教哲学总体观的理论渊源/27
　二、作为认识论总体性原则的上帝/29
　三、作为伦理学总体性原则的上帝/33
　四、作为历史总体性目的的上帝/35
小　结/39

第二章　近代哲学的总体观/41
第一节　康德的范导性总体观/41
　一、作为总体论者的康德/42

二、对人的理性认识能力的批判/45

　　三、范导性原理的提出/48

　　四、范导性原理的运用/51

　第二节　黑格尔的作为精神展现的历史总体/58

　　一、黑格尔历史总体观的时代背景/59

　　二、对实证的基督教的批判/61

　　三、对社会分裂的新理解：走向总体性社会的必要环节/64

　　四、作为绝对精神展现的世界历史/69

　小　结/75

第二编　马克思主义的总体观/77

第三章　马克思、恩格斯的总体观/79

第一节　马克思的实践总体观/79

　　一、哲学的使命：理论与现实的和解/80

　　二、实践的首要地位/84

第二节　马克思的历史总体观/88

　　一、历史之谜的解决及其困境/88

　　二、作为历史目的的历史总体/93

　　三、作为生产总体的资本主义生产方式/97

第三节　恩格斯的物质总体观/103

　　一、对黑格尔唯心主义的批判/104

　　二、物质范畴的核心地位/107

　　三、作为最普遍规律科学的辩证法/110

　　四、作为科学的世界观理论体系的马克思主义哲学/114

　小　结/116

第四章　卢卡奇的总体观/118

第一节　关于文化的总体观/118

　　一、人文主义总体观的影响/119

　　二、现代资本主义社会的文化危机：史诗总体的堕落/122

三、对文化总体的渴望/127

第二节 作为马克思主义革命原则的总体范畴/132

一、辩证的总体观:马克思主义中的黑格尔幽灵/132

二、物化理论及其实践意义/136

三、阶级意识/139

四、总体与物化的消除/143

小 结/147

第五章 批判的马克思主义总体观/150

第一节 霍克海默批判的总体观/150

一、批判视角的开启/150

二、精神分析方法与社会批判方法的结合/153

三、启蒙的辩证法/160

第二节 阿多尔诺否定的总体观/165

一、对同一性总体的批判/165

二、哲学与现实/170

三、否定的总体/176

第三节 马尔库塞:从记忆到总体/180

一、从理性总体到记忆的总体化/181

二、海德格尔现象学的启示:物化就是遗忘/184

三、精神分析的回忆作用/188

第四节 萨特:从总体到总体化的总体观/192

一、作为幻觉的总体/192

二、从总体到总体化/196

三、历史的总体化/200

四、个人的总体化/204

小 结/208

第三编　后马克思主义的总体观/211

第六章　总体的崩溃与重建/213
第一节　后现代主义的总体观/214
　　一、利奥塔：向总体性开战/214
　　二、福柯：权力—知识的历史形态/217
　　三、德里达：对逻各斯中心主义的解构/220
　　四、詹姆逊：差异的总体性/224
第二节　哈贝马斯：重建一种交往理性的总体/228
　　一、黑格尔主义总体图式的影响/228
　　二、理论与实践的统一/233
　　三、交往理性对总体的重建/238
小　结/243

第七章　一条关于实践总体观的新思路/246
第一节　一个关于实践总体观的新平台/246
第二节　作为范导性理念的总体观念/252
　　一、作为范导性理念的总体之人/252
　　二、作为范导性理念的理想性总体社会/261
第三节　作为建构性理想的实践总体/267
小　结/273

结语：走在探讨总体问题的途中/275
参考文献/279
《总体与实践》后记(刘习根)/291

导　言

一、问题的缘起：总体在实践中遭遇的困境

本文使用的"总体"概念来源于英文 totality，该词具有"总体、全部、大全、整全、总共"等多个含义，表达了一种"无所不包"的思想。弗洛伊德认为，这种"无所不包"的观念最初可以追溯到人类早期的海洋崇拜——海洋乃万物之母，一切生于海洋并最终复归于海洋。哲学后来继承并发展了这种"无所不包"的观念，这就是哲学史上的本体论传统。莱维纳斯认为，从柏拉图到海德格尔，西方哲学一直贯穿着各种形式的本体论，尽管这些本体论在形式上存在很大的差异，但它们的本质却是相同的——"把他者还原为同一以保证存在的包容性"[①]。把异质的他者还原为一个统一的本体，一直以来都是西方哲学本体论追求的目标。本书主要是在这个意义上来理解"总体"的。

在"总体"观念的支配下，本体论者们总是试图运用理性的方式来超越自身的有限性，以达成完满的"总体性"。他们运用各自不同的方法，来设想各自心目中的"总体"，并以此作为理解宇宙和人生的基础。不仅如此，他们还把这种"总体性"理想看作一个可实践的目标，例如，柏拉图根据"理念论"设想出的"总体性"的社会——"理想国"，基督教哲学根据上帝设想出的"上帝之城"，马克思和恩格斯根据唯物主义的历史观设想出的共产主义社会。然而，时至今日，上述种种"总体性"理想仍然只是停留在思想当中，这不由得使我产生了对这些"总体性"理想的质疑。到底是什么原因使得这些美好

---

① Emmanuel Lévinas, *Totality and Infinity: An Essay on Exteriority*, Duquesne University Press, Pittsburgh, 1969；转引自孙向晨：《不可或缺的上帝和上帝的缺席》，载《学术月刊》，2002年第6期。

的理想只能停留在思想当中,而无法成为真正的现实呢?它在将来还有可能实现吗?如果可以的话,它是否还像哲学史上那些思想家所具体描述的那种样子?所有这些问题,促使了我对总体与实践之间的关系进行探讨。

前人也曾探讨过这个问题。他们要么把"总体性"理想遭遇实践困境的原因仅仅归结为实践的失误,要么仅仅归结为理论的原因。例如,有些人把马克思和恩格斯所设想的历史总体——共产主义社会至今无法实现的原因归结为单纯的实践原因。在他们看来,马克思主义是科学,根据理论和实践相统一的原则,只要调整实践,这个理想就一定能够最终实现。这种观点在我国传统的马克思主义教科书当中是一种主流观点。马克思主义阵营之外的思想家,尤其是一些西方思想家,则是将共产主义社会看作一种纯粹的理论抽象物。如美国的约翰·P. 伯克(John P. Burke)等在《马克思和大同社会》中,就批判马克思的共产主义"不会是对一个可能达到的社会的描述,因为总可以在一个设想为最好的社会中,仅仅通过增加幸福的总量而使它变得更好一点"[①]。甚至还有一些思想家认为共产主义就是一种宗教信仰。总之,各种反思和批判意见层出不穷,思想家们也都确实讲出了一些道理。但是,在笔者看来,所有的这些探讨,都没有真正切中"总体"范畴在实践中遭遇困境的真正要害,即没有从总体范畴本身所内含的复杂性来理解这种困境,因而至今没有形成一种真正具有说服力的理论。

笔者认为,"总体"范畴之所以在实践中遭遇这种困境,根本原因就在于这个概念本身的特质与实践之间所具有的矛盾。要阐明这个矛盾,必须对"总体"范畴的来龙去脉有一个比较清晰的认识,否则,我们就可能只是就事论事,当然也就无法真正透视"总体"范畴的这种实践困境。

"总体"范畴起源于一种用理智来解释世界的冲动,这就是哲学"本原"观念的来源。但是,后来的哲学家们并不满足于"本原"的这种解释世界的功能,他们还试图运用这种总体性的"本原"来改造世界,以服务于人的社会生活,于是,逐渐形成了一种融解释世界和改造世界于一体的"总体性"观念。这是哲学史上总体—实践观念的起源,柏拉图是这种观念早期的典型

[①] John P. Burke *et al.*, *Marxism and the Good Society*, Cambridge University Press, New York, 1981; 转引自陈学明、张志孚主编:《当代国外马克思主义研究名著提要》(下卷),重庆出版社,重庆,1997年版,第34页。

代表。他既把"理念"看作解释世界的总体性原则,又把"理念"看作人类实践的模型,认为人类一定能够把这种"理念"的模型实现在现实社会当中。柏拉图的这种总体—实践观念对后来的哲学产生了深刻的影响,基督教、黑格尔、马克思,乃至整个马克思主义哲学都深受其影响。

在笔者看来,各种美好的"总体性"理想之所以陷入实践困境,是因为思想家们混淆了理想与现实的区别。他们都是拿理智设想出来的一个"总体",既用来解释世界,又用来改造世界,从而错误地将理想性当作了现实性,由此陷入实践困境。其实,亚里士多德在很早以前就意识到了理想与现实的区别,他将人类活动划分为理论的活动、实践的活动和创制的活动三种①。在他看来,理论活动是一种沉思,它依据理论智慧来追求一以贯之的道理;实践活动依据实践智慧来追求活动本身的好;创制活动依据技艺来追求活动结果的好。在亚里士多德这里,理论、实践和创制分别对应于不同的目的和实现手段,它们各自只能根据自己的手段去实现自己的目的,否则,必然陷入困境。然而,亚里士多德的这种区分并没有被传统的实践哲学所重视,它们忽视了由沉思的理论活动所形成的总体观与实践(包括实践和创制)之间存在的这种张力,它们在没有对各种总体观进行考察之前,就武断地认为,这些总体性理想一定能够在现实中实现出来。殊不知,各种传统的总体观基本上是理智的产物,是理论思维抽象的产物,它本质上是非实践的。这正是传统的各种总体观在实践中遭遇困境的真正原因,本书的探讨就是缘起于此。

二、本书的研究视角

针对传统哲学总体观遭遇到的实践困境问题,本书打算在理清各种传统总体观的实质的基础上,再尝试提出一种新的解决办法,即采用理论思维与实践思维划分的办法来透视总体性观念,并尝试提出一种具有真正实践特质的总体。因此,本书的基本视角可以分为两个:一是考察和批判哲学史上各种与马克思主义总体观有重要关联的总体观,二是在思维方式划界的

---

① 在亚里士多德那里,实践的活动主要指政治和伦理活动,其目的在于活动本身的好,而创制的活动主要指生产和技艺的活动,它的目的在于活动结果的好。而在现代哲学,尤其是马克思主义哲学中,实践基本上兼具亚里士多德的实践和创制的含义。

基础上对总体实践的困境进行透视,以寻求一种新的解决这种困境的办法。

首先,本书将考察西方哲学史上各种具有代表意义的总体观。在哲学史上,黑格尔第一次明确地把总体当作一个核心哲学范畴提出来。后来,卢卡奇在批判庸俗的马克思主义将马克思主义实证化的时候,重新强调了总体范畴在马克思主义哲学中的核心地位。他在《历史与阶级意识》中指出:"不是经济动机在历史解释中的首要地位,而是总体的观点,使马克思主义同资产阶级科学有决定性的区别。总体范畴,整体对各个部分的全面的、决定性的统治地位,是马克思取自黑格尔并独创性地改造成为一门全新科学的基础的方法的本质。"[①]卢卡奇之所以将总体范畴看作马克思主义的核心范畴,是因为他洞察到了各种庸俗的马克思主义将马克思主义当作一种实证的科学,直接运用于实践当中,从而造成了理论与实践之间的巨大反差。从某种意义上来说,卢卡奇的确洞察到了马克思主义理论与实践之间出现反差的真正原因,即总体观念被实证化所造成的结果。但他认为只要恢复总体范畴在马克思主义当中的核心地位,就能够达到理论和实践的统一。这样,他就完全陷入到黑格尔的唯心主义泥潭当中。因为这种总体观念被实证化所造成的困境,并不是仅仅靠恢复总体范畴的核心地位就可以解决的问题,它本质上是总体范畴本身所蕴涵的一个内在矛盾。因此,要解决这个矛盾,必须从总体范畴的学理上来寻找办法。

为此,我们必须首先对哲学史上总体范畴的来龙去脉有一个比较全面的了解。从学理上看,总体范畴的这种困境可以直接追溯到柏拉图。因此,我将考察的起点放在柏拉图的总体观上面。尽管柏拉图没有明确提出"总体"这个范畴,但他的哲学思想却表达了一个这样的"总体"观念。在柏拉图那里,"理念"既是解释世界的原理,也是现实世界的模型,是一个兼顾了理论和实践的至高无上的"总的原理"。柏拉图从现实的经验世界转向理念世界的方法是"灵魂的转向",显然,这种"灵魂的转向"是一种非常朴素的经验类比,没有任何真正的理论依据,也违背了他关于理念世界和经验世界二分的原则。也正因为如此,柏拉图的这种"理念"总体,在他自己的有生之年就遇到了无法克服的实践困难。基督教哲学将柏拉图的"总体"观念推向了一

---

① 卢卡奇:《历史与阶级意识》,杜智章等译,商务印书馆,北京,1992年版,第76页。

个极端,它运用亚里士多德的理性方法来论证上帝这个"总体",上帝成为一个集普遍与特殊于一身的最高的实在。上帝不仅是世界存在的根据,也是人类认识的来源与基础、人的行为的依据和历史的终极目的。事实上,基督教的这种全知、全能、全善的上帝总体,只能停留在理想的天国,它与人的现实生活永远隔着一条无法逾越的鸿沟。

康德通过对人的认识能力的考察和批判,将人的认识能力划定在现象世界,并由此将总体观念看作是一种认识的幻相,这是康德哲学一个深刻的洞见。但康德并没有因此而抛弃这种作为幻相的总体,他将它看作一个范导性的原理,广泛地运用到对实践理性、历史理性、判断力等的考察中。但囿于他的唯心主义视角,康德无法在这种总体观念与现实的经验世界之间建立一种真正的实践关系。黑格尔不满于康德哲学的这种二元论视角,他用一种"绝对精神"的观念取代了传统的总体观念。在他看来,绝对精神既是主体又是实体,既是对象又是目的本身,因此,传统总体观念所遭遇到的困境,似乎得到了圆满的解决。其实不然,黑格尔的绝对精神仅仅是一个理智设定的神秘的东西,它仍然远离了现实的实践。

正是在这样一种理论背景下,马克思提出了改变世界的实践哲学。在马克思看来,哲学的真正使命就在于消灭自身,回归现实生活。他在《〈黑格尔法哲学批判〉导言》中,对以黑格尔哲学为代表的德国法哲学进行批判时指出,"你们不使哲学成为现实,就不能够消灭哲学"[①]。但是,在如何回归现实生活这个方面,马克思依然没有超出传统哲学的总体观念,他试图通过确立一个以"实践"观念为基石的理论体系,由此得出一个关于人类解放的历史结论。因此,从学理上来看,马克思仍然没有切中"实践"这个"总体"概念本身所包含的内在矛盾,他仍然是在传统哲学的话语中来理解理论与实践的统一问题,这也注定了他的这种统一是无法真正实现的。至于恩格斯,则是将这个"总体"理解为一个抽象的物质概念,认为"物质无非就是各种物的总和,而这个概念就是从这一总和中抽象出来的"[②]。这样,物质总体不过是对各种具体的物质的一种抽象和概括而已。恩格斯的这种物质总体观非但

[①]《马克思恩格斯选集》第1卷,人民出版社,北京,1995年版,第8页。
[②]《马克思恩格斯选集》第4卷,人民出版社,北京,1995年版,第343页。

没有使世界得到统一，反而退回到一种概念唯名论的立场，认为用物质这个概念就可以"把感官可感知的许多不同的事物依照其共同的属性概括起来"①。恩格斯的这种物质总体观显然是用一个抽象的概念在统一一切具体对象，无法真正解释世界的本来面貌，当然也更无法达到改造世界的目的。

卢卡奇运用黑格尔的总体观来理解马克思主义，使得马克思主义的总体观特征进一步明确化。但也正是在这种黑格尔化的过程中，马克思主义的总体观更加远离了实践。因此，卢卡奇的这种马克思主义总体观，遭到了以法兰克福学派为代表的西方马克思主义者的批判。霍克海默从一种批判的视角来理解马克思主义，阿多尔诺则将总体理解为一个否定的观念，马尔库塞将总体理解为一种回忆的总体化，萨特更是否定任何肯定形式的总体，认为实践就是一个总体化的过程。

与这些坚持总体观念的思想家相反，后现代主义思想家们普遍走向了一个反对总体观念的极端。他们认为总体观念就是一种本质主义，是用一个基础来吞并所有的差异和对立，因此，总体是一种哲学上的极权主义。在他们（詹姆逊除外）看来，任何形式的总体都意味着强权，都是与人的解放背道而驰的，因此，必须反对一切关于总体性的主张。利奥塔从叙事的方面，福柯从历史的方面，德里达从结构的方面，分别对总体观念进行了彻底的批判和否定。詹姆逊是后现代主义思想家中唯一坚持总体观念的思想家，他认为后现代是可以与总体共存的，后现代的总体是一种差异的总体。

针对后现代主义对总体进行彻底批判和否定的做法，哈贝马斯给予了坚决的驳斥。在他看来，人们之所以反对总体，是因为传统的总体是一种工具理性的产物，只要废除工具理性的独裁地位，运用一种交往理性来建构新的总体，则总体仍然是我们生活中必要的原则。然而，由于他的交往理性必须建立在一种理想的对话环境的基础上，因此，根据这种交往理性所建构的总体仍然远离了现实和人的实践。

通过对哲学史上这些总体观的考察和批判，我们就可以大致理清传统哲学的总体观陷入实践困境的根本原因，即把理论思维建构的总体拿来实践。这也为我们走出这个困境指明了一个方向，即从思维方式的区分来考

---

① 《马克思恩格斯选集》第4卷，人民出版社，北京，1995年版，第343页。

量总体范畴。

其次,对传统哲学总体观的批判和反思,为我们透视传统总体观的实践困境奠定了基础,也为我们进一步探讨总体范畴所具有的实践意义准备了条件。本书认为,人的形而上学本性注定了他总是要渴望并追求那种完满的总体性,这是人类永恒的主题。因此,像后现代主义那种绝对否定总体的态度,就是不明智的,也是不可取的。这就好比人在吃饭的过程中因噎而废食一样,后现代主义显然不是从一种建设性的角度来解决总体问题的。

面对总体观的实践困境,积极的办法不是抛弃总体,而是通过对总体范畴的考察和批判,来寻求走出这种困境的有效办法。因此,真正的问题不是要不要总体的问题,而是需要何种意义的总体的问题。在笔者看来,要真正走出总体观的实践困境,有效的办法就是对它们进行划界处理。在这个方面,徐长福关于理论思维和实践思维划界的理论主张①,为总体的划界提供了一条可行的思路。

根据徐长福的划界理论,我们可以发现,理论思维所建构起来的总体,仅仅是理智的抽象物,它并不对应于现实的对象。也就是说,这种理论思维所构成的总体,仅仅是理智的抽象,是无法真正在现实中"做"出来的。由实践思维所建构的总体,则不是一种讲道理的总体,而是各种具体的实践本身。具体的实践作为一种总体,要求我们在筹划这种总体的时候,必须尽可能周全地兼顾与实践相关的各个要素,并运用实践智慧对它们进行"统合",以获取最好的实践效果。据此,构造一种真正实践意义的总体观,这是本书的一个学理追求。

在当前的时代,对总体—实践观进行反思与探讨,具有十分重要的意义。一方面,它可以使我们清楚地认识到,总体范畴在何种意义上具有真正的实践性,从而为我们科学地认识该范畴奠定理论基础。另一方面,它还可以防止我们对总体性盲目崇拜或绝对否定。盲目崇拜,只会使我们陷入"总

---

① 参见徐长福:《理论思维与工程思维:两种思维方式的僭越与划界》,上海人民出版社,上海,2002年版。在该著中,作者把人的思维分为理论思维和实践思维(其典型形态为工程思维)两种,并认为理论思维就是讲道理的思维,目的在于获得一种逻辑一贯的知识;而实践思维是一种筹划实践的思维,它试图通过实践智慧非逻辑推导地统合各个实践要素,使它们共同促成实践的成功,这是一种成事的思维。他认为两种思维只有划界而治,才能使理论和实践各自在自己的领域内发挥出最好的效果,否则,就会造成理论的歪曲或实践的走样。

体"概念的拜物教当中,绝对否定则完全背离了人的形而上学本性。无论什么时候,我们都需要一种合理的总体观。

三、本书的基本思路与篇章结构

由于本书的主要目的在于探讨如何走出总体的实践困境,因此,在提出新的实践总体观之前,我们必须对哲学史上那些产生过重大影响、具有典型性的总体观进行考察和批判,否则,我们就有可能因没有吸取前人的教训而陷入新的困境。因此,本书的基本思路是先对哲学史上马克思以前的一些重要的总体观进行论述,然后再考察马克思主义的总体观,最后考察马克思主义之后的总体观,并提出一种新的实践总体观。具体的篇章结构如下:

第一编主要考察马克思以前的西方总体观,包括第一章和第二章。第一章主要是从学理上揭示西方总体性观念的起源。西方总体观的学理起源主要有两个:理性的起源和宗教的起源。理性的起源以柏拉图的理念总体观为代表,宗教的起源就是基督教的总体观,它们对于后来的总体观都产生了深远的影响。柏拉图是理性总体的奠基人,他运用理性思维构想出一个完整的哲学体系——理念论,然后又根据理念论设计出一个"理想国",并试图将它实现出来,这是西方哲学中总体—实践图式的开始。自那以后,哲学的总体观不再仅仅自甘固守于解释世界的使命,也开始成为实践的目标和蓝图。当然,它同时也开始陷入了一个无法走出的实践困境。基督教哲学的总体观长期以来被忽视,这是一种理论上的失误,也是我们一直以来对西方各种总体观进行理解时存在的一个薄弱环节。事实上,基督教作为西方最重要的文化源头之一,对整个西方文化都产生了深远影响,在总体观方面也不例外。因此,笔者从认识论、本体论、伦理学和历史观四个方面,比较详细地对基督教的总体观进行了考察和论述。

第二章主要论述近代哲学的总体观。在这一章中,笔者主要探讨康德和黑格尔的总体观,这是因为这两个人的总体观对马克思主义总体观产生了直接的影响。康德在对人的认识能力进行考察之后,得出结论:我们只能认识现象世界,而无法认识本体世界。但是人的形而上学本性又促使他不愿放弃这种对本体的认识,因此,人只得借助于知性范畴来对本体世界进行认识,由此造成了一种先验的总体幻相。在康德看来,这种总体幻相虽然是不真的,但它仍然具有自己的意义,即范导作用——调节和引导作用。康德将理论理性所建构的总体的范导作用拓展到实践理性、判断力、历史当中。黑格尔不满康德总体观的这种幻相本质,在他看来,真正的总体既是主体,又是客体,他将这种总体称为绝对精神。在黑格尔看来,精神总体是一个从潜在到实现的自我展现过程。在这个过程中,精神通过不断异化和分裂,就产生了民族、国家、社会等一切现实的东西,整个社会历史就是一个不断朝向这个绝对精神的过程,是绝对精神的表现。但他同时为这个绝对精神指明了一个影子——德意志民族国家。这实际上就是一种历史目的论。这种历史目的论,对马克思主义提出共产主义这个历史总体目的产生了直接的影响,也是马克思主义历史总体观陷入困境的重要原因之一。

第二编主要考察马克思主义的总体观。这一部分包括三章,即第三章、第四章和第五章。第三章主要考察马克思和恩格斯的总体观。马克思在批判传统哲学的基础上,提出哲学的真正使命在于改变世界。他以实践作为自己哲学的基础,认为实践不仅是认识世界的基础和来源,也是改造世界的有效手段。因此,社会生活本质上是实践的。不仅如此,马克思还将这种实践的总体观扩展到历史领域。在他看来,无产阶级通过自己的实践,最终可以实现一个人类大同的社会——共产主义社会。马克思把资本主义社会理解为一个生产的总体,并由此来揭示其中蕴涵的矛盾,从而为论证它必然被共产主义社会所取代提供理论依据。恩格斯与马克思在总体观上存在明显的区别,他将物质理解为世界的本原,并将物质理解为一个从所有具体事物中抽象出来的一个哲学范畴,由此退回到一种概念唯名论当中,从而忽视了实践范畴在马克思主义哲学中的重要地位。在这个基础上,恩格斯将辩证法理解为最普遍规律的科学,并将它拓展到自然界。他的这种物质总体观对后来的马克思主义哲学,尤其是苏联和中国的马克思主义哲学产生了深远的影响。

第四章主要考察卢卡奇的总体观。卢卡奇作为马克思主义总体观的复兴者,作为西方马克思主义的鼻祖,对马克思主义总体观产生了至关重要的影响。本章主要考察卢卡奇总体观的两个重要阶段,即他的前马克思主义的总体观和他的马克思主义总体观。在前马克思主义时期,卢卡奇主要是从文化的角度提出了一种文化共同体的观念,这是一种起源于人文主义的总体观,它将社会看作一个文化共同体。但是,这种文化的总体观仅仅是现代人渴望的一种理想。在成为马克思主义者之后,卢卡奇提出总体范畴是马克思主义的核心范畴,是马克思主义区别于资产阶级科学的本质特征。他从方法论(辩证法)、历史观等方面论证了这种总体观在马克思主义当中的核心地位。

第五章考察西方马克思主义中几种批判和否定性质的总体观。霍克海默首开批判的总体观之先河。他认为哲学本质上是一种批判理论,它不应该仅仅是为社会现实作肯定性辩护的理论,而是要寻找人类社会不公正的社会根源,并对它们提出批判,以探索克服这些不公正现象的途径。因此,批判理论的根本目的就是要实现人的解放和自由。霍克海默从德国的现实条件出发,将精神分析方法与社会学融合起来,认为建立在现实基础上的总体,不是一个肯定的概念,而是一个批判和否定意义的概念,任何一个关于现实社会的肯定性总体的观点,都是理性主义意识形态特征的表现,都是理性的新神话。阿多尔诺在霍克海默开创的批判理论的基础上,极力反对传统哲学的总体性概念。在他看来,传统哲学的总体观是同一性原则的产物,实际上是一种理性的抽象物。这种抽象的总体观只是用一种理论的模型,掩盖了理论与现实之间的矛盾,并没有真正实现理论与现实之间的和解。在他看来,真正的总体是否定的,是"星丛",因为只有在这种否定的总体中,在星丛中,要素才得以保存了下来。不仅如此,阿多尔诺甚至认为,关于人类解放的历史总体性观点也是一种理性的空想,甚至连艺术的总体性在现代工业社会也是不可能的。所谓辩证的总体观,只是一种理性的虚构,是用思想的同一掩盖现实的矛盾和差异。因此,真正的总体是否定的,否定的辩证法建立在非同一性的基础上,它是一种真正的理性自主运动,它不服从任何更高的原则,不会被任何因素所同化。但这种总体仅仅存在于人们的思维当中,缺乏实践的意义。

马尔库塞将黑格尔的总体概念扩展到精神分析以及美学的范围,认为记忆是人类解放的潜在力量,通过记忆可以恢复已经丧失的总体。他在继承法兰克福学派关于理性蜕变成工具理性的观点的基础上,指出现代资本主义社会已经完全被技术理性所物化,社会已经变成一个单向度的压抑的总体。他吸收了海德格尔关于存在遗忘的理论,认为现代社会异化的总根源就在于遗忘了其最基本的本质,通过回忆就能够恢复它。因此,记忆是恢复异化的社会的一种本质力量。另外,马尔库塞也将精神分析与记忆理论联系起来,认为遗忘就是总体性的丧失,现代社会遗忘的根源就是社会压抑,社会压抑的根本原因就在于理性的工具化,因此,解放的主要途径就是恢复那种辩证的理性,使理性成为解放的真正动力。局限于纯粹的形而上学假设和纯粹的精神分析,马尔库塞通过回忆来恢复总体性的社会和总体性人的理想,只能陷于一种空想当中。萨特把现象学引入马克思主义总体观当中。在他看来,传统马克思主义的总体观是虚假的,只是理论家幻想出来的一种幻觉。人类永远处于碎片的和矛盾的状态,那种同一性的总体从来就不存在,未来社会理想也无法真正实现。因此,任何形式的总体,都是一种虚假的慰藉。在这个基础上,萨特认为,匮乏是人类生存的永恒状况,是人类异化的根源。人类的目的就是要通过实践,来消除匮乏和异化状态,因此,历史的真实状况就是总体化。

第三编主要考察后马克思主义的总体观,包括第六章和第七章。第六章主要考察在马克思主义总体观遭到批判之后所兴起的各种后现代主义思潮对总体的攻击,以及哈贝马斯对总体的重建。在后现代主义(詹姆逊除外)看来,总体是传统形而上学的产物,是理性主义独裁的表现,因此,必须坚决地反对它。利奥塔从叙事的角度,福柯从历史的角度,德里达从结构的角度,分别对总体进行了批判和否定。然而,詹姆逊却认为,后现代也能够与总体共存,他认为后现代应该建立一种差异的总体,而不是盲目地排斥总体。哈贝马斯不满早期批判理论的悲观主义和乌托邦色彩,他认为批判理论应该与社会的、政治的、经济的分析结合起来,应该通过概念的危机,重新来捕获概念与现实之间的联系。为此,哈贝马斯提出用交往理性来建构一种规范的总体。但由于他的交往理性必须建立在一个理想的对话环境当中,因而,他的这种交往的总体也只能停留在理想当中。而且,由于哈贝马斯的交往理性是根据一种肯定的逻辑来建构总体的,因此,他的总体性理论不是属于批判理论,而是退回到传统理论当中。

第七章是本书的结论部分,就是通过思维方式的划界,来重新考察"总体"这个概念。首先,通过引用徐长福关于理论思维和实践思维的划界,来为考察实践—总体观提供一个新的平台。然后,通过对传统哲学总体观的考察，指出它们的共同本质——都是用理论思维建构的总体，直接用来实践，实质上是用理论思维来筹划实践，因而，不可避免地要陷入困境当中。其实，这种理论建构的总体，对于实践而言，仅仅具有范导的作用。传统哲学关于总体人的观念和关于共产主义社会的观念，都是这样一种调节性的理想。最后，从实践思维的运行机制——实践智慧来考察一种实践的总体，即运用改革开放这个例子，来说明这种通过非逻辑推导的统合筹划出来的实践的总体，只有在这个意义上，总体才是真正可实践的。但这种可实践的总体是任何理论所无法囊括的，它是所有参与者的一种主体间的和谐，任何将它归于一套成型理论的总体都不是真正意义的实践总体。

第一编
前马克思主义哲学的总体观

自从卢卡奇将总体范畴看作马克思主义的核心范畴以后，关于总体范畴的争论就一直没有停止过，至今尚无定论。究其原因，固然与不同的思想家理解总体问题的视角有关，但这也同时反映出总体问题本身的复杂性。因此，要想真正从学理上来理解马克思主义的总体概念，就必须着眼于比马克思主义总体观更大的历史背景，即从理论源头来探讨其发展与演化。否则，我们就可能像传统的研究者一样，用一种传统的哲学话语来讨论它，从而陷入用一种抽象取代另一种抽象的局面，无法真正把握马克思主义总体观的真实含义，当然更无从对其进行合理反思和运用。为了避免这种情况，本编打算通过考察对马克思主义总体观有重大影响的柏拉图哲学、中世纪哲学、康德哲学和黑格尔哲学的总体观，来探讨这些总体观形成的原因及其实质，为从理论源头上理解马克思主义的总体观作准备。

第一章
古代哲学的总体观

总体的观念在哲学史上是如何形成的？这个观念具有什么意义呢？它与马克思主义哲学中的各种总体观又存在什么样的联系呢？诸如此类，所追问的实际上就是总体问题的理论源头。在笔者看来，西方各种总体观起源于两个重要的源头：其一是古希腊的哲学，其典型形态是柏拉图的"理念论"；另一个则是基督教哲学，其成熟形态是中世纪的士林哲学①。在这一章当中，笔者将主要围绕古希腊的柏拉图哲学和中世纪的基督教哲学来探讨古代哲学的总体观。

第一节 柏拉图规范性的"理念"总体观②

总体观念在西方哲学史上源远流长，它可以直接追溯到西方哲学的开端，甚至更早的古希腊神话当中。在《哲学史讲演录》中，黑格尔指出："什么地方普遍者被认作无所不包的存在，或什么地方存在者在普遍的方式下被把握或思想之思想出现时，则哲学便从那里开始。"③在黑格尔看来，西方哲学就是起源于对一个无所不包的、思想性的总体的追问。因此，总体问题至

---

① "士林哲学"(scholastic philosophy) 是台湾学界对公元8世纪以后的基督教哲学的一个翻译用语，大致相当于大陆学者翻译的"经院哲学"。邬昆如先生将它界定为教父哲学和近代哲学之间的西方哲学发展阶段，是学院中发展起来的基督教哲学。本书就是在这个意义上使用"士林哲学"概念的。
② 参见拙文《形而上学形式的辩证法》，载《内蒙古大学学报》(哲学社会科学版)，2009年第1期。
③ 黑格尔：《哲学史讲演录》第一卷，贺麟、王太庆译，商务印书馆，北京，1959年版，第93页。

少是一个与哲学同样古老的问题。

马丁·杰也曾指出:"研究哲学总体问题的合适起点是古希腊哲学。"① 西方哲学创立伊始,哲学家们就在不断地追寻一个合适的本原,并试图以它作为解释世界万物的原因,这一做法引领了整个西方哲学的发展方向。马丁·杰将巴门尼德看作古希腊总体性思想的典型代表,因为他认为巴门尼德把"一"理解为一个看不见的统一体,从包括当下的所有部分的全体概念中分离出来时,就已经在从事总体问题的哲学研究。在笔者看来,尽管巴门尼德已经开启了总体问题的形而上学思路,但由于他没有留下关于这个问题的原著资料,因而他的总体观缺乏一种典型性。相反,柏拉图哲学才是古希腊最具有典型意义的总体性哲学。正如黑格尔所指出的:"柏拉图是具有世界历史意义的人物之一,他的哲学是具有世界历史地位的创作之一。它从产生起直到以后各个年代,对于文化和精神的发展,曾有过极其重要的影响。"②后来的西方哲学几乎无一例外地都能够从其中找到自己的理论源头。因此,笔者在这里把它作为研究总体问题的起点。

一、古希腊的启蒙时代

柏拉图以"理念"作为本原,通过概念的辩证法,建构起了西方哲学史上第一个庞大的哲学体系。本书将柏拉图理论体系所追求的对象称为"理念"总体,这意味着柏拉图的任何思想都能够根据"理念"得到解释。柏拉图为什么要将"理念"作为世界的本原呢?"理念"总体的含义到底是什么呢?要弄清楚这些问题,我们必须首先要对柏拉图生活的时代背景有一个了解。

在柏拉图生活的时代,古希腊(雅典)已经进入到了一个民主的社会阶段,社会和人生问题成为哲学研究的核心问题,这是对原来的自然哲学的一个根本的转向。在这个过程中,智者们成了这次转向的先锋。尽管在哲学史上,他们由于怀疑主义和相对主义的诡辩印象而臭名昭著,但我们却无法抹杀他们将哲学研究引向社会与人生这个方面的功劳。正如黑格尔所指出:"正是智者们现在把作为思想的简单观念(在爱利亚学派之中,芝诺已经

---

① Martin Jay, *Marxism and Totality: The Adventures of a Concept from Lukács to Habermas*, University of California Press, California, 1984, p.25.

② 黑格尔:《哲学史讲演录》第二卷,贺麟、王太庆译,商务印书馆,北京,1960年版,第152页。

开始转到思想的纯粹摹本,转到运动上去),一般地应用到社会对象上去,并且使它深入到一切人事关系中去,因为概念意识到自己的力量,意识到自己是绝对和唯一的实体,排斥其他一切要求影响那不是思想的特定事物,对它们施展自己的势力和统治权。自身同一的思想把自己的否定的力量指向理论和实践的各种规定,指向自然意识的各项真理与其他各种自明的法则和原则。"[1]也就是说,在雅典民主制的背景下,智者运动确立了话语权的优先地位,社会正义、国家公正、人生意义等重大问题都直接或间接取决于话语权,这些问题也因此进入哲学的探讨范围。尽管缺乏一个求真原则的引导,但智者们的思想具有明显的启蒙意义。客观地说,如果没有智者的启蒙运动,很难想象有后来的语法学、修辞学、逻辑学甚至哲学的发展,当然更难以想象有苏格拉底、柏拉图和亚里士多德等人宏大的哲学体系和伟大的哲学成就。当然,话语权的确立所导致的一个直接结果,就是思想至上的观念。

在智者运动的启蒙下,雅典诞生了一位具有世界意义的思想家——苏格拉底。苏格拉底一方面继承了智者们的问题,即普遍性的知识是否可能?另一方面,他也继承了智者们的方法,即用对话辩论的方法来讨论问题。正因为如此,甚至有人将苏格拉底也看作一位智者,尽管这个结论没有成为西方哲学史上的主流结论,但它至少说明了苏格拉底的思想与智者运动有着密切的关系。

苏格拉底生活在雅典民主制由盛转衰之际,他在年轻的时候也曾研究过自然,后来在智者的启蒙下,他意识到主观与客观的差异和对立使得人无法真正认识外部的自然。于是他将认识的对象转向了人自身,并强调了"认识你自己"这个命题。认识自己的什么东西呢?苏格拉底认为,认识就是认识人自身当中的"善",即德性,这种德性表现出来就是正义、勇敢、虔敬等优良品质。在苏格拉底看来,人的德性只是潜在的,如果要将它实现出来,必须遵循理性的指导,因此,他认为不遵循理性指导的生活是一种没有意义的生活。由此,苏格拉底将理性与人的生活实践联系起来。由于哲学的目的在于认识德性,而其手段又是理性,因此,苏格拉底得出一个著名的结论——知识即德性。在他看来,哲学的使命就在于认识德性,德性只有经过

---

[1] 黑格尔:《哲学史讲演录》第二卷,贺麟、王太庆译,商务印书馆,北京,1960年版,第7—8页。

理性的引导,才能成为真正有意义的知识。苏格拉底这里所说的德性知识,不是一般的理论知识,而是一种实践的知识。正如金生鈜所说:"苏格拉底教化哲学的目的就是去启迪人们久已沉睡的美德的种芽,叫他们去认识真理,他的目的不是使他们成为有学问的人,而是使他们成为幸福的、有德性的生活者。"①就是说,苏格拉底突出理性的目的不是为了追求知识,而是为了能够更加合乎理性地生活。在苏格拉底看来,理性一方面是主观的,它必须通过自己去把握真理;另一方面它又必须获得关于"德性"的客观内容。也就是说,通过理性,真理的主观形式和客观内容能够达到统一。正如后来黑格尔所说:"苏格拉底的原则就是:人必须从他自己去找到他的天职、他的目的、世界的最终目的、真理、自在自为的东西,必须通过他自己而达到真理。"②黑格尔这里的自在自为就是苏格拉底的客观性的意义。在苏格拉底看来,客观性不是外在于思维的,而是内在于人的理性的,理性思维通过自己的活动而将自身的"善"发现出来,因此,真理就是理性的产物。这个观点后来被黑格尔高度重视,成为他推演出主观和客观相统一的精神的理论雏形。

　　如何达到对德性的认识,似乎是一个非常棘手的问题。但苏格拉底却不这样认为,在他看来,对思维的理解是解决这个问题的关键。思维到底是什么呢?阿那克萨戈拉曾经考察过思维,认为思维是决定性的、真实的和普遍性的东西。苏格拉底继承了阿那克萨戈拉的观点,认为思维是具有决定性意义的普遍性,是获得真理的关键。黑格尔后来也非常赞同这一点:"他把客观事物的真理归结到意识,归结到主体的思维——这是一个无限重要的环节。"③苏格拉底通过辩证的方法,来达到对德性的真理性认识。具体地说,苏格拉底的这种辩证方法主要包括以下四个环节:讥讽、助产、归纳和下定义。他通过对真正德性知识的追求,将各种伦理问题融入哲学当中,从而实现了哲学的转向,即由追问外在自然是什么,转向追问人的德性是什么,也就是什么是美德、什么是勇敢、什么是正义等诸如此类的问题。然而,局

---

① 金生鈜:《德性与教化》,湖南大学出版社,长沙,2003年版,第37页。
② 黑格尔:《哲学史讲演录》第二卷,贺麟、王太庆译,商务印书馆,北京,1960年版,第41页。
③ 转引自E.策勒尔:《古希腊哲学史纲》,翁绍军译,山东人民出版社,济南,1992年版,第40页。

限于形式推理的僵硬性,他最终无法得出关于这些问题的肯定答案。因此,本质的知识只能停留在对象本身这个形式的层面上,而无法增进一步。这样一个结果显然没有达到认识的目的,这个哲学的难题传给了柏拉图。

二、作为规范性总体的"理念"

柏拉图直接继承了苏格拉底的问题,即追求关于事物本质的知识。根据亚里士多德的记载,柏拉图主要受到赫拉克利特学派、毕达哥拉斯学派、爱利亚学派以及苏格拉底的影响。从赫拉克利特学派的流变理论中,柏拉图得出了关于变化的感性事物不可能有确定性知识的结论。从爱利亚学派那里,柏拉图得出了唯一真理性的知识就是关于不变的事物的知识的结论。从毕达哥拉斯学派那里,柏拉图将知识唯一不变的对象归结为"一",并以此来解释世界万物。从苏格拉底那里,柏拉图继承了非自然的伦理知识观念。柏拉图将上述各种知识和观念结合起来,提出了"理念论"。

"理念"是柏拉图哲学的核心范畴,在柏拉图原文中是 *eidos* 这个词,它起源于希腊动词 *idein*,该词的最初含义是"看",因此,*eidos* 的含义就是所看见的东西,引申为灵魂所见的东西,后来才演化出"模型"、"形式"等含义。灵魂之所以能够"看见"东西,是因为它具有自己独特的"眼睛"——思想。显然,柏拉图的"理念"是从苏格拉底关于事物的本质的定义发展而来。但它并不是单纯的抽象概念,而是作为超越个别事物之上,并作为其存在根据的实在。因此,理念相对于同类事物来说是一,是总的根据。这样,柏拉图就将事物的个别性与一般性统一起来。具体的感性事物是个别的、变化的、相对的,是感觉的对象;而理念则是普遍的、不变的、绝对的,是知识的对象。但是,它们的这种区分并不意味着它们是截然对立的,而是相反,理念是具体事物的根据和原因,而具体的事物则是理念的派生物。然而,正是理念和具体事物这种看似既对立又统一的关系,造成了柏拉图无法解决的难题。因为柏拉图一方面相信可感事物永远处于连续不断的生灭变化之中,但他不是将可感事物看作完全虚幻的东西,而是将它看作真实与非真实之间的一种东西,并用分有和摩仿来解释可感事物和理念的关系。另一方面,他又认为,理念和具体事物之间的严格区分,它们之间不存在沟通的桥梁,这决定了分有或摩仿的解释不可能取得成功。

柏拉图一方面将知识局限于不变的对象,从而放弃了对可感事物的研究。在他的早期著作中,我们可以发现,他追问的"勇敢"、"美"、"美德"等范畴似乎与感性事物存在联系,其实不然,因为任何一个具体的感性事物都无法成为其所指,关于这些范畴本身的定义,不过是一些抽象的对象——理念,即事物本身(auto to),它是知识的唯一对象。作为本原不变的东西,理念如何产生千差万别的可感事物却是一个艰难的问题。

理念就是用来指称事物的"自身",它过去、现在和未来都将保持同一。在柏拉图的早期对话中,理念可能还具有某种可感性质,到了后来的著作中,理念的可感性质就完全消失了。如他在《理想国》中说道:"一方面我们说有多种美的东西、善的东西存在,并且说每一种美的、善的东西又都有多个,我们在给它们下定义时也是用复数形式的词语表达的。"[①]因此,定义是用来表达多个具体事物的词语。但是,"另一方面,我们又曾说过,有一个美本身、善本身,以及一切诸如此类者本身;相应于上述每一组多个的东西,我们又都假定了一个单一的理念,假定它是一个统一者,而称它为每一个体的实在。"[②]就是说,理念作为关于事物本身的表达,是一个理智假定的实在,是具有最普遍意义的概念。但是,这个普遍的理念在表达事物本身的时候,又具有自己的真实性。而且,这种真实性又无法从理念自身以外的任何途径得到解释,这成了柏拉图的又一个困惑。其实,我们可以用普遍的概念来表示众多事物的共性,但是,我们无法用一个具体的东西来指称这个普遍概念,这是概念本身的局限。用普遍概念来表示对象的正确性只是一种理智的设定,这种理智的设定并不是逻辑推导的结果,如果只是依靠逻辑来推演,必然导致理论的困境。理念是使事物成为该事物的原因,但是,至于理念是如何成为事物原因的,则是无法解释清楚的。

柏拉图试图通过摩仿说来解释理念与具体事物的关系。柏拉图认为,同类事物都是摩仿同一个理念而产生的。因此,如果能够认识理念,也就认识了事物的本质,认识了事物存在的根据,也就为认识感性事物的世界打下了正确的基础。反过来则不然,上面已经说到,理念是通过灵魂所看到的,

---

① 柏拉图:《理想国》,郭斌和、张竹明译,商务印书馆,北京,1986年版,第263页。
② 柏拉图:《理想国》,郭斌和、张竹明译,商务印书馆,北京,1986年版,第264页。

因此，人无法通过自己的感觉直接认识它，而只能寻找别的途径。

在柏拉图看来，理念的知识可以通过两种方法获得：一种是回忆的方法，即通过灵魂的回忆得到理念的知识；另一种是辩证法，即通过概念的推理获得最高概念——理念的知识。柏拉图认为，人的灵魂原本居住在天上的理念世界，具有了关于理念世界的所有知识。后来，随着肉体的降生，灵魂被污染了，也就遗忘了理念的知识，人的学习就是通过回忆来恢复灵魂原有的知识。回忆说的前提是灵魂不朽，在降生为人以前，人不可能具有现实的理念知识，因为这时的人还不是现实的人。而当灵魂降生为人以后，灵魂又受到肉体的污染，因而同样无法获得理念的知识。这样，通过回忆来获取理念的知识，就是一个无法说清楚的问题，这也预示着理念论的困境。理念是高于可感事物的东西，人的感官无法把握和认识它，若要把握和认识它，必须通过回忆。柏拉图由此得出结论："所有的研究，所有的学习不过是回忆而已。"①但是，并非所有的灵魂都能够回忆起理念的知识，因为回忆取决于灵魂对肉体欲望的克服，灵魂执着于肉体欲望的人是很难回忆的，只有极少数的人（哲学家）才能真正回忆起理念的知识。

辩证法是获得理念知识的另一种方法。在《理想国》的第七卷，柏拉图用洞穴比喻来说明如何获取理念的知识。他先用一条线段将灵魂的认识能力划分为想象、相信、理智和理性四个等级。前二者对应着可感世界，从中只能得到意见；后二者对应着可知世界，从中能够得到关于理念的知识。在柏拉图看来，只有理智和理性是认识真理的方法。他对理智和理性作了进一步区分，理智对应着数学、几何等科学研究，理性对应着辩证法的研究。柏拉图指出："研究几何学、算术以及这一类学问的人，首先要假定偶数与奇数、各种图形、三角形以及诸如此类的东西。他们把这些单行线看成已知的，看成绝对假设，他们假定关于这些东西是不需要对他们自己或别人作任何说明的，这些东西是任何人都明白的。他们就从这些假设出发，通过首尾一贯的推理最后达到他们所追求的结论。"②也就是说，理智所寻求的结论从一个自身无可置疑的前提出发，它不是要寻求最高的本原——理念，而是要

---

① 苗力田主编：《古希腊哲学》，中国人民大学出版社，北京，1989年版，第254页。
② 柏拉图：《理想国》，郭斌和、张竹明译，商务印书馆，北京，1986年版，第269页。

得出预先要寻求的答案,其实这个无可质疑的前提是假定的东西,它只是人的认识能力的假定,由此出发得到的推理性知识与实在的对象之间始终隔了一层假设。灵魂由于不能突破这些假设,因而始终无法真正到达原理。

三、规范性"理念"总体的实践问题

在柏拉图看来,理性作为灵魂的最高级功能,它要求人的灵魂关注那个最高的层次——伦理理念。因此,伦理的理念是认识的最高目标。在《理想国》中,柏拉图说到了对伦理理念的认识:"至于讲到可知世界的另一部分,你要明白,我指的是逻各斯本身凭着辩证的力量而达到的那种知识。"[①]就是说,伦理理念作为最高级的理念,它完全不依赖于可感事物,而是完全依靠理性概念来进行思考和探索的对象,因此,它只能通过辩证法进行认识。柏拉图认为,辩证法在寻找一切事物的最终根据的时候,还是不可避免地要以假设为起点,但它决不会停留在任何假设上,因为"在这里假设不是被用作原理,而是仅仅被用作假设,即被用作一定阶段的起点,以便从这个起点一直上升到一个高于假设的世界,上升到绝对原理,并且在达到绝对原理之后,又回过头来把握那些以绝对原理为根据提出来的东西,最后下降到结论。在这个过程中不靠任何感性事物,而只使用理念,从一个理念到另一个理念,并且最后归结到理念"[②]。也就是说,尽管辩证法也是从假设出发,但它不是仅仅停留在假设当中,而是以假设为手段,继续"上升",直到超越一切假设,达到不再是假设的绝对的、永恒的、不变的真实为止。因此,辩证法最终的目的是要超越假设,达到事物的真正本原,形成关于理念的最高的认识。只有达到了关于理念的最高的认识,才能真正认识理智对象的真正原因。

辩证法是如何达到对理念的认识的呢?柏拉图认为就是通过概念的逻辑推理。他在《理想国》中说道:"一个人如果不能对自己的观点作出逻辑的论证,那么他能获得我们主张他们应当具备的任何知识吗?"[③]在他看来,概念间的逻辑推理是认识理念世界的唯一途径。"当一个人企图靠辩证法通过推理而不管感官的知觉,以求达到每一事物的本质,并且一直坚持到靠思

---

① 柏拉图:《理想国》,郭斌和、张竹明译,商务印书馆,北京,1986年版,第270页。
② 柏拉图:《理想国》,郭斌和、张竹明译,商务印书馆,北京,1986年版,第270页。
③ 柏拉图:《理想国》,郭斌和、张竹明译,商务印书馆,北京,1986年版,第297—298页。

想本身理解到善者的本质时,他就达到了可理知事物的顶峰了,正如我们比喻中的那个人达到可见世界的顶峰一样。"①而依靠概念间的逻辑推理的过程,就是辩证的思想过程。柏拉图认为,在这个过程中,辩证法依靠自身所具有推理能力,从较低抽象程度的理念再到较高抽象程度的理念,直到最抽象的"善"的理念。

辩证法则是对理念世界的真正可靠的认识方法,因为这是理性自身凭借着辩证的力量而获得知识的能力。当然,这种理性的推理能力并不是每一个人都具有的。在柏拉图看来,要具备这种能力,必须经过灵魂的转向。在洞穴比喻中,这是一个艰难而漫长的过程,其中教育和引导起着十分重要的作用。柏拉图认为,这种教育首先要选准对象,因为并非每个人都适合学习辩证法,只有那些能不用眼睛和其他感官,而是跟随真理达到实在本身的人,才适合学习辩证法。同时,这些人还是一些能够自觉地学习的人,因为自觉才更符合他们的天性。这种人首先要经过算术、几何、音乐和体育等方面的训练,因为这些训练可以检验一个人是否真的适合学习辩证法。"这也是有无辩证法天赋的试金石。因为能在联系中看事物者就是一个辩证法者,不然就不是一个辩证法者。"②柏拉图认为,这种训练的目的,是为最后通向理念世界打基础。因为如果被训练者能够将原来学习过的各种课程内容加以综合,并找出它们之间的相互联系以及它们与事物本质之间的关系的话,这些人也就掌握了辩证法。当然对于他们来说,认识理念,形成关于理念的知识,也就是自然而然的事情了。

柏拉图则认为,辩证法是一种最高级的知识,它可以通过教育的途径获得。辩证法对理念的认识,是一个逐步上升的过程,认识的每一步上升,意味着对假设的前提的一次超越,以及对更高一级理念的追求,这也是认识能够不断前进的动力所在。辩证法的最终目的就是"善"的理念。其实,柏拉图这个"善"的理念的最高目标,封闭了辩证法的上升步骤,其实质是非辩证的。柏拉图最终把理念的知识看作了一种理智的知识,其辩证法实际上就是一种理智的推理形式,而不是真正的辩证法,真正的辩证法不可能停留在

---

① 柏拉图:《理想国》,郭斌和、张竹明译,商务印书馆,北京,1986年版,第298页。
② 柏拉图:《理想国》,郭斌和、张竹明译,商务印书馆,北京,1986年版,第305页。

任何一个终极结论上。但是，柏拉图这种达到最终肯定的统一性的辩证法，成为后来黑格尔辩证法的源头。实际上，任何形式的辩证法，都无法形成关于"善"的理念的肯定性知识，"善"的理念是一个超越了人的认识能力的东西，一旦将它对象化确定下来，它就变成了具体可感的对象，而不是理念了。因此，柏拉图并没有真正解决辩证法对理念的认识问题，他也无法真正解决这个问题。尽管如此，柏拉图的辩证法还是具有十分重要的意义，它为我们指出了一种超越假设的推理方法，即真正的辩证法。

理念究竟是什么呢？柏拉图无法真正超出事物本身的规定，即事物的理念就是事物本身。但是，柏拉图为了说明这个作为事物本身的理念，他还是采取了一些策略。如他用"看"来取代"知"，在他看来，"看"到了理念，就明白了事物本身是什么。柏拉图的这个思想，尽管非常牵强，但也是古希腊思想中固有的东西。因为"理念"的原初意义就是所看见的东西，只是在柏拉图这里所看见的东西，已经不再局限于我们的眼睛，而是引申为用"灵魂的眼睛"去"看"，这样一来，"看"到理念也就是认识了理念。从这里，我们也可以看出，柏拉图对理念的认识方法，实际上是一种类似于理智直观的方法，只不过他将直观的对象限定在不可见的世界中，因而具有神秘的色彩。其实，他的这种关于理念的知识，实际上就是一种直观的知识。

在柏拉图看来，哲学的目的不仅仅在于通过修习辩证法获取关于理念的知识，它还有一个更重要的使命，就是运用掌握的真知来拯救那些长期生活在影子中的人。在洞穴比喻中，柏拉图将这个使命赋予了挣脱绳索逃出山洞的那个人——哲学家。在他看来，哲学家将自己看到的事情真相告诉那些长期生活在影子世界中的人，但是，人们却不相信他，甚至讽刺他，骂他是疯子。这也预示着哲学家运用理念的知识对人们的经验生活加以干预的巨大困难。

在《理想国》中，柏拉图设计出了一个理念的国家。根据他的设计，这个国家的居民应该分为三个层次：统治者、武士和生产者，这三个阶层分别拥有不同的德性。统治者拥有智慧，能够理性地治理国家；武士拥有激情，能够勇敢地保卫国家；生产者拥有节制的品质，能够安分守己地劳动。三个阶层各司其职，不得相互僭越自己的使命，这样的国家才是理念的国家。在三个阶层中，柏拉图尤其看重的是统治者的作用。因为在他看来，干任何事业的人必须首先具有关于他所干的事业的理念,否则他是无法干好自己的事业的。统治者的事业是管理国家,武士和生产者的美德及其实现也要依赖于它,因此,对于一个国家来说,统治者具有决定性的意义。为此,他在《理想国》中特别突出了哲学家治理的思想,即哲学王的思想——"除非真正的哲学家获得政治权力,或者城邦中拥有权力的人,由于某种奇迹,变成了真正的哲学家,否则,人类的罪恶将永远不会停止。"①在他看来,哲学家是真正拥有了关于治国理念的人,他能够在心目中形成理念的国家,进而将它在现实中实现出来。为了造就哲学王,柏拉图亲身躬行,甚至不惜冒着种种危险,一生曾经三次南下西西里,试图在现实中实践他的理念国家。遗憾的是,他的实践每次都以失败而告终。

究其原因,我们很容易发现问题就在于理念论的理论旨趣与实践指向之间的矛盾。一方面,柏拉图试图以理念作为真理的对象,据此在头脑中设计一个理想的国家,将它置于具体的现实社会之上,并在一切方面超越它,从而完全与现实的社会相脱离;另一方面,他却又想将这个理念的国家,作为现实国家的模型,最终将这个理想的国家在现实中实现出来。显然,他的愿望是美好的,但也完全是空想的。因为理想如果要真正变成现实,它必须建立在现实的基础上,这是实践能够成为现实的一个基本条件。在所有方面都是完美无缺的东西,不是实践的目标,只是幻想的东西,是理论与现实完全相脱离的结果。借用康德的话来说,就是将理想的统一性错误地当成了现实的统一性。因此,柏拉图的理念总体注定要以失败而告终。

综上所述,柏拉图的理念论作为西方古典形而上学的开端,具有一种内在矛盾的性质。这表现在他一方面试图把万物的本原都归结为一个统一性的"理念",并以此为模型来说明世界万物,尤其是他对理念与理念之间关系的探讨,使得哲学作为一种纯概念推理的理论活动成为可能。而且,这种关于理念的寻求的过程就是一种辩证法的过程。也正因为如此,笔者将柏拉图的这种辩证法看作是与形而上学同一的,因为他们都是由理念产生的。②但是,另一方面,柏拉图的理念论又陷入了一个无法克服的矛盾局面。他想

---

① 柏拉图:《理想国》,郭斌和、张竹明译,商务印书馆,北京,1986年版,第258页。
② 参见拙文:《形而上学形式的辩证法》,载《内蒙古大学学报》(哲学社会科学版),2009年第1期。

将"理念"作为模型来解释世界万物,却坚持理念与具体的经验世界截然对立,这就使得理念世界和具体的经验世界之间缺乏沟通的桥梁,以致最后为了说明理念世界,不得不用经验世界来类比理念世界。其实,他的这个策略不自觉地违背了两个世界划分的理论。只要坚持理念世界和经验世界的绝对对立,任何想将两个世界联系起来的做法都是理论的强制。正因为这样,这样的理论也就根本无法成为指导实践的理论。柏拉图的理念论试图根据完美的理念模型,首先在头脑中建构一个理想的国家,然后再在现实中将它实现出来的想法,就是因为这个原因而无法真正得到实现。尽管柏拉图哲学从苦苦追求本原不变的统一性的理念总体出发,使形而上学向一个更加理性化的方向发展,但由于其根本目的还是在于使世界满足人类自身的需要,把世界变成对人来说是真善美相统一的世界,因而柏拉图哲学所寻求的统一性的总体性,并不仅仅是某种统一性的"始基",而是判断、解释和指导人们思想和行为的根据和标准。也就是说,人作为认识和改造世界的实践主体,其全部活动的指向与价值,就在于他要通过自己的实践活动,不断地超越特定的、有限的生存境遇,克服自身的分裂,实现自己总体的生存意义。在这个意义上,我们可以说,总体性就是人类生命中永恒的维度,是人类生存的终极指向。但是,这样一种意义的总体性,在柏拉图的二分的视野中注定是一个矛盾的东西,无法从理论上得到真正统一,自然也无法起到指导实践的作用。

第二节 基督教哲学的总体观

基督教作为西方文化最重要的源头之一,在产生之初,并不是一种理论体系,而是一种宗教实践运动。在古希腊哲学的影响下,基督教逐渐哲学化,形成了一个以上帝为总体性原则的理论体系,并贯穿于整个中世纪。基督教哲学以上帝作为总体性原则,围绕上帝的全知、全能和全善,来论证人类认识、实践和历史目的的合理性。基督教的这种总体观,对后来的哲学总体观,包括马克思主义总体观的发展产生了重要影响。

一、基督教哲学总体观的理论渊源

从思想起源上看,基督教哲学的总体观主要有两个源头:一个是柏拉图和新柏拉图主义的相关哲学思想;另一个则是亚里士多德的哲学,主要包括他的知识论和伦理学。从柏拉图那里,基督教哲学主要继承了理念本原的观念,并把它与新柏拉图主义的"太一"结合起来,改造为永恒的上帝,以此来作为世界万物的本原和基础。基督教哲学从亚里士多德那里继承了形式与质料的理论,把上帝看作一种纯粹的形式,看作一切认识的根据和行动的指南。

早期基督教哲学主要受柏拉图主义和新柏拉图主义的影响。柏拉图以理念作为世界的本原,根据"摹仿说"来解释世界,认为任何事物都是摹仿自己的理念而产生的。但由于事物的众多性与理念的单一性之间的矛盾,柏拉图的理念论陷入困境。新柏拉图主义者柏罗丁面对柏拉图"理念论"的这种困境,提出了"流溢说"。他把创造者分为高低不同的等级,认为较低等级的创造者是较高等级的创造者流溢的产物,其中最高的创造者就是"太一",而"太一"作为宇宙中最高的创造者,它可以流溢出"理智","理智"再流溢出"灵魂",最后,由"灵魂"流溢出世界万物。由于"流溢"的主体是自足的,它不需要生成补偿,因此,它比较合理地解决了最高的创造者和被创造的不同等级的被创造物之间的关系。基督教哲学将新柏拉图主义"太一"说与柏拉图的"理念"论结合起来,逐渐演化成为基督教上帝创世的理论,上帝成为最高的形上实体,它创造了世界万物,并因此成为世界万物的原因。

在认识论方面,柏拉图将知识局限于不变的理念世界,认为只有普遍的理念才是知识的唯一对象,从而排除了对感性事物存在任何的真理性认识。理念作为表示事物本身的概念,是一个先验的普遍性的概念,它是真实可靠的,但是,这种真实可靠性又无法从理念自身以外的任何途径得到解释。这个观点成为后来基督教哲学共相实在论的源头之一。基督教哲学主张共相是真实的实在,是事物的本质,是具体事物存在的根据,就来源于"理念"的这种实在性。

就亚里士多德哲学而言,它对基督教哲学的影响突出地体现在知识论和伦理学中。在知识论方面,亚里士多德认为知识必须从感觉开始,离开了感觉,就无法形成对事物的真正知识。但他同时认为,人的知识不能仅仅停留在感觉经验之上,因为认识的目的不在于形成对事物的感性知识,而是要认识事物的本质。而对事物本质的认识必须要借助于人的理性,理性通过对感觉经验材料进行分析和归类,才能最终形成关于事物本质的普遍必然性知识。

在亚里士多德看来,人的求知本性必然不满足于知识的分散状态,它要寻求一种更高的知识,来综合概括这些普遍的知识。他在《形而上学》中,将所有知识归于一个最高的东西,他称之为"实体"。"实体"一词的希腊词为ousia,有"载体"(substance)和"本质"(essence)的含义。在亚里士多德的哲学中,"实体"的含义前后经历了比较大的变化,其主要含义为事物的"是什么"或"是其所是",也就是规定一事物是该事物而不是其他事物的含义,即事物的"本质"。由于作为"本质"的"实体"是作为学术的对象(即知识)而被研究的,因此,它就进入到了语言的层次,而其作为"载体"(即作为事物的基础)的含义也就逐渐消失了。这也是我们在阅读《形而上学》的时候,看到亚里士多德首先将具体的事物看作实体,到后来将普遍的"形式"(form)看作实体,以至于最后将"纯粹的形式"看作实体的原因。

亚里士多德这种从经验事物的基础上来探讨人的认识,进而上升到形上的实体——本质,并最终上升到作为纯粹形式的"隐德莱希"。这与后来士林哲学的认识论的思想进路非常一致,士林哲学的知识论也是从个别具体事物出发,经过悟性的类比,得到关于所有事物的"存有"(Ens, Being)的知识。关于"存有"的学问就是本体论。由于"存有"是一切事物的共名,而一切事物之间是存在差异的,必须有一个最高的存有来统一所有事物。士林哲学认为这个最高的"存有"就是上帝。因此,从认识论来看,士林哲学是一门围绕最高的"存有"——上帝而展开的学问,上帝是其知识论上的总体。

不仅如此,亚里士多德还将人的知识分为理论的知识、实践的知识和创制的知识三种。理论的知识是为求知而求知,它的目的在于获得"智慧",而"智慧就是有关原理与原因的知识"①。在亚里士多德看来,人追求"智慧",并不是为了某个实用的目的,而是出于人的自由本性。因此,关于"智慧"的知识是一门最高贵、最神圣的学问,是哲学家要追求的最高目标,它对应于

---

① 亚里士多德:《形而上学》,吴寿彭译,商务印书馆,北京,1997年版,第3页。

士林哲学中的"知天"的知识。实践的知识主要目的在于为人的行为提供指导，因此，它对应于"知人"的知识。而创制的知识，目的在于制作，在于科学地认识事物并为实际服务，它对应于"知物"的知识。三种知识当中，最高贵的知识都是根据低级的知识的类比方法获得的，因此，从认识的起源上看，它们是一致的，都是将感觉经验看作认识的起点。由此可见，士林哲学在亚里士多德知识论的基础上，确立了知性的形上学，将最高的存有等同于上帝，由此将知识与信仰统一起来。

如何从最高的"存有"回到现实的经验生活世界？这是人的伦理实践领域的问题。亚里士多德在《尼各马可伦理学》中提出了真正的美德是中庸，他将中庸解释为一切行为的"恰如其分"，即根据具体的状况来决定行为的方式。如何才能达到这种恰如其分的中庸状态呢？亚里士多德的回答是"实践智慧"（phronesis）。在他看来，"明智（实践智慧——引者注）则是关于实践活动的正确原理"①。这是一种辨别人生善恶的基本才能。这个观点直接影响了托马斯·阿奎那的伦理学，后者将中庸扩大到所有范围，不仅是伦理的中庸，也是理智的中庸，上帝就是这种总体性的德行本身，由此，上帝的全善也得到了说明。人作为上帝的肖像，因为分有了上帝的这种总体性之善，因而也是善的。

综上所述，柏拉图主义对基督教哲学总体观的影响主要是本体论方面，它主要提供的是对本体的分有模式；而亚里士多德哲学对士林哲学总体观的影响主要是在知识论和伦理学方面，它主要提供的是类比的方法。但是，这两个理论源头不是截然分开的，它们在许多地方是结合在一起的，并共同为基督教哲学的总体观奠定了基础。

二、作为认识论总体性原则的上帝

在认识论方面，士林哲学继承了亚里士多德的思想进路，运用类比方法，将上帝作为认识的最高目的，同时将人看作上帝的肖像，从而进行认识。人的认识是如何发生的呢？其本质又是什么呢？这就涉及到哲学史上一个古老而又永恒的难题，即"思维和存在的同一性"问题。

---

① 苗力田主编：《亚里士多德全集》第八卷，中国人民大学出版社，北京，1994年版，第136页。

"思维和存在的同一性"问题之所以是哲学史上永恒的问题之一,就在于思维如何能够与外在于它的对象达成一致。要理解这个问题,首先必须了解"存在"的含义。据李震考证,"存在"一词在拉丁文中出自 *ex-sistere*,其中的 *ex* 指的是"由"或"因"的意思,而 *sistere* 则指"站立"或"屹立"的意思,整个词合起来的意思是"因为……的支持而站立的东西"。"为此存在或存在物是须靠它物之支持才能实现的东西,本身包括依他性,相对性及有限性,一旦由潜能过渡到实现,就成为存有物而自立存在。"[1]就是说,一般的存在物,如动物、植物等,其之所以可能存在是因为某个外在于它的原因。因此,"存在"就是使事物得以存在的根基。"思维与存在的同一性"也就意味着思维能够对"存在"形成认识,并使二者达到一致。

在士林哲学当中,这种"思维与存在的同一性"是如何达成的呢?由于士林哲学主要继承了亚里士多德的思想路线,它以"存有"(being)为研究对象,而"存有"比"存在"具有更大的普遍性,它是最普遍的概念,是最基本的"存在",任何概念都无法完全界定它,因此,我们只能对它进行描述和说明。也就是说,它具有一种形而上的根本特性。同时,它又是一个自明的、不可分割的整体。亚里士多德将"存有"的这种特性描述为"自因",即"存有"作为最根本的"存在",它是自己的原因,同时,也是其他一切明了性的原因。同时,"存有"是最基本的实际存在,它揭示了事物的本质。概括地说,士林哲学的"存有"包括了存在和本质两个方面。因此,"思维与存在的统一性"问题在士林哲学当中,就演变为"思维与存有的同一性"。由于上帝是士林哲学当中最高的"存有",因此,士林哲学最高的认识目的就在于认识上帝。

发展到士林哲学阶段,由于关于上帝的信仰已经得到了普遍认可,士林哲学的目的就是运用理性来论证各种信仰的合理性,而不是认识外在的感性事物。但是,从具体的单个认识来看,对上帝的信仰又离不开感性事物这个途径,为此,士林哲学继承和发展了亚里士多德哲学的路线,遵循从知识论走向形上学的方向:坚持人的思想与存有本身的同一,即思想的主观性与存有的客观性的同一,思想是存有的表现。在此基础上,士林哲学把哲学和

---

[1] 李震:《多玛斯哲学中"存在"的意义和重要性》,载《哲学与文化》,2004年3月第358期。

神学结合起来,认为"哲学是神学的前院,而哲学所指向的,无非是神学的解答"①。无论是哲学,还是神学都以认识作为途径。在士林哲学看来,这条认识途径可以分为三个层次:知物、知人、知天。知物是自然科学的研究范围,知人是人文科学的研究课题,知天则是神学研究的主题。作为最高的学问,士林哲学的研究对象包含了上述三个方面。

知物就是运用因果法则,从事物的现象当中寻找其本质的原因,这样,从结果到原因,逐层上溯,最终实现对存有的本身的形上学认识。例如对生物的认识,往往首先是从结果来寻找生物为什么会产生,以及为什么会灭亡,通过这种追问,我们就可以达到对被研究生物的本质的认识,也就是对该生物存有的认识。知人则是建立于"人是万物之灵"观念的基础上,因为人由灵魂和肉体两大部分构成,这不仅是圣经旧约的启示,也是柏拉图的观念论的前设。灵魂与肉体的关系,就是知人的核心问题,认识了灵魂与肉体之间的关系,也就达到了对人的本质的认识。知天是士林哲学知识论的最高层次,从亚里士多德开始,神就被看作是存有的终极原因,世界万物就是因为分有了上帝的本质而存在,因此,认识上帝成为知识论的最高目的。上帝是人和世界万物的终极原因和目的,知天也因此成为人在世界上的最高追求。

具体地说,士林哲学是通过类比和分受(participatio)两种方法来达到"思维与存在相同一"的,而上帝就是"思维与存在相同一"的本质。类比是我们知识的向上之道,目的在于获得形上的知识,直到关于上帝的最高知识。而分受则是我们知识的向下之道,就是在获得最高的上帝的知识之后,如何将这种知识的真理性赋予其下的一切事物,目的在于为各种存在的事物确立根基。"士林哲学用'类比'和'分受'二概念作为'存有'与'存在'间的二道桥梁,沟通者从此世走向彼岸,从具体走向抽象,从个别走向普遍的道路。"②士林哲学围绕上帝这个最高的存有,建构起了一种特殊的知性形上学。

由于存有是认识的目的,而存有又是与思维异质的形上对象,因此,对

---

① 邬昆如、高凌霞:《士林哲学》,五南出版公司,台北,1996年版,第34页。
② 邬昆如、高凌霞:《士林哲学》,五南出版公司,台北,1996年版,第95页。

存有的认识必须采取不同于一般的主客相符的认识方法。对此，士林哲学继承了亚里士多德的类比方法。在亚里士多德的认识论当中，他从具体的感性事物出发来认识，最终要达到的是关于普遍的认识。人对上帝的认识就是如此。因为上帝超越了人的认识能力，我们对它无法采用主客二分的认识方法进行认识，因此，我们只好运用我们的感性和悟性的认识来对它进行描述，这种采用感性和悟性认识的方式来认识上帝的方法，就是一种类比的方法。通过类比，人可以将这些形而上的、无形无相的对象，设想和描述为一些具体的、有形的对象。在士林哲学中，类比的方法是最基本的方法之一。如托马斯·阿奎那在对上帝存在的五个证明中，就运用了类比的方法。以运动的证明为例，托马斯·阿奎那认为，运动变化就是事物从潜能向实现的转化，而这种转化不会是自动发生的，它必定有外在的原因推动，如木头变成木炭，必须有火的原因，而火本身也不会是自己的原因，它也必须是通过摩擦等原因推动，而摩擦等原因也不是自身的原因，它们也需要别的原因来推动，这样一来，每一个变化的事物背后，必然存在一个非自身的原因，这样推断下去的话，肯定没有一个最终的原因是我们的理智可以穷尽的。为此，托马斯·阿奎那采用了亚里士多德的类比方法，即悟性认识中总是存在一个终点。由此推断必定存在一个最终的原因，尽管我们没有办法认识这个原因的具体属性，但我们还是可以用一个东西来指代它，托马斯·阿奎那将它称为上帝。托马斯·阿奎那的这个类比是通过悟性的归属推理得来的，因此叫作归属类比。

认识上帝的存在，不是认识的终点，我们还要将这种真理的认识赋予世界上的一切事物，从而为一切事物的存在确立根基。这个过程必须运用分受的方法，"'分受'的思想渊源是柏拉图以及新柏拉图主义的精神智慧，其所进行的思想方法，是解决宇宙二元分立的困境，而站在'观念'作为'真实'的立场，来化解人世间的种种缺陷、冲突和对立"①。简而言之，分受的方法就是为了化解观念世界和感官世界之间的矛盾，即把观念世界看作感官世界的基础和模型，感官世界因为分受了观念世界才得以存在的。

士林哲学通过亚里士多德的类比方法和柏拉图的分受方法，将"思维与

---

① 邬昆如、高凌霞：《士林哲学》，五南出版公司，台北，1996年版，第77页。

存有同一性"的难题化解于上帝这个最高的存有当中,即上帝既是最高的思维(精神),又是最高的存有,它是自身完满的总体。

三、作为伦理学总体性原则的上帝

哲学作为一种"总体性"的事业,不仅要追求最高级、最完满的知识——智慧,其最高的目的在于人类的终极关怀,即为人类的安身立命提供一个可靠的基础。在士林哲学当中,这个安身立命的基础,就是作为最高存有的上帝。上帝是善的"总体性",是全善。上帝的全善如何可能落实到现实当中,这是士林哲学的伦理学要探讨的主题。由于在士林哲学中,耶稣既是人的模范,又是上帝的化身,是人与神的合一,因而,耶稣就成为沟通人与神之间关系的一个中介。耶稣是如何将上帝的全善落实到人间的呢?这就是士林哲学伦理学探讨的主要问题,托马斯·阿奎那是对这个问题探讨得最为细致、最为系统的人,因此,下面的讨论主要引用托马斯·阿奎那的观点来说明这个问题。

托马斯·阿奎那将奥古斯丁的伦理学和亚里士多德的伦理学结合起来,形成了他自己的士林哲学伦理观。在奥古斯丁看来,人类经历了堕落,具有原罪,虽然他们依然在追求幸福,但由于其理性和意志已经受到蒙蔽,他们无法通过自身得到永恒的幸福,只有祈求于上帝的恩宠。而在亚里士多德看来,人是自然的人,人类作为行为主体,其行为总是指向幸福的目的。因此,幸福在于最终的行为目的,这个目的不断推动人类完善自己,因此,亚里士多德的幸福就是现实的幸福,而不是冥想的来世幸福。托马斯·阿奎那将两者结合起来,建立了一种新型的士林哲学伦理观。

在托马斯·阿奎那看来,人的德行和人性行为是伦理学的基础,人的德行可以分为本性的德行和超性的德行。本性的德行尽管可以分为理智德行和伦理德行,但真正作为伦理学基础的是伦理德行,伦理德行包括四种,即智德、义德、勇德和节德。智德指的是"一种实践的知识或明智考虑的能力"[①],它以理性作为主体;义德就是正义之德行,它以意志作为主体;勇德就是勇敢之德行,它以欲望作为主体;节德指的是节制的德行,它也是以欲望

---

① 潘小慧:《四德行论》,哲学与文化月刊杂志社,台北,2007年版,第5页。

为主体的德行。在这四种德行当中,智德是最重要的德行,因为"它协助所有的德行而且在其中运作"①。在四种伦理德行中,智德可以运用它的理性主体,将普遍的道德原则应用于道德实践当中,来满足人类善的目的,因而,智德是最重要的本性之德。超性之德包括信德、望德和爱德三种,信德指的是从上帝那里得到的真理性知识,望德指的是从上帝那里获得善,爱德却只是安于上帝,而并不从上帝那里得到什么,但是,这种爱德却是超性之德中最重要的德行,因为它将上帝的爱普施人间。

从托马斯·阿奎那对德行的划分来看,他已经把理智之德看成了最重要的一种德行。在他看来,人的理性高于意志和欲望,意志只是"理性的欲望",欲望则更加低下。理性的本性是理解,它的运作行为是意向,因此,意向行为必须以理性知识作为其前提条件。也就是说,必须首先理解什么是目的,才可能有意志的作用,不可能存在无目的的意志和欲望。就人类而言,其理性和意志的目的是幸福,如何可能实现这种幸福呢?由于人类理性的本性是趋善避恶,因此,理智的德行是实践这种幸福的前提,但是,这种建立在有限的人类理性基础上的幸福,只能是一种相对的幸福。而人类的形而上学本性促使它去追求那种绝对的幸福。由于上帝是世界的主宰,其法则具有永恒性。人因为参与了上帝的永恒法则,因而使得人类理性的法则具有终极性。

从表面上看,人类参与上帝的永恒法则似乎是一个悖论,因为人类理性的有限性和上帝自身的绝对性是无法相容的。但是,在托马斯·阿奎那看来,这种相参却是可以的。因为人对上帝的认识与人对一般对象的认识不同,上帝是纯粹的形式,没有具体的内容,因此,认识上帝只需要认识到上帝的存在,而这个目的,在托马斯·阿奎那看来,是完全可以通过人类的理性得以实现的。他关于上帝存在的证明就是人认识上帝的方式。人对上帝的认识,就是人参与上帝的方式,也是人类获得永恒的幸福的过程。

托马斯·阿奎那在《反异教大全》中,详细论证了人类为什么要以认识上帝作为终极目的。首先,一切受造物,都有运动的原因,都是朝向一定的目的运动,这个目的都是一个具体的东西,否则就是永恒的无限运动,而永

---

① 潘小慧:《四德行论》,哲学与文化月刊杂志社,台北,2007年版,第7页。

恒的无限运动不可能是一个目的。其次,一切运动都朝向一定的善。运动朝向一定的目的和朝向一定的善,说明目的和善是一致的。"万物皆以善为目的"①。由于上帝是万物的创造者,因此,上帝是万物的目的,是一切善的原因,是万物的终极目的。

托马斯·阿奎那同时还继承了基督教的仁爱精神,并将它与亚里士多德的德行理论结合起来,使爱成为一种至高无上的德行。由于基督教"爱"的精神是一种普世的博爱,它强调人与人之间的爱是一种绝对公正无私的爱,如"爱人如己","爱你的仇人如爱你的朋友"等,因此,这种爱超越了人类的友爱和情爱,是一种超性的德行。它源于作为天主的耶稣基督,可以使人朝向上帝的德行。因此,托马斯·阿奎那认为,对上帝的爱,无论如何都不过分,这是一种永恒的幸福。

由此可见,以托马斯·阿奎那为代表的士林哲学伦理学,注重人的德行修养,强调理性在德行修养当中的作用,并将人的修养与上帝的恩宠结合起来,试图建构一种以智德和爱德为基础的伦理学。在托马斯·阿奎那看来,有德行的生活是通过修行得到的。因此,伦理学的核心问题就是"我应当成为什么样的人"。正如潘小慧所说,"他(托马斯·阿奎那——引者注)将伦理道德的核心问题置于人——行为者的品格特性,而非行为上"②。质言之,士林哲学所探讨的主要伦理学问题,就是如何使人修养成为一个完美之人、总体之人。

四、作为历史总体性目的的上帝

在历史观方面,基督教的神学目的论的历史总体观也极大地启发了后来的历史哲学。表面上看,基督教哲学是以永恒的上帝作为目的的,因而它似乎是一种非历史的哲学。其实不然,基督教哲学在寻求上帝这个永恒目的的过程中,也建立起了一种历史的观念。只不过这种历史观叙述的是"一种格外普遍的东西的历史"③,即关于上帝的历史,从而给历史披上了神学的

---

① 转引自唐逸:《理性与信仰》,广西师范大学出版社,桂林,2005年版,第261页。
② 潘小慧:《德行与伦理》,闻道出版社,台南,2009年版,第22页。
③ 贝奈戴托·克罗齐:《历史学的理论和实际》,傅任敢译,商务印书馆,北京,1982年版,第103页。

外衣。基督教这种神学的历史总体观主要体现在奥古斯丁的《上帝之城》当中。

奥古斯丁认为,上帝是全知、全能和全善的创造者,它从虚无中创造了世界,"你一言而万物资始,你是用你的'道'——言语——创造万有"①。上帝凭借"道"来创造世界,"道"就是上帝本身。在奥古斯丁看来,由全善的上帝创造的万物也是善的,但被创造物的善不是一种至善,它总是与上帝的至善存在一些差别。这就意味着,被创造物的善是一种相对意义的善,是有缺陷的善,它跟上帝的善比较起来,也就是一种恶。即是说,被创造物的善相对于上帝来说,就是一种恶,就是善的缺失。人作为上帝的造物,也不例外。人类的祖先亚当,被上帝创造出来之后,在自由意志的支配下,背叛了上帝,偷吃了禁果,从而犯下了罪,而这种罪会世代遗传给人类的后代,这就是原罪。面对具有原罪的人类,全善的上帝并非置之不理,而是通过自己的神恩来对他们进行拯救。但上帝的拯救不是无差别地完全拯救,而是通过它的意志来拯救其中的一部分,即上帝的选民。至于那些没有被上帝选中的人,则成为上帝的弃民,他们永远无法获得拯救。

奥古斯丁在《上帝之城》中,站在神学的立场上,论证了天国实现的必然性。他把人类历史的进程比作人生的发展过程,认为人类历史也要经历婴儿期、儿童期、青年期、成年期、壮年期、衰老期等一系列阶段。在他看来,人类历史就是一个善与恶不断斗争的过程,经过漫长的斗争,人类历史最终必然走向灭亡,即世界末日。但世界末日并非人类的灾难,而是人类的福音,因为它意味着善对恶的胜利,意味着天国得以实现。奥古斯丁认为,世界末日来临之际,耶稣将再次降临人世,对一切人进行审判,凡是爱自己而轻视上帝的人,将被贬入世俗之城;凡是爱上帝而轻视自己的人,将进入上帝之城。"这座城(上帝之城——引者注)摆脱任何罪恶,充满了各种好东西,处在永久的幸福之中,冒犯被遗忘了,惩罚也被遗忘了。"②就是说,天国象征着人类的美好前景:人类从此再也没有罪恶和痛苦,伴随他们的是永恒的幸福和快乐,人人平等、财产共有、按需所取等一切美好的特征都归于天国,这是

---

① 奥古斯丁:《忏悔录》,周士良译,商务印书馆,北京,1963年版,第236页。
② 奥古斯丁:《上帝之城》(下卷),王晓朝译,人民出版社,北京,2006年版,第1159页。

一种宗教性质的共产主义社会。由此可见,耶稣的受难与复活带有浓厚的历史色彩。

奥古斯丁对上帝之城和世俗之城的划分,说明了人类的真正希望在于人类历史的末日,只有通过末日的审判,人类才可能获得上帝的认可,才能真正过上一种有意义的生活。因此,世俗历史的末日意味着人类的真正解放。正如文德尔班指出:"末世论的希望是早期基督教形而上学的主要组成部分,因为耶稣将世界史转折点的历史哲学寄希望于:钉死在十字架的人(耶稣)重返尘世,审判世界,完成光明战胜黑暗的胜利。"①奥古斯丁将人类历史看作一部善恶斗争的历史,说明他已经洞察到了历史发展的真正动力。但他最终将这个结果看作上帝的神圣计划,则明显是非历史的,甚至是反历史的。他在这个想象的历史进程中,把传说当作了历史,把预言当作了必然的现实。尽管如此,我们仍依然不能否认奥古斯丁这种理论的历史维度,正如周建漳所指出:"任何一个对此认真思索与不抱成见的人,都不可能无视历史哲学与历史神学者之间的相似性:无论是历史哲学中的线性时间结构还是其指向未来的历史发展目标,尤其是其凌驾于全部历史之上的一以贯之的统摄原则,即理性、世界精神或是客观历史规律与历史意义的追寻;只是它不再称上帝之名,超验的历史神义论被代之以世俗的历史人义论,超越此世的神学救赎取向变成改造或再造此世的自救进步原则。"②

根据奥古斯丁的理论,历史是由上帝创造的,上帝已经为人类安排好了结局,人类的历史就是一个朝向上帝前进的过程,因此,历史是一个不断进步的过程。历史学家的任务只是证明人类每一个行动都是符合上帝的安排的。奥古斯丁这种线性历史观念,也为历史的纪元确定了一个重要的基础。根据基督教理论,上帝是时间和世界万物的创造者,因此,时间中的一切事物都是通向上帝这个永恒的目的的一个环节,一个片段。奥古斯丁根据《新约·罗马书》的启示,将人类历史分为前律法时期、律法时期和上帝的天国时期三个阶段,这种历史的划分方法反映了历史发展的统一性和阶段性。在此基础上,奥古斯丁创造性地以基督的诞生为标志,将人类历史划分为两

---

① 文德尔班:《哲学史教程》(上卷),罗达仁译,商务印书馆,北京,1996年版,第349页。
② 周建漳:《目的论视角与历史意义问题》,载《哲学研究》,2008年第2期。

大时期:基督降生前的"福音准备时期"和基督降生以后的"福音传播和胜利时期"①。奥古斯丁的这种历史划分方法,为后来的基督纪年法提供了最直接的理论依据和具体的实施原则。到公元8世纪,英国史学之父比德在《英国史》中正式采用了基督纪年,他以基督诞生之年作为基准,把那以前的时代标注为BC,表示基督诞生之前的历史,把那以后的时代标注为AD,意思是"我主纪年",此后,这种历史纪年方法被广泛采用,以致成了全世界通用的纪年法。基督教所创立的这种历史纪元方法,从另一个侧面反映了历史的目的论,即上帝(作为其肉身的耶稣)既是世界历史的起点,同时也是世界历史的目的。正如美国思想家福山所指出:"所有民族都是广大人类的一个分支,而人类的命运可以理解为上帝的安排。"②

在一定意义上来说,奥古斯丁的《上帝之城》为人类历史提供了一种完整的意义。他根据基督教理论所提出的历史观,用一种末世论的视角来理解人类历史,即他以现在为轴心,把时间分为过去的现在、现在的现在和将来的现在三类,并认为"过去事物的现在便是记忆,现在事物的现在便是直接感觉,将来事物的现在便是期望"③。由此一切事物都可以归于"现在"。奥古斯丁根据这种"现在"的时间观来理解整个历史,从而赋予"现在"一种永恒性,这是他的神学目的论的表现。但他把将来看作现在的期望,则启发了后来的许多思想家,正如卡尔·洛维特所指出:"从以赛亚(Isaiah)到马克思(Marx)、从奥古斯丁到黑格尔、从约阿希姆(Joachim)到谢林(Schelling),基督教西方的历史意识是由末世论的主题规定的。"④

总之,基督教哲学作为西方哲学史上的一个重要环节,其影响是非常深远的,它将古希腊的理性主义精神与基督宗教的教义结合起来,在人类思想史上具有十分重要的意义。正如李秋零在《神光沐浴下的文化再生》中所说,"事实上,中世纪理性或逻辑思维的水平已经达到了相当的程度,并不比现代差多少。托马斯·阿奎那的体系不仅是信仰的充分表达,而且是人类

---

① 张广智:《西方史学史》,复旦大学出版,上海,2000年版,第74页。
② 弗朗西斯·福山:《历史的终结及最后之人》,黄胜强、许铭原译,中国社会科学出版社,北京,2003年版,第62页。
③ 奥古斯丁:《忏悔录》,周士良译,商务印书馆,北京,1963年版,第247页。
④ 卡尔·洛维特:《世界历史与救赎历史——历史哲学的神学前提》,李秋零、田薇译,生活·读书·新知三联书店,北京,2002年版,第24页。

运用理性建造的一个思想殿堂"①。事实上的确如此,正是在基督教哲学,尤其是基督教哲学的理性主义思潮的影响下,欧洲的大学才得以迅速地建立,科学和文化的传播范围不断扩大,新的科学发明和发现不断涌现出来,这为西方近代文明奠定了坚实的基础。在这个过程中,作为知识和伦理意义总体性原则的上帝,尤其发挥了突出的作用。正如荷兰科学史家R.霍伊卡指出:"在现代科学兴起的时代,宗教是当时文化生活中最强大的力量。人们对上帝(或诸神)的看法影响了他们的自然观,而这种自然观又必然影响他们探究自然的方法,即他们的科学。"②在基督教教义中,上帝是万物的创造者,他首先创造了自然界,然后又摩仿自己创造了人类,上帝把这个自然世界交给人类去管理和改造。因此,上帝、人、自然事物构成了一个等级序列,上帝在这个等级序列中具有至高无上的地位,人次之,自然事物最低贱,人和自然的合理性都要归因于上帝。这个观点刚好与西方后来的理性主义与无神论的主张相背离,后者主张人是世界的主人,是上帝的化身,因此一切都要以人的利益为出发点和目的,结果,造成了现代社会的大量的所谓现代性问题。如果仔细反思这些问题,我们可以发现,它们正是在抛弃了上帝作为知识和伦理意义总体性原则的情况下造成的。也是因为如此,本书认为,基督教哲学的上帝总体观,尽管具有神秘色彩,但它通过上帝的真、善、美、圣等总体性原则,能够引导人类不断完善和发展,不断走向完满的境界。

小 结

从学理上看,西方哲学的总体性观念肇始于其哲学开端,它源自于人们追求一种对世界的总体性把握和认识的冲动。这种总体性观念在柏拉图哲学中已经形成为一个完整的理论形态——理念论。柏拉图继承了苏格拉底的问题——追求关于事物本质的知识,他将巴门尼德的"存在"和毕达哥拉斯的"一"结合起来,构造出一种具有规范意义的总体——理念。在他看来,

---

① 李秋零、田薇:《神光沐浴下的文化再生》,华夏出版社,北京,2000年版,第404页。
② R.霍伊卡:《宗教与现代科学的兴起》,丘仲辉等译,四川人民出版社,成都,1999年版,第3页。

理念是世界万物的原因和原理,只有认识了事物的理念,才能形成关于世界万物的真正认识。关于理念的知识是灵魂先天具有的知识,人们通常可以根据回忆和研习辩证法的方法来获得它。不仅如此,柏拉图还赋予理念以实践的特性,认为理念世界的知识能够在现实的感性世界中实现出来。为此,柏拉图亲身投入到建立这个理想国的实践当中,几番来到西西里,试图将他构想的"理想国"实现出来,结果差点落得被卖身为奴隶的下场。柏拉图失败的根本原因,就在于他试图拿一种理智构想的"理念",既用来解释世界,又用来改造世界,从而非批判地将理论与实践同一起来。其实,柏拉图的这种理论与实践的同一,是用理论吞并了实践,理论成了万能的总体。柏拉图的这种思维模式,深刻地影响了后来的西方哲学,也包括马克思主义哲学的思维模式。

柏拉图的这种总体性的哲学思维模式,被基督教继承和发展,后者甚至将它拓展到神学和历史的领域。这使得基督教哲学的总体性观念独具特色。在知识论方面,基督教哲学,特别是士林哲学主张从知物开始,再到知人,最后达到最高的知识,即知天,从而得到关于上帝的最高知识。在本体论方面,士林哲学主张上帝是世界的创造者,世界上的一切事物都是上帝的产物,一切事物因为分受了上帝的存有才得以存在。在伦理学方面,士林哲学主张上帝是最高的善,人具有智、义、勇、节四种德行,这四种德行与上帝的爱结合起来,就成为最高的德行。人通过德行的修养,可以分受上帝的善,从而使自己达到与上帝的合一。在历史观方面,基督教哲学认为,人类历史是一个堕落的过程,人类的真正希望在于世界的末日,而人类世界的末日同时又是人类趋近于上帝的过程,因此,从神学的意义上来说,人类的历史又是一个前进的、上升的过程。基督的诞生,既象征着人类历史的起点,又代表着人类历史的目的,基督由此被赋予了一种永恒的意义,以它作为历史的纪元,也成为后来历史学的一种惯例。

无论是在柏拉图的理念论当中,还是在基督教哲学的上帝观念当中,都蕴涵着一个总体的原则,即理念或上帝既是解释世界的出发点和目的,又是改变世界的出发点和目的,这成为西方哲学的一种主流思维模式。

第二章
近代哲学的总体观

随着近代理性主义的兴起,人们逐渐从以往的宗教热情中解脱出来。地理大发现、人文主义运动和自然科学的不断进展等,使得人们的视野日益变得开阔起来,理性日益成为人类认识世界的重要工具。但与此同时,近代哲学并没有完全忽视基督教所关注的那个精神世界,而是试图将理性与基督教的精神结合起来形成一种解释世界的新模式。经过经验论和唯理论的论争,近代哲学开始进入体系化时代,主要成果是德国古典哲学,康德、费希特、谢林和黑格尔取得了代表性的成就,其中,康德和黑格尔的哲学体系是两座高峰。在康德和黑格尔的哲学体系当中,传统哲学的总体观和基督教的总体观得到了进一步发展。因此,这一章主要考察康德和黑格尔的总体性观念。

第一节　康德的范导性①总体观

在总体问题上,康德是一位颇具争议的人物。康德通过对人的认识能力的考察,打破了传统形而上学试图建构一个无所不包的知识总体的美梦,因此,有人认为康德是一个非总体论者。在笔者看来,这种观点是比较片面的,因为康德在摧毁传统形而上学知识总体的同时,也提出了一种更加合理

---

① 这里引用了陈嘉明的翻译用语,康德根据人的认识能力和对象的差别,将先验的方法分为建构的(konstitutiv)和范导的(regulativ)两种,前者是知性所使用的方法,后者则是理性和反思判断力所使用的方法。本文在使用"范导的"这个概念时,基本上沿用了陈嘉明的《建构与范导》中的含义,但对于其范导方法的适用范围有所不同。

的总体——范导性总体。康德认为总体仅仅是形而上学领域的范导性原则,如自由、世界、灵魂和上帝等概念,它们对人的知识与经验生活仅仅起调节和引导作用。

一、作为总体论者的康德

随着近代理性主义的兴起,传统形而上学封闭的静态总体观日益陷入危机,尤其是随着休谟的怀疑论的提出,这种危机已经达到了一个无以复加的程度。正如康德所指出:"自从洛克《人类理智论》和莱布尼茨《人类理智新论》出版以来,甚至尽可能追溯到自从有形而上学以来,对于这一科学的命运来说,它所遭受的没有什么能比休谟所给予的打击更为致命。"[①]休谟的怀疑论,尤其是休谟将因果关系看作一种习惯性联想,不仅打碎了经验论的美梦,也使唯理论的美梦落空了,这意味着传统形而上学追求绝对总体性知识的进路走进了一条死胡同。

康德认为,传统形而上学之所以陷入这种困境,是因为它们在提出自己的理论体系之前,都没有对人的认识能力进行批判,因此,都不可避免地陷入到独断论的迷雾当中。对此,康德坦率地承认,正是休谟的提示使他打破了以往的教条主义的迷梦,并且为他指出了一个完全不同的哲学研究方向,这个方向就是对人的认识能力进行批判,由此来确定人的认识能力的有效范围。

在《纯粹理性批判》中,康德颠覆了传统认识论的观点。在他看来,经验论所追求的知识仅仅是一种后天的综合知识,不具有普遍必然性;唯理论所追求的知识则相反,仅仅是(先天的)分析的,它并不会增加新的知识。而真正普遍必然性的知识一方面必须是先天的,另一方面,它还必须是综合的。也就是说,普遍必然性的知识必须是先天综合判断。但是,先天的(分析的)判断和综合的(经验的)判断似乎是水火不相容的,如何将二者结合起来,这是康德要着手解决的关键问题。在康德看来,传统形而上学之所以无法解决这个难题,就是因为它们都是按照知识必须符合对象的思路来思考问题的,这忽视了对人的认识能力的考察。康德认为,如果反过来要求对象与知

---

① 康德:《未来形而上学导论》,庞景仁译,商务印书馆,北京,1997年版,第5—6页。

识相符,问题就能够得到圆满解决。要考察对象与知识相符,首先就必须考察人的认识能力,以确定知识的有效范围。康德认为,人的认识一方面包括经验的内容,另一方面还包括先天的形式,这样就既保证了知识的普遍必然性,又增加了知识的新内容。也就是说,人的认识能力当中蕴涵着认识的先天性要素,它能够使经验的知识具有普遍必然性。

由此出发,康德考察了人的认识能力。在他看来,人的认识能力分为感性、知性①和理性,它们分别具有不同的先天认识形式。感性的先天形式是时间和空间,它们能够接受进入其中的感性经验材料,为形成知识提供质料基础;知性的先天形式是范畴,它能够对感性的形式所接受的质料进行综合统一,并形成具有普遍必然性的知识;理性作为人最高的先天认识形式,其功能主要是推理,通过推理,它能够将知性综合而成的知识调整成为总体性的知识。理性调整知识的工具是理念,"理念的统一性只是'理想的统一性'而不是'现实的统一性',它们只是调整知识的工具而不是知识的对象"②。理性错误地将理念的"理想的统一性"当作了"现实的统一性",从而陷入一种先验的幻相当中。由于理性对总体性知识没有适当的认识工具,只好借助于知性的范畴,而知性范畴的有效范围只是经验的现象世界,理性对它的借用迫使它超越了自己的有效范围,因此,无法形成真正的科学知识。康德将知性范畴的作用限定在经验的世界——现象界,将理性的对象看作本体界——自在之物世界。康德认为,现象界是可以被我们认识的,而自在之物的世界则是我们无法认识的一个对象。因此,如果强制性地运用知性范畴来认识自在之物的话,必然陷入理性的"二律背反",由此产生一种总体性的辩证幻相。

康德对认识能力的这种考察和批判具有重大意义。它一方面确定了普遍必然性知识的有效范围,为形而上学确立了一个形式上的标准;另一方面,它又否定了人的认识能够建立真正的形而上学的可能性。康德将世界划分为现象和自在之物的二元论主张,以及他对认识论的形而上学的否定,使得人们往往将他看作一个总体论的反对者。如卢卡奇就将康德看作一个

---

① 德文 Verstand,英文 understanding,中文有时又译成"理智"、"悟性"等,本书除引文以外,统一采用目前比较常用的"知性"这个翻译。
②《西方哲学史》,张志伟主编,中国人民大学出版社,北京,2002年版,第551页。

资产阶级思想家的典型代表,认为他的思想无法超越资产阶级社会的现实,因此,他也无法把握现实的社会总体。但也有一些思想家持相反的观点,如卢卡奇的学生戈德曼就强调了康德哲学的总体论倾向。在戈德曼看来,康德之所以没有形成成熟的哲学总体观,原因主要有两个:一个是斯宾诺莎泛神论的影响,斯宾诺莎的泛神论与他的基督教的一神信仰相矛盾;另一个原因是18世纪德国落后分裂的现状,它无法为总体性哲学提供现实的支持。戈德曼的这个主张得到了马丁·杰的支持,后者指出:"在总体概念的历史中,没有人的总体概念比康德的总体概念更加模糊和不确定。"[1]由此可见,戈德曼和马丁·杰都把康德看作一个模糊的总体论者。

事实上,康德的确是一个总体论者,这可以从他的著作中得到印证。在《纯粹理性批判》中,康德将理论理性的目标设定为:将知性知识进一步调整为一个完整的整体。但由于这种整体知识的基础是现象的,而并没有涉及自在之物,因此,这种先验的整体知识只是一种理想的整体知识,而实际上并不存在着一个与它对应的知识对象。康德将这种空洞的总体性知识看作是一种知性的僭越,即知性概念超验运用于自在之物世界所造成的结果。在《实践理性批判》中,康德进一步强化了这个观念,他在这里将自由看作道德共同体的基础。他认为,自由是道德法则存在的根据,而道德法则则是自由的认识根据。自由虽然是不可认识的,但我们可以想象它,通过这种想象的自由,可以断定道德法则的存在。在《判断力批判》中,康德通过审美和目的论分析,揭示了理论理性与实践理性的统一。在他看来,混乱的世界表面背后,是由一个总体性的目的所支配的,这个总体性的目的,就是人类的理性。在《历史理性批判文集》中,康德认为理性是在更深的层次上统摄人类全部心灵能力的力量,历史必须概念化为一个无限的总体化过程。在这个过程中,理性的终极目的就是朝向一种总体化的历史运动。历史作为一种"纵向"的总体,具有连续性与结构性,同时也是一个规范性的总体,其目的是普遍法制化的文明社会的国际共同体。而且,历史总体化的工具就是人类自己,不是天意的干预。康德的这种历史总体观,成为黑格尔主义表现的

---

[1] Martin Jay, *Marxism and Totality: The Adventures of a Concept from Lukács to Habermas*, University of California Press, California, 1984, p.44.

总体的重要源泉。

由此可见,康德尽管反对传统形而上学那种无所不包的绝对总体观,但他并没有完全抛弃总体性观念,而是在自己的立场上,提出了一种范导性的总体观。

二、对人的理性认识能力的批判

在《纯粹理性批判》中,康德详细考察了人的理性认识能力。他认为从形式逻辑的角度看,理性是一种推理能力,即运用直言、假言、选言等推理形式进行推理的能力。从先验逻辑的角度看,理性是一种原理的能力,康德把原理界定为从概念而来的综合知识,因此,一切普遍的命题都可以称为原理。但如果要真正理解原理的含义,还必须将知性和理性区分开来。知性不可能仅仅从概念中得到知识的,因而它还需要感性直观来提供质料充当知识的内容。因此,康德指出:"思想无内容则空,直观无概念则盲。"[①]知性通过对感性直观的经验内容综合作用,就建构出了一种具有普遍意义的知识。而理性却不同,它并不直接作用于经验对象,而是凭借概念对知性知识进行综合统一。从这个意义上看,理性只是对知性知识进行的一种整理和调节,使它成为一个整体。康德将理性的这种整理和调节作用称为范导,意味着理性在构造这种知识的过程中的作用,不是直接参与,而是在宏观的方面进行引导和调节。理性的作用就在于引导知性知识朝着某种综合统一的方向发展,这种综合统一的目标是理性为知性所设定的,也是理性永远无法达到的目标。但是,理性为了知识的系统化,却又不得不追求这个目标。由于理性追求的是一种完整统一的知识,其对象又是知性知识,因此,理性的目标就是全部可能经验的统一整体。

康德认为作为可能经验之整体对象与具体个别的经验对象是根本不同的东西:"每一个个别经验不过是经验领域的全部范围的一部分;而全部可能经验的绝对的整体本身并不是一个经验,不过这个问题却是理性必然要管的一个问题;仅仅为了表现这个问题,就要求一些和纯粹理智概念完全不

[①] 伊曼努尔·康德:《纯粹理性批判》,李秋零译,中国人民大学出版社,北京,2004年版,第83页。

同的概念。"①理性的对象只是经验的绝对整体,而不是个别经验。经验之绝对整体作为理性对象,是不可直观的,它只能用理性的概念,即理念来把握。理性的目的在于形成一种关于经验之绝对总体的知识。"知性根本不关注序列的总体性,而只是关注条件的序列到处按照概念得以实现所凭借的那种联结。"②知性以单个的经验作为对象,它可以直接构成关于对象的知识。根据理性和知性在认识对象上的这种区别,康德将人的知识分为建构性的知识和范导性的知识,前者主要是由知性所形成,后者则是理性的结果。

  理性与知性的这种区分非常重要,因为它揭示了理念自身中隐藏的辩证幻相的根源。康德认为,世界、自由、灵魂、上帝等理念,在经验中本来就没有与之对应的对象,它们只是一些思维的实体。但是,传统形而上学却将它们看作经验对象,并用知性范畴对它们加以规定,结果造成了一种幻相逻辑。在康德看来,传统形而上学之所以陷入这种幻相逻辑,就是因为在没有考察人的认识能力以前,就在进行认识,结果造成了拿知性概念来认识理性对象,从而陷入困境。由此可见,传统形而上学陷入困境的原因,不在于形而上学本身,而在于没有为知性和理性划定有效的使用范围。在康德看来,"纯粹理性的一切哲学的最大的,也许是惟一的用途大概只是消极的;也就是说,因为它不是用来作为工具论被扩展,而是作为训练被用来规定界限,而且不是揭示真理,而是只有防止错误的默默功绩"③。可见,纯粹理性批判的目的就在于划定知性和理性各自的有效范围,从而为克服传统形而上学的这种幻相逻辑奠定基础。

  为了进一步揭示理论理性的这种幻相逻辑,康德将认识客体分为现象和"自在之物"。他认为我们只能认识现象,而无法认识"自在之物"。现象是事物对我们的表现,它仅仅是存在于我们心中的主观的东西。由此,康德指出,"纯粹知性在范畴中就是一切显象的综合统一性的规律,并由此而最

---

① 康德:《未来形而上学导论》,庞景仁译,商务印书馆,北京,1997年版,第104页。
② 伊曼努尔·康德:《纯粹理性批判》,李秋零译,中国人民大学出版社,北京,2004年版,第496页。
③ 伊曼努尔·康德:《纯粹理性批判》,李秋零译,中国人民大学出版社,北京,2004年版,第586页。

先并且原初地使经验在其形式上成为可能"①。范畴作为一种先于经验知识的先天概念,同时又是经验知识得以成立的先决条件。范畴一方面是我们联结对象的逻辑形式,另一方面又为我们先天所具有。因此,它使经验知识的建构得以可能。正因为如此,康德将根据知性范畴来进行综合和联结的统觉原理,看作知识学当中的最高原理。统觉原理将认识对象规定为主观表象的现象,将现象转化为经验的依据归于主体的心理活动,突出了人的理智的功能。同时,将统觉的综合统一功能归于范畴,由此赋予经验的知识以普遍必然性,范畴成为经验知识的最高根据。

"自在之物"是康德用来作为现象的基础的一个先验的概念,纯粹是一个理性设定的概念。在康德看来,"自在之物"仅仅是产生认识的必要条件,而不是充分条件,因为我们永远无法知道现象是否能够反映"自在之物"。尽管如此,康德仍然没有完全否定"自在之物"的作用,但他看来,"自在之物"在经验的认识中充当着现象统一的根据,这种统一的根据的作用就是范导。康德认为,范导的作用是源于人的理性的形而上学倾向。由于知性的认识仅仅局限于经验的时空的范围,它无法把握经验的整体。要把握统一的经验之整体,只能求助于理性。而理性又不是直接与经验相关的,它只能通过世界、自由、灵魂、上帝等先验的原理来调节知性的认识,由此得到的理性认识必然没有任何的现实性。

在现象与"自在之物"区分的基础上,康德区分了思维与认识。在他看来,知识的对象就是现象,思维则不仅局限于此,"正是这些也作为物自身的对象,我们即使不能认识,至少也必须能够思维。因为若不然,就会从中得出荒谬的命题:没有某种在此显现的东西却有显象"②。尽管"自在之物"不是一个认识的对象,我们无法形成关于它的知识,但我们却可以对它有所思。

关于现象之知可以直接到达实际存在的事物,而关于"自在之物"的思,由于其基础是假设的,因而无法直接规定任何实际存在的事物。在康德看

---

① 伊曼努尔·康德:《纯粹理性批判》,李秋零译,中国人民大学出版社,北京,2004 年版,第 159 页。
② 伊曼努尔·康德:《纯粹理性批判》,李秋零译,中国人民大学出版社,北京,2004 年版,第 21 页。

来,形而上学就是对应于"自在之物"之思,它的作用就是使知性知识朝着总体性和完整性的目标前进。形而上学作为理性综合统一的表现,它不是为了认识客体的属性,而是为特殊科学提供范导作用,即提供原理来保证经验的知性认识的有效性,并防止经验认识的使用超出经验的范围。康德认为,如果理性将范畴当作认识"自在之物"的经验总体,必然陷入到关于宇宙的二律背反的幻相逻辑当中,避免这种假象的唯一有效途径,就是严格遵守知性的认识界限,不能让范畴超出经验的范围使用。

三、范导性原理的提出

根据现象与"自在之物"的划分,康德将认识它们的方法分为"建构的"(*konstitutiv*)与"范导的"(*regulativ*)两种。在他看来,建构的方法是知性所使用的方法,其对象是感性直观提供的质料,知性运用范畴对感性直观的材料进行建构,由此产生经验判断。范导的方法则是理性(包括理论理性和实践理性)与反思判断力所使用的方法,它是一种具有普遍意义的方法,能够广泛适用于自然和社会历史等各个领域。但无论应用于哪一个领域,其基本作用都是相同的,即"它是一种主观的、假设的原理,而不像建构性原理那样是客观的。它无法对客体加以规定,而只是以其提供的概念作为我们观察、思考事物的参照系,由此引导自然研究达到理性所设定的某个目的。"①

康德认为:"在直观的综合中与普遍性相应的是条件的全体性(*Universitas*)或者总体性。因此,先验的理性概念不是别的,是关于一个被给予的有条件者的种种条件之总体性的概念。"②由于理性的对象是经验条件之总体,而经验条件之总体本身并不是经验,它是一个绝对的总体,是一个先验的概念,即理念。康德把理念理解为理性自身所产生的非经验概念,即,"理念,我是指其对象不能在任何经验中表现出来的那些必然的概念来说的"③。

根据人的认识能力的特性,康德将对象分为范导性对象和建构性对象

---

① 陈嘉明:《建构与范导》,社会科学文献出版社,北京,1992年版,第16页。
② 伊曼努尔·康德:《纯粹理性批判》,李秋零译,中国人民大学出版社,北京,2004年版,第288页。
③ 康德:《未来形而上学导论》,庞景仁译,商务印书馆,北京,1997年版,第104页。

两类。在他看来,除了感性外,人的其余认识能力均可以形成相应的原理或规范。知性可以根据自己的范畴,将经验的质料综合为具有普遍必然性的知识。因此,知性范畴是一种建构性的原理。理性则不同,它的功能是调节,即将知性形成的普遍性知识进一步调整为一个完整的总体,因此,它的作用是范导,即引导知性知识朝向完整性的方向前进。尽管这种完整性是永远达不到的,但它却以此作为认识努力的目标。由于知性的对象是感性直观给出的,因而它具有现实性;而理性的对象是非感性的,它没有现实性,理性根本无法规定和建构与它相对应的现实对象。尽管理性无法直接规定和建构对象,但这并不意味着理性就是无用的。在康德看来,理性可以通过对知性思维进行调节和指导来规范认识中的宏观思路。

对于理论理性而言,如果将仅仅具有范导作用的理念当作建构性来使用,必然产生辩证的假象。康德在《纯粹理性批判》的"先验辩证论"部分,详细地论证了这种辩证幻相所产生的过程。"逻辑的谬误推理在于一个理性推理在形式上的错误,除此之外在其内容上却可以随便是什么。但是,一个先验的谬误推理却有一种先验的根据来作出形式上错误的推论。以这样的方式,一种诸如此类的错误推论就在人类理性的本性中有其根据,并带有虽然并非不可消解,但却无法避免的幻觉。"①因此,产生这些幻相的根源就在于将范导性理念当作建构性概念使用。其实,就其本质而言,范导性理念在经验领域只能教导人们尽可能地扩大知性在经验活动中的使用,而不能将这一无穷的经验系列看作一个已完成的、能在经验中给出的绝对总体。例如,将世界规定为有限,就是违反了范导性原理的应用范围,即错误地将世界这个概念看作有限的,而实际上世界是一个无限的概念,它无法在相应的直观中给出来。因而,它不是一个认识对象,无法在经验的视野下被认识。康德由此得出结论:"关于经验的整个对象(感官世界),我不能说任何东西,我所能够说的只是与经验的对象相符合来进行并且继续经验所应当遵守的规则。"②质言之,本来是规定感性直观的范畴,被用来规定不具有对象性的

---

① 伊曼努尔·康德:《纯粹理性批判》,李秋零译,中国人民大学出版社,北京,2004年版,第299页。

② 伊曼努尔·康德:《纯粹理性批判》,李秋零译,中国人民大学出版社,北京,2004年版,第424页。

理念,必然产生辩证的幻相。

理论理性的范导性原理,是理性在知识范围运用的准则,这是一种主观性的准则,也是一种假设的总体性原理,其目的在于使知识趋向一个统一的总体,这个总体的知识总是先于各部分的知识,并先天地规定了这些知识的有效性。因此,这种设定的理念总体,并非来自于概念和判断,而是来源于我们先天的认识能力。当我们依据这种理念总体对自然进行探讨时,如果自然与理念总体相违背,不是我们的理念存在问题,而是我们得到的知识尚不完善。由此可见,康德这种假设的理念总体,明显地吸取了柏拉图的理念论的先验因素,即理念是其他知识的模型。为此,康德指出:"理性从不直接与一个对象相关,而是仅仅与知性相关,并且凭借知性与它自己的经验性应用相关,因而不创造任何(关于客体的)概念,而是仅仅整理概念,并把概念在其可能地扩展时,也就是说与序列的总体性相关时所能够具有的那种统一性给它们。"①也就是说,理性的范导作用并不是创造对象概念,而只是调整概念,使之得到综合统一,从而获得关于对象的总体性知识。由此可见,康德的这种理念总体,尽管是知识追求的目标,却又是知识永远无法达到的一个目标。

在康德看来,理念总体本身没有超验的问题,它只有在运用中才会产生超验的问题,即当它运用于假定为与它相对应的对象时,才是超验的。因此,康德指出,理念总体作为范导原理,其正确的使用就在于指导经验的使用,而不是直接作为建构知识的原理。康德认为,理论理性作为范导性原理,主要表现在三个方面,即同质性、异质性和连续性②。同质性主要关涉事物间的同一性关系,它要求我们在众多不同的事物中,寻求它们更高一级的相同性质。异质性原理指导我们在同类的事物中寻求它们之间的差别。而连续性原理指导我们在各个层次寻求事物之间最广泛的联系,来达到体系化。通过这三个方面的综合作用,理论理性就可以赋予知性知识以完整统一性。

---

① 伊曼努尔·康德:《纯粹理性批判》,李秋零译,中国人民大学出版社,北京,2004年版,第497页。

② 这里引用了陈嘉明的观点,具体可以参见陈嘉明:《建构与范导》,社会科学文献出版社,北京,1992年版,第158页。

康德认为,理性的逻辑原理所引导的系统统一,只是理性按照自己的假设所"投射的统一",而不是客体自身给予我们的统一,因此,理性的这种综合统一本质上就是人为自然立法。也就是说,理性虽然没有直观对象,但它可以通过类比的方法确定一个对象,即将理性思维的对象看作一个类似于知性的总体图式。这种理性设定的总体图式,就是理念本身。正如陈嘉明所指出,"作为理性认识对象的经验总体,由于无法在直观上表现出来,但同时认识又需要有确定的对象,所以康德认为有必要把这种总体性'设想为对一个客体的认识,……然而这个客体不过是一个理念,仅用以使知性认识得以尽可能接近那个理念所指的总体而已'"[①]。也就是说,理性的这种总体图式仅仅具有范导意义,其目的就在于将知性的知识综合为一个总体。因此,理性这种范导性作用类似于模仿意义上的规则。根据这种范导性原则,康德将灵魂的理念表述为实体,将世界表述为一个完整的整体,将上帝表述为最高原因的实在。灵魂作为实体的范导性理念,它就是要把一切心理活动和现象归结为一个单一的主体,从而使复杂的心理现象在灵魂中达到统一。世界作为起范导作用的理念,其作用就是规划和引导对经验世界的研究,使其"按照知识统一性的要求,'不定的'前进,从受条件限制的现象中追溯不受条件限制的知识总体"[②]。尽管这个目标永远无法实现,但它却是人类形而上学本性的要求。上帝作为最高意义的原理,是终极意义上的范导性总体。

四、范导性原理的运用

康德对认识能力的批判,主要是为了划定这些能力的有效范围,这也是康德批判哲学的主要目的。康德的这种划界,在很大程度上受到了休谟的启发。休谟的怀疑论本来是为了维护理性的经验使用,即把凡是超出经验的使用的东西都看作是虚假骗人的东西。但是,休谟怀疑的结果,却使经验本身的原则——因果关系也失去了其普遍的意义,科学知识有效性的基础被他彻底颠覆了。康德正是在这个基础上,才提出了自己的批判哲学,其目

[①] 陈嘉明:《建构与范导》,社会科学文献出版社,北京,1992年版,第162页。
[②] 陈嘉明:《建构与范导》,社会科学文献出版社,北京,1992年版,第171页。

的是为了理清形而上学与科学的关系,为科学奠定最终的基础。在康德看来,数学与自然科学的研究只能在现象的范围内,对这些现象的解释,只能依据经验法则。但理性并不仅仅满足于现象的解释,其特点是要追问事物的终极原因,因此,它必然要从现象的领域进入"自在之物"的领域。理性这种把握"自在之物"的旨趣,就产生了形而上学。因此,在一定意义上来说,形而上学就是人的本性,是人类通过有限的对象,来追求无限理想的学问。也正因为如此,康德强调,"世界上无论什么时候都需要形而上学;不仅如此,每人,尤其是每个善于思考的人,都要有形而上学"①。

康德将理念看作人的理性的对象,就是为了建立一种真正的形而上学。也就是说,康德将灵魂、世界、上帝等理念看作是理性的对象,其目的不是要证实它们的存在或不存在,而是要把它们看作理性协调对立关系的基础,以为人类正常的生活奠基。康德对知性和理性的划界,目的在于理清形而上学和科学的合理关系。由于"先验的理念表示理性的特殊用途,即作为理智使用上的一个体系统一性原则。这些理念只是用以使经验在它本身以内尽可能接近完整性。"②就是说,形而上学理念是理性设定的思维实体,其作用就在于引导分散的科学达到综合统一,即范导作用。在康德看来,理性宇宙论的四组二律背反就是混淆了理性与知性的有效使用范围造成的。康德将理念的作用看作一个目标,并认为一切知性范畴都指向这个目标。但是,这个目标仅仅是想象中的目标,是理性设定的东西,它的作用就是规范和引导各种知性知识趋向统一。

康德认为,理念的范导作用主要表现在三个方面:其一是规定理性有效性的界限;其二是作为严格意义的范导性原理,即规范和引导;其三是作为理性的图式来运用。理念这三种功能的目的是一致的,即都是为了引导和调整对象达到综合统一的目标。康德将理念的这种范导作用扩展到实践理性、判断力和历史领域当中。

在康德看来,理论理性的目的是无限的自然界,即世界,而实践理性的目的是自由、灵魂和上帝这三个理念总体。因此,范导方法的一个重要的应

---

① 康德:《未来形而上学导论》,庞景仁译,商务印书馆,北京,1997年版,第163页。
② 康德:《未来形而上学导论》,庞景仁译,商务印书馆,北京,1997年版,第137页。

用领域就是实践领域的道德领域。但是,理念的范导作用在实践理性的道德领域当中,与理论理性中的不同,这是多数人没有关注到的。在实践理性当中,理念总体的范导作用主要是为道德领域立法以供人们遵守。在这个过程中,自由这个理念总体首先起了一种建构性的作用,即道德法则是建立在意志自由的基础之上,这是一种典型的建构作用,但这却被多数人所忽视。关子尹在《论康德和黑格尔》一书中,专门列注释阐明了这一点。他批判了克朗纳错误地将康德的"道德二元论"理解为一种道德法则与宗教设定之间的相互牵制与抵消,认为这是没有真正理清道德与宗教之间的关系而造成的。关子尹认为:"道德律则(意志自律、自由)涉及的是一'建构的'(constitutiv)领域,而宗教设定(指上帝存在之设定和灵魂不朽之设定,而不包括意志自由之设定)所涉及的领域是非建构的,而只是'反省性的'(reflektiv)或'调配性的'(regulativ)。"①也就是说,在关子尹看来,道德法则是由实践理性建构的产物,这是一种毋庸置疑的观点,尽管我们可能不一定能够完全遵守它来行动。

在康德看来,实践理性的道德法则尽管是建构的,但它对我们的行为而言,却又是范导性的。在《实践理性批判》中,康德认为道德法则是一种先天的形式。这种先天形式与理论理性的先天形式是一致的,即都具有范导作用。实践理性的范导作用体现在规范和调整人的行为方面,这也是实践理性区别于理论理性的地方。康德认为,作为实践理性范导原则的道德法则,并不是为了认识对象,而是为了道德实践的目的。其根本目的在于调节和引导政治和伦理活动,将社会导向一个理想的状态。

康德将实践理性的目的确定在道德的领域,从而使理性超出了原来狭义的认识理性。正如金生鈜指出:"康德的实践理性的道德哲学批判其实确立了纯粹理性在道德实践中的至尊地位,让德性超越知性,让无限的道德智慧的实践高于有限的知识探索,为人在道德实践领域的真正的自由扫清障碍,从而把德性实践作为人性广阔的自由表现领域。"②德性是实践理性的目

---

① 参见里夏德·克朗纳:《论康德与黑格尔》,关子尹译,同济大学出版社,上海,2004年版,第84页。关子尹在译注中阐明了道德法则的建构性质,而与宗教的范导性作用区别开来。
② 金生鈜:《德性与教化——从苏格拉底到尼采:西方道德教育哲学思想研究》,湖南大学出版社,长沙,2003年版,第192页。

的，作为纯粹实践理性的人，德性的实现意味着人的内在价值对普遍的道德律令的敬畏与遵守，这超越了经验欲望的领域，达到一种完全自律的道德境界。康德赋予德性以一种至高无上的地位，就是为了排除仅仅为了经验生活的道德原则，为了排除道德的任何功利色彩，从而捍卫道德理性的纯粹性与崇高性。在他看来，建立在经验基础上的道德是虚假的，因为它以个人的感觉经验作为道德的基础，道德最终只会堕落成为个人获取利益的工具，从而遮蔽个人对真正的道德的敬重与遵守。纯粹的实践理性独立于任何具体的经验，它从纯粹的源泉中流露出具有普遍必然性的道德律令，它作为最高的实践原则，既获得了尊严，又实现了道德性。

在德性与幸福的关系问题上，康德批判了古希腊的伊壁鸠鲁学派和斯多葛学派，认为他们用辩证的方法来寻求达到德性和幸福之间的同一性，实质上抹杀了二者的差异。在他看来，德性与幸福是两种完全不同的东西，它们到底是如何结合起来的，还是一个悬而未决的问题。但康德并没有因此否定现实的幸福生活，他认为对幸福生活的渴望是合乎人类理性的。但他同时认为，幸福不是道德生活的最高原则。因为在他看来，德性与幸福在先验的领域中是互不干涉的，道德不是幸福的必然条件，幸福也不是道德的根源，道德与幸福只有在彼岸的世界中，才是统一的，但这种统一是人的理性无能为力的事，那是上帝的安排。因此，德性的实践并不一定必然会导致幸福的结果，幸福只是人类期待的生活目标。对幸福的期望往往会产生一些行为的准则，但这些准则无法获得普遍性，而由纯粹实践理性而来的道德法则，则具有普遍的约束力，因此，实践理性在道德形而上学中具有至高无上的地位。

在《判断力批判》中，康德指出反思的判断力也具有范导作用。由于反思的判断力的作用就在于为给定的特殊经验寻找普遍的法则。因此，它需要一个普遍的原理作为反思这些特殊经验的基础。这个普遍的原理就是反思的判断力本身，"反思的判断力的任务就是从自然中的特殊上升到普遍，所以需要一个原则，这个原则不能从经验中借来……所以这样一条先验的原则，反思的判断力只能作为规律自己给予自己，而不能从别处拿来"①。在

---

① 杨祖陶、邓晓芒编译：《康德三大批判精粹》，人民出版社，北京，2001年版，第403页。

康德看来，反思的判断力是一种合目的的原理，它能够使我们将自然看作是一个无限多样的、从低向高进展的目的系统，这样就可以解决自然与自由的沟通问题。不过，反思的判断力原理的这种合目的性只是一种主观的范导性原理。

康德由此将范导方法延伸到目的论当中。在他看来，既然形而上学是人类理性的自然本性，我们就不能轻易地抛弃它，而是要对它进行科学改造。为此，康德将传统形而上学的理念本体改造为范导性原理的根据，并赋予它发布命令的功能。根据这种目的论的形而上学，世界上的一切秩序都可以看作是由某种最高的理性目的所引发的。根据这个目的，我们就可以将世界上所有的事物联结起来，使它们达到最大程度的统一。因此，康德的目的论形而上学，可以概括为引导事物达到最终的综合统一的范导性原理。不过这里需要注意的是，目的论的范导作用与一般理念的范导作用不同，它所强调的是事物方面的统一，即赋予客观的经验对象以统一性。正像陈嘉明所指出的："康德认为目的论原理在理性原理中具有最高的地位，之所以如此，是因为自然的'完全的合目的的统一，构成绝对意义上的完善'。"①也就是说，正是目的论原理引导，使得我们能够把受自然因果律支配的自然万物，看作充满了诗意般的完美与和谐。

在对历史进行的理性批判中，康德同样坚持了理念的范导性作用。他在《历史理性批判文集》中讲道："历史学是从事于叙述这些表现的；不管它们的原因可能是多么地隐蔽，但历史学却能使人希望：当它考察人类意志自由的作用整体时，它却可以揭示出它们有着一种合规律的进程，并且就以这种方式而把从个别主体上看来显得是杂乱无章的东西，在全体的物种上却能够认为是人类原始的禀赋之不断前进的，虽则又是漫长的发展。"②历史具有双重属性，它既是合目的的，又是合规律的。它的合目的性体现在：它的自然禀赋必须要与它的创造者的目的相一致，它的合规律性表现在：它是一种可以为人的理性所理解的东西。

康德认为，理性是人类自由的前提。他在《答复这个问题："什么是启

---

① 陈嘉明：《建构与范导》，社会科学文献出版社，北京，1992年版，第184页。
② 康德：《历史理性批判文集》，何兆武译，商务印书馆，北京，1990年版，第1页。

蒙?"》中指出:"必须永远要有公开运用自己理性的自由,并且惟有它才能带来人类的启蒙。"①公开运用自己的理性,意味着人对社会历史现象规律的真正认识,从而摆脱各种遮蔽历史的原因,它既可以使人脱离自然的愚昧状态,也可以摆脱人为的不成熟状态,尤其是宗教原因所造成的愚昧状态。

康德曾经说到,我们渴望一部关于人类未来时代的预告式的历史,"如果它不能以已经为人所知的自然规律(例如日月蚀)为指导,我们就称之为预言的(先知的)历史"②。而要追问人类历史是进步的,还是退步的,涉及的就不是自然史,而是道德史的问题,而且它"并非是根据种属概念(*singulorum*),而是根据在大地上以社会相结合并划分为各个民族的人类全体(*universorum*)"③。人类进步与否的观念,必须建立在人类现实生活的基础之上。因此,先知的历史与现实的历史如何能够达成一致,就是一个关键问题。在康德看来,预言人类进步的思想家们只是根据自己的主观幻想,将人类历史设想为一个不断改善的过程,实际上,这种观点是靠不住的,因为"在善的道路上永不休止地继续前进这方面也不大能许诺什么东西是有利于一部预言的人类历史的"④。

在康德看来,光凭经验无法解决人类的进步与退步问题。因为经验只能适用于现象的领域,而有关人类进步与否的问题,涉及的是人类自由的问题,"人类的自由行为固然也能被人类预见到,但却不能确切地被人类预见到"⑤。因此,仅凭借人类经验是无法揭示人类的进步与否的。但他同时认为,对人类历史的预言又离不开经验:"在人类史上必定出现某些经验,它们作为事件足以表明人类的特性和能量乃是他们朝着改善前进的原因及其创造者(既然那应该是一项被赋予了自由的生命的业绩)。"⑥康德认为,预言的人类历史是某种道德的东西,它被理性理解为某种纯粹的、关于全体人类的事情,因此,它必然会带上人类的主观意向,即它必然是进步的。哲学家的任务就是教导人民以国家的权利和义务,柏拉图就是其中的典范。但康德

---

① 康德:《历史理性批判文集》,何兆武译,商务印书馆,北京,1990年版,第25页。
② 康德:《历史理性批判文集》,何兆武译,商务印书馆,北京,1990年版,第156页。
③ 康德:《历史理性批判文集》,何兆武译,商务印书馆,北京,1990年版,第157页。
④ 康德:《历史理性批判文集》,何兆武译,商务印书馆,北京,1990年版,第160页。
⑤ 康德:《历史理性批判文集》,何兆武译,商务印书馆,北京,1990年版,第162页。
⑥ 康德:《历史理性批判文集》,何兆武译,商务印书馆,北京,1990年版,第162—163页。

同时认为,我们无法对哲学家期待过多,因为他们往往将理想当作现实,事实上,这种希望的理想仅仅可以充当调节的原理。

康德认为,理论与实践之间存在着根本的张力,"不管理论可能是多么完美,看来显然在理论与实践之间仍然需要有一种从这一个联系到并过渡到另一个的中间项;因为包摄着这种规律的悟性概念,还必须补充以一种判断力的行动,实践者才能借之以区别某件事物是不是规律的例证。既然对于判断力并不总是能够再给出规律来,使它们在这种包摄中可以据之以指导自己(因为那样就没有尽头了);所以就可能有某些理论家是终生都不能实践的,因为他们缺乏判断力"①。在康德看来,那些具有完美理论的理论家,由于缺乏判断力,往往不知道如何将理论运用于实践。因此,"如果理论在实验上还不大行得通的话,那就并不在于理论本身,而在于还没有足够的理论;它是一个人应该从经验中学得的并且它还会是真正的理论,哪怕他自己并没有给出它来,并且又不是作为学者而处于一个能以普遍的命题进行有系统的陈述的地位,因之也就不能要求享有医生理论家、农学理论家等等的名称。"②也就是说,理论虽然无法直接与实践达到一致,但实践的成功却离不开理论,"没有一个人可以冒充在实践上精通某一门科学,却又蔑视理论,而能不赤裸裸地暴露自己在这门学科里是个愚昧无知者"③。

康德尤其反对那些认为实践可以脱离理论的人。在他看来,那些将理论仅仅看作训练脑筋的人,总是否定理论在实践中的意义,他们总是认为,"凡是在理论上好听的东西,在实践上都是没有有效性的"④。由于这种观点在应用的层面总是被经验所证实,因此,这种说法就成为人们的一个常识。但是,康德认为,"在一种以义务概念为基础的理论里,对这种概念之空洞的理想性的担忧就会完全消除了"⑤。因为在他看来,实践的根基不是在经验的领域,而是在先验的领域,因此,我们不能根据它在经验领域的效果,来判断理论的正确与否。康德认为,那种将理论与实践对立起来的观点,只是一种鼠目寸光。真正实践的价值,完全取决于它对它所依赖的理论的适应性。

---

① 康德:《历史理性批判文集》,何兆武译,商务印书馆,北京,1990年版,第176页。
② 康德:《历史理性批判文集》,何兆武译,商务印书馆,北京,1990年版,第177页。
③ 康德:《历史理性批判文集》,何兆武译,商务印书馆,北京,1990年版,第177页。
④ 康德:《历史理性批判文集》,何兆武译,商务印书馆,北京,1990年版,第177页。
⑤ 康德:《历史理性批判文集》,何兆武译,商务印书馆,北京,1990年版,第178页。

因此,理论对实践不仅是有效的,而且还是实践的必然依据。

在康德看来,如果忽视了纯粹理性的实践原则,那么势必导致对理论作用的否定。因为这意味着人们评判自己幸福和权利的标准是习惯,而不是理性。这种满足于现状的幸福观和权利观认为,任何理论都是多余的,真正能够为人民带来福利的就是经验的实践。康德认为,在理性里面,存在着义务,这个义务对于处于彼此敌对当中的人具有明显的约束力,它具有客观的现实性,"它是以先天的原则为基础的(因为经验并不能教导什么是权利),并且还确实存在有一种国家权利的理论,凡是与之不相符合的任何实践就都是无效的"①。因此,没有理论指导的实践,不是真正意义的实践。由此,康德得出结论:"从世界主义的角度看来,下述的论断也就始终是可爱的:凡是根据理性的理由对于理论是有效的,对于实践也就是有效的。"②

康德的范导性理念总体尽管是一个无法在现实当中实现的目标,但它依然具有积极的意义。正如陈嘉明所指出的:"世界上再也没有比借口理想难以实现,而诉诸经验这种做法,对于哲学家来说更为有害,更无价值的了!因为我们在道德规范、立法等方面,不能从经验中已经做过的东西,来引申应当做的东西,或者用已经做过的东西,来限制应当做的东西。"③就是说,尽管完美的理念总体无法实现,但正是由于它的范导作用,人类才有可能无限趋近于完善。

第二节 黑格尔的作为精神展现的历史总体

任何真正的哲学都是时代精神的精华,都反映了时代最基本的历史特征,黑格尔哲学也不例外。恩格斯曾经指出,黑格尔的思维方式"有巨大的历史感作基础"④。黑格尔自己也曾经指出:"就个人来说,每个人都是他那

---

① 康德:《历史理性批判文集》,何兆武译,商务印书馆,北京,1990年版,第214页。
② 康德:《历史理性批判文集》,何兆武译,商务印书馆,北京,1990年版,第223页。
③ 陈嘉明:《建构与范导》,社会科学文献出版社,北京,1992年版,第155页。
④ 《马克思恩格斯全集》第13卷,人民出版社,北京,1962年版,第531页。

时代的产儿。哲学也是一样,它是被把握在思想中的它的时代。"①黑格尔这个见解非常深刻,它将不断变化的社会历史纳入到他的哲学的思维当中,使哲学超出了传统哲学封闭的、静态的话语体系,从而使得一种真正的实践哲学成为可能。黑格尔哲学的这个深刻变化,反映了18—19世纪社会历史,尤其是德国社会历史的剧烈变化。因此,要想真正理解黑格尔哲学的历史特征,首先必须了解黑格尔生活的时代。

一、黑格尔历史总体观的时代背景

黑格尔生活在18世纪中后期到19世纪上半叶之间,这是资本主义迅速发展的时期,同时也是一个充满危机的时代。深重的社会危机引发了美国的独立战争、法国的大革命、拿破仑对欧洲的征服及其失败等一系列有世界影响的历史事件,世界格局发生了巨大的变化,思想巨人不断涌现。正如伟大诗人歌德所说的:"我所以得天独厚,是因为我出生在世界大事纷至沓来、方兴未艾的年代。"②资本主义生产关系的迅速发展,造成了欧洲各个国家社会矛盾和贫富分化不断加大。思想家们开始对日益加剧的社会矛盾进行批判。在他们看来,资本主义专门化的生产除了带来了经济上的繁荣之外,同时也造成了严重的社会危机。这种危机主要表现为社会的全面异化,即社会文化的解体和个人人格的分裂。在资本主义专门化生产中,经济成为人行动的目的,个人沦为经济的手段,人的思想、文化、理想等因素变得无足轻重,完整的人格遭到破坏。而完整人格的丧失,直接冲击着社会的完整性和丰富性,资本主义社会蜕变为只有经济这个向度的社会。

与欧洲其他国家相比,德国无论在经济还是政治方面都处于落后的状态,这意味着新兴的资本主义生产关系对德国的冲击更加明显。也正因为如此,德国涌现出了黑格尔、歌德、席勒等一大批具有世界影响的思想家,他们从不同的方面,对资本主义所造成的危机进行了深刻批判。如席勒在《审美教育书简》中指出:"人永远被束缚在整体的一个孤零零的小碎片上,人自己也只好把自己造就成一个碎片。他耳朵听到的永远只是他推动的那个齿

---

① 黑格尔:《法哲学原理》,范扬、张企泰译,商务印书馆,北京,1961年版,第12页。
② 转引自阿尔森·古留加:《黑格尔小传》,刘半九、伯幼等译,商务印书馆,北京,1980年版,第3页。

轮发出的单调乏味的嘈杂声,他永远不能发展它本质的和谐。他不是把人性印在他的天性上,而是仅仅变成他的职业和他的专门知识的标志。"①在席勒看来,资本主义专门化生产是个人失去总体性的根本原因,个人的存在与本质在这种专门化生产中发生了严重的疏离。席勒的这个观点是非常深刻的,它揭露了资本主义社会危机的根本原因。

与此同时,资本主义社会在不同的社会等级和不同的职业间造成了严重的分裂,这种由政治和文化的分裂所造成的社会危机在德国特别明显。德国在政治上长期处于一种分裂的状态,它是一个由大小不同的国家组成的联邦国家,其内部各国家之间为了各自的利益,人为地制造了许多阻碍资本主义发展的因素,如贸易壁垒、地方通货等。此外,德国宗教上的等级差别造成了不同等级和不同职业之间的社会和文化的分裂,这使得德国这个由同一种语言所形成的文化统一体显得更加脆弱。黑格尔甚至认为这种意义上的"德意志已不复是一个国家"②。因为在他看来,真正意义上的国家是一个有机的整体,个人只有通过作为有机整体的国家才能将自己的美德和自我意识实现出来。而德国社会的文化解体和个人人格的分裂,则是与德国社会统一体的瓦解处于一种相互促进的状况。

黑格尔认为他自己的时代是一个堕落的时代,表现在其文化和社会生活方面。在他看来,与古希腊时期和谐的文化和社会生活相比,他自己时代的文化和社会生活出现了严重的异化,即这是一个严重疏离的社会,具体表现为文化统一体的瓦解和个人人格的碎片化。而古希腊社会则是一个完整的和谐整体,具体表现为一种和谐的同质文化和一种完整的人格。在黑格尔的早期著作中,他经常将现代个人生存的可悲状况与古希腊和谐的社会共同体对比。在他看来,真正有意义的生活,就是古希腊和谐的城邦生活,城邦公民自觉地服从法律和官员,他们的道德是一种自由的日常生活的产物,而不是通过权威强加的,甚至就连那些失去了选举权,已经沦为奴隶的雅典公民,也会自愿牺牲自己利益而追求城邦的荣誉。因此,古希腊城邦是一个由共同文化联结形成的一个有机总体,其"宗教、艺术、运动、探讨事

---

① 席勒:《审美教育书简》,冯至译,上海人民出版社,上海,2003年版,第48页。
② 转引自《外国哲学史研究集刊》第一辑,上海人民出版社,上海,1978年版,第42页。

物——所有这些都是生活之必需,又只能通过城邦方可得到全面满足"①。而现代资本主义社会却刚好相反,它意味着文化统一体的缺失,也反映了生活于其中的人处于一种严重的碎片化状态。

黑格尔将古希腊和谐的城邦共同体当作批判自己所处时代社会缺陷的一个规范性标准。在他看来,19世纪的德国社会已经严重分裂为两个利益根本对立的阶层,即作为社会上层的受教育阶层与作为社会底层的普通民众阶层。受教育阶层往往沉迷于古典的文化而远离现实;普通民众则仅仅关注于现实的人生而无视古典文化的意义。黑格尔认为,社会上下两个文化层次观念的差别,使得两个阶层之间的矛盾日趋激烈。在受教育阶层看来,普通民众是社会发展的障碍,只有消灭普通的民众,才能为社会发展扫平道路,因此,受教育阶层逐渐形成了灭绝社会下层人士的情绪。在他们看来,社会共同体的目标就不是建立一个包括社会各个阶层的和谐总体,而是建立一个社会精英及其文化的统一体,这种统一体必然要以牺牲社会下层及其异质的文化为代价。黑格尔由此认为现代社会是一种丧失了总体性的、严重异化了的社会。

二、对实证的基督教的批判

基督教作为西方文化的源泉之一,对西方社会的发展产生了十分重要的影响。黑格尔对此也非常关注,在伯尔尼时期,他写了《实证的基督教》来批判现代社会的基督教。黑格尔认为,基督教发展到资本主义阶段已经蜕变成为一种实证的宗教。实证在黑格尔这里是一个贬义词,它意味着基督教的权威已经不再是基于人的理性和信仰,而是由教会的权威赋予的,它对现实社会起着肯定的作用,从而失去了其文化本质上的现实批判功能。在黑格尔看来,基督教对公众和个人、世俗和精神的划分,从根本上来说,是一个社会政治问题,即和谐文化的丧失和社会统一体的瓦解。正如格瑞姆雷(John E. Grumley)曾经指出:"对黑格尔而言,个人不仅是社会共同体的一个'部分',他还是社会共同体的反映,表现了自己所从属的那个社会的理想和

---

① H. D. F. 基托:《希腊人》,徐卫翔、黄韬译,上海世纪出版集团,上海,2006年版,第71页。

文化。"①就是说,现代社会个人碎片化的状况,也反映了现代社会的社会和文化分裂的事实。由于实证的基督教不是主张道德自律,而是主张道德他律,因此,它扼杀了人的道德自由,使人失去了独立使用理性的能力。

黑格尔认为,基督教要想克服那种僵死实证性特点,它就必须像古希腊民间宗教那样渗入到生活世界当中,并表达全体公民的意愿。由于古希腊的民间宗教代表的是一种自由民族的宗教,随着现代资本主义社会中自由的丧失,这种宗教意义上的自由也就丧失了。在黑格尔看来,古希腊的民间宗教是一种真正的主体性宗教,它是使个人联结起来成为一个社会整体的纽带,个人只有在社会这个统一体中才能体现他的意义和价值。反过来,也只有建立在个人的基础上社会统一体才是真正的统一体。黑格尔以此作为标准来批判现代资本主义社会实证的基督教,认为这种实证的基督教就是文化分裂的产物和表现,是对个人的否定。在他看来,宗教只有与个人日常生活紧密联系起来,才能真正与其他的文化、生活等方面处于和谐。因此,任何超个人的宗教都是实证的,是对个人的否定,是社会与个人相疏离的产物,也是社会压迫的根源。由此出发,黑格尔将古希腊社会看作一个规范的总体社会,看作重建未来理想社会的目标,并由此导出了他的历史总体观念。

在黑格尔以前,几乎没有人从历史方面来对自己的时代进行社会批判。卢梭是个例外,他将现代社会看作人类从最初的"黄金时代"堕落的结果,这意味着历史是一个堕落的过程,社会越向前发展,也就意味着背离"黄金时代"越远。他由此得出一个悲观的结论,即未来理想的社会无法在欧洲发达的国家得到实现。但是,法国革命的爆发彻底颠覆了卢梭的历史观,也深刻地影响了黑格尔,并为他开启了一个新的救世希望的文化源头。正如他在《历史哲学》中说道:"自从太阳站在天空,星辰围绕着它,大家从来没有看见,人类把自己放在他的头脑、放在他的'思想'上面,而且依照思想,建筑现实。亚拿萨哥拉斯第一个说,Νους(理性)统治世界;但是直到现在,人类才进而认识到这个原则,知道'思想'应该统治精神的现实。"②也就是说,在法

---

① John E.Grumley, *History and Totality*, Routledge, New York, 1989, p.14.
② 黑格尔:《历史哲学》,王造时译,上海书店出版社,上海,1999年版,第459页。

国革命事件的影响下,黑格尔开始构想一种当代的理想社会。他希望德国也发生类似于法国革命的事件,并给德国带来根本的变化。他甚至为德国革命设计了一个理想,在他的理想中,核心的任务就是复兴一个真正的民间宗教,作为社会联合和文化同质的再生基础。黑格尔的这种见解是革命性的,它将纯粹思想的形而上学沉思与构造现实的实践活动结合了起来,尽管他这里所谈论的实践还是一种精神的活动,但他已经开了将二者结合起来的先河。

在法兰克福,黑格尔得到了荷尔德林的指导,并吸收了当时哲学发展的最新成果。这时他对基督教的态度发生了重大转变,他开始将耶稣关于爱的信仰看得高于苏格拉底的道德原则。尽管这时他仍然坚持正统的基督教是一种实证的宗教,但他已经将基督教的堕落归结为传统的犹太教。在他看来,犹太教起源于一种不自由的社会环境,本质上是一种奴隶的宗教、实证的宗教。而耶稣创立基督教的初衷就是为了克服犹太教的实证性,为了挑战被犹太教扭曲了的自然关系,以形成一种建立在爱和相互信任基础上的共同精神,赋予人一种道德自律。然而,犹太教的实证特点,注定了耶稣要在一个分裂的社会文化中来传递他的和解信息。在犹太教和罗马统治的迫害下,基督教追求的这种共同体仅仅是局限于信仰者的领域。由于基督教原来的信念没有普遍渗入现实的社会公共生活当中,因此,天国必须被重新理解为一个无法在尘世中实现的诺言。黑格尔认为,基督教关于这种天国和尘世分裂的观念,实际上是基督教在历史观方面的异化,它表现了资本主义时代历史危机的根源。资本主义社会的文化分裂就是犹太教神迹的体现,它将全能的神和卑下无能的人之间的绝对二分表现得淋漓尽致,资本主义社会企求从外来征服中获得神圣的解放,势必歪曲基督教的本来意义。

法国革命这个事件严重挫伤了黑格尔追求直接民主的热情,黑格尔由此认识到法国革命是一种不适合于非民主国家的大众政治形式。也正是在这个时候,黑格尔开始了解斯图亚特的政治经济学理论,他从那里获得了关于资本主义秩序破碎性和不连续性的新观点。但他没有停留在斯图亚特的观点上,而是认为,资本主义秩序的这种破碎性和不连续性是历史进步的必经之路。这一历史进步观念,使得黑格尔抛弃了他以前关于历史的悲观主义观点。在他看来,一种未来的救世文化不是要回到古代的"黄金时代",而是可以从一个新的源头——革命中开始,这是一种寻求历史总体的新进路。黑格尔的这种历史总体性观念,已经洞察到了人类实践改变世界的可能性,深刻地影响了后来的马克思。

与此同时,黑格尔也开始尝试用有机体理论来解释社会历史。在他看来,人类社会类似于一个生命有机总体,它不断地进行着自身的新陈代谢,不断地从分裂走向新的统一。社会有机体的观念使得分裂变成了积极的环节,而不是对某个理想的统一体的堕落,因为这是有机体向更高级的统一体进化过程中的一个必要环节,新的统一体最终会克服这些分裂和异化,达到完满的程度。其实,黑格尔关于社会有机体观念的灵感,也是来自古希腊和谐的文化共同体。但他不是简单地回到古希腊,而是将古希腊理想的城邦国家,看作康德自律的伦理主体的化身。但黑格尔忽视了二者之间的张力。正如格瑞姆雷所指出:"试图将康德的义务和动机、道德法则和自然法则、理性和热情与古希腊和谐的人性理想调和起来,存在明显的困难。"①

在《基督教的精神》中,黑格尔开始意识到康德思想与古典希腊的理想主义之间的理论张力。因此,他开始将耶稣看作一个更高的和谐原则的承担者,即把耶稣的精神看作形成一个和谐的社会共同体的动力。在黑格尔看来,人格的分裂是一种通向更高的统一的前提,分裂的人格会通过一种内在神圣的爱重新达到一种更高的统一。因此,耶稣的教义不是一种外在的教导,而是一种真正的生命伦理学。在他看来,这种生命伦理学与法律原则存在根本的区别:法律原则是一个外在的和解办法,它并没有真正解决对立,当然也无法实现真正的和解;在生命中,和解是一个有机的过程,生命通过爱的力量消除了它自身的分裂,因而爱是一种真正的和解力量。就是说,在爱当中,对立与分离仅仅是外在的表现,它们并没有真正危及生命的有机统一体。黑格尔这种关于基督教的爱的精神的阐释,提供了一个关于社会历史分裂和最终统一的新的解释图式,这个图式被他在《精神现象学》中进一步完善,并用来解释社会历史的过程。

三、对社会分裂的新理解:走向总体性社会的必要环节

在法兰克福时期,黑格尔把荷尔德林和辛克莱尔的思想结合起来,将分

---

① John E. Grumley, *History and Totality*, Routledge, New York, 1989, p.18.

裂理解为自然世界和历史世界具有整体性的内在精神原因。黑格尔认为，自然和历史领域的分裂可以用同样的原理来解释，即其中的每个现象都包含在它内在发展的统一体当中，这个统一体就是绝对精神。黑格尔的绝对精神统一体的灵感主要来源于费希特的"自我"和谢林的"绝对"。费希特认为，"自我"是一个绝对的行动本原，"它同时既是行动者，又是行动的产物；既是活动着的东西，又是由活动制造出来的东西；行动与事实，两者是一个东西，而且完全是同一个东西，因此，'自我存在'乃是对一种本原行动的表述，但也是对整个知识学里必定出现的那唯一可能的本原行动的表述"①。然而，由于费希特的自我行动是建立在先验论的基础上的，这使得他无法摆脱主观主义结论，即自然世界和社会世界都是先验自我的思想构造。也就是说，费希特的本原行动表面上克服了康德的二元论，将世界看作了"自我"的产物和表现，实际上，他只是绕过了康德的自在之物，将世界局限于思想的领域。谢林则认为，费希特的"自我"无法成为哲学的最高原则，因为它仍然受到非我的限制。在他看来，哲学最高的原则应该超越于自我和非我之上，为此，他将斯宾诺莎的实体改造为"绝对"，这是一种主客体的绝对同一。黑格尔将费希特的本原行动的"自我"与谢林的"绝对"结合起来，将自然与社会历史领域的一切都看作是这个动态的绝对精神本原的表现。

黑格尔这个成熟的理论体系通常被看作德国古典哲学的顶峰、传统形而上学的最终完成以及一种典型的理论哲学。其实不然，黑格尔的绝对精神本原不仅仅是一个最高的认识原则，它同时也是一个实践的原则。正如格瑞姆雷谈道："只要涉及到黑格尔自己的发展，我们知道他求助于形而上学和理论哲学，只是为了他最初面临的作为历史的、政治的、宗教的问题——本质上实践的问题。"②黑格尔的哲学体系具有深厚的实践感，它对理论哲学的追求不仅仅是为了解释和说明世界，同时也是为了探讨当时社会历史的危机，本质上是为了改变不合理的社会现实问题。因此，黑格尔关于绝对精神的哲学体系，本质上也是一种实践的哲学，它的核心关切就是如何克服现代社会的异化和危机。

---

① 费希特:《费希特著作选集》第一卷,梁志学译,商务印书馆,北京,1990年版,第505页。
② John E. Grumley, *History and Totality*, Routledge, New York, 1989, p.20.

剧烈变化的历史事件,如法国革命、拿破仑对欧洲的征服及其失败等,使得黑格尔原有的政治希望破灭,也促使黑格尔对社会历史现象进行进一步反思。根据黑格尔对社会历史新的理解,社会文化的分裂和冲突就是绝对精神在实现自己的过程中的一个必然环节,因此,资本主义不是历史堕落的表现,它是历史进步的一个环节。在黑格尔看来,绝对精神就是历史追求的终极目标,整个社会历史的发展,最终是为了实现绝对精神这个神圣的使命。我们由此可以发现,黑格尔最终还是将总体概念化,并将它看作精神的自我展现和自我认识的过程。

黑格尔将社会历史看作绝对精神的自我展现和自我认识过程,明显吸收了基督教的原罪和救赎的观念。他试图运用绝对精神的必然发展过程,即从异化和分裂状态最终发展到有差别的完全统一,来消除无限的上帝和有限的人之间的对立,从而完成一个从原罪到救赎的过程。历史发展被黑格尔描述为一种宗教的想象,因此,宗教非但不是哲学的对立面,反而是哲学的表现,只是宗教的等级制度在黑格尔的哲学体系中被最终颠倒,这体现出黑格尔成熟的总体观念包括一个有限的理性主体在自然世界和历史世界中的自我实现。

黑格尔的绝对精神总体既具有本体论的意义,又具有动态的历史特征,它用一种动态的方式来解决分裂问题。在黑格尔看来,传统基督教人为地造成人与上帝之间的分裂,这是统一的社会总体危机的根源,其直接的后果就是造成了人的原子化,人成为没有任何东西维系在一起的东西,人失去了自己的价值与尊严,变成了与其他东西没有本质区别的"物"。因此,重新找回人生的价值和意义,将人还原为原初的总体性的人,是时代面临的主要任务。黑格尔运用一种内在合理性观念,把历史看作绝对精神的表现,由此赋予社会历史危机一种积极意义。他在《精神现象学》的序言中指出:"真理是全体。但全体只是通过自身发展而达于完满的那种本质。"①在他看来,总体就是一个围绕自身不断发展的封闭过程,其内部处于一种发展变化的过程中,因为只有这样,它才能够解决自身的分裂和重新统一问题。

黑格尔将总体等同于真理,等同于自身完满的本质,这个思想显然是受

---

① 黑格尔:《精神现象学》(上),贺麟、王玖兴译,商务印书馆,北京,1979年版,"序言"第12页。

到了古典的总体观念的影响。但是,不能因此将两者等同起来,因为古典的总体是一个自然的、永恒的和静止的总体,而黑格尔的总体则是一个动态的、发展的、过程的总体。黑格尔将精神自身的展现看作总体变化发展的动力,明显受到基督教三位一体理论的影响。因为在他看来,精神就像基督一样,它不是一个孤立的要素,而是总体本身。而且,精神只有作为总体,它的主体性维度才能够被表达出来。

黑格尔的精神概念是他早期针对宗教和文化分裂现象而提出来的,它指的是一个可以开启实践理性的普遍意识。正如格瑞姆雷所指出的:"为了使分裂的正统的基督教对关于神性和人性之间关系的解释的社会文化影响不至于降低,黑格尔选择了一种对神性根本上的人文主义理解。"① 精神在某种意义上既是人的,也是神的。黑格尔由此将精神的完全实现理解为广义的神学——本体论的过程的顶点,并将它等同于现实的总体的实现。这样,神与人在精神中融合统一了起来,历史成为精神内在过程的自我展现。

在《哲学全书》的《自然哲学》中,黑格尔详细论述了精神的观念。在他看来,"上帝作为一种抽象物,并不是真正的上帝,相反地,只有作为设定自己的他方,设定世界活生生的过程,他才是真正的上帝,……只有在于自己的他方的统一体中,在精神中,上帝才是主体"②。这个"他方"就是黑格尔所理解的两个有限的领域,即自然与人类历史。这两个领域之所以是"他方",是因为在它们与完美自足的精神形式之间存在着疏离。在黑格尔看来,自然之所以是一个"他方",是因为自然外在于精神,它依赖于别的东西来追求它自己的目的。黑格尔的这个观点显然是片面的,他没有考量精神与自然之间的统一的方面,一味地将自然与精神对立起来,将自然描述为一个没有自由和任何发展的世界,一个纯粹以偶然性为特征的、永恒变化的混乱世界。

尽管黑格尔把人类社会的历史也看作一个它者的领域,但他同时认为,这个它者的领域具有超越疏离的潜力。在黑格尔看来,精神本质是自足和自由,它独立于一切外在的目的,是神圣的无限。但是,在疏远和分裂的状

---

① John E. Grumley, *History and Totality*, Routledge, New York, 1989, p.22.
② 黑格尔:《自然哲学》,梁志学等译,商务印书馆,北京,1980年版,第18页。

态下,精神则是有限的,这种有限的精神就是人。作为有限精神的人,是一个感性的存在者,他必须依赖于客观世界作为一种异化的力量。而且,他的活动本质上揭示了精神的内在目的,因此,社会历史领域是一个有限精神统治的领域。人作为有限的精神主体,他的理论活动和实践活动不断改变异化的前提,并将它变成自己的东西。有限主体内部的这种理论活动和实践活动的区分,使得精神可以同时在其潜在的精神潜力方面和获得解放的自我知识方面来构造自己。尽管黑格尔的有限精神概念是建立在唯心主义的基础上,但他把自由和主体性的观念结合起来,并将它们看作人的真正本质,其中所包含的能动性和历史性的维度则是革命性的。有限精神的自我实现被理解为一个统一的历史运动,精神的自我教化意味着人的精神的完满实现,精神才是历史的本质。由于精神主体潜在地拥有一个人类需要实现的目的,因此,人类在社会条件下不再是一个惰性的存在,而是开始逐渐地自我超越并变成精神的存在。在这种意义上,人类社会就是一个潜在的、具有自我完善功能的"它者"。

人的自我超越意味着人可以通过自己的思想来筹划自身的生存,并赋予它以意义,这就是人的主体性和能动性,黑格尔由此把人理解为一个思想的存在。与他对精神的动态的理解相一致,黑格尔把思想的本质理解为人类与世界之间的一种积极的相互作用。黑格尔由此指出:"思想不但构成了外界事物的实体,而且构成精神性的东西的普遍实体。……当我们把思维认为是一切自然和精神事物的真实共性时,思维便统摄这一切而成为这一切的基础了。"[①]黑格尔所理解的思想不仅仅是我们人类的思想,还是一种客观的思想,是把握了事物本质的思想,其实质就是事物的本质。黑格尔由此来重建思维与存在的同一性。由于思想就是客观事物的本质,因此,思维与存在的同一性就转化为思维与作为事物本质的思维的同一性,这样,思维与存在的同一性就演化为一种质的同一性。表面看来,这种同一具有更大的合理性,其实不然,黑格尔的这种同质性思维,并没有真正解决思维与存在之间的矛盾,而只是一种从思想到思想的过程,明显地属于一种循环论证。当然,黑格尔的这种循环论证,也根本无法真正囊括自然和历史的要素,这

[①] 黑格尔:《小逻辑》,贺麟译,商务印书馆,北京,1980年版,第80—81页。

是传统唯心主义的通病。

黑格尔将精神理解为一个动态发展过程的观点,体现了他的人类中心主义观念。他不再将自然看作一个纯粹的自在之物,即作为一个根据其自己的必然规律来运动,以及与人类自由相异化的东西。而是相反,他认为自然是一个真正服务于人类目的的东西,是人类精神展现的前提条件和工具。自然作为人类精神自我实现的工具和手段,这是典型的工具理性的观点,后来的法兰克福学派的核心思想就是反对这种自然的工具化。

四、作为绝对精神展现的世界历史

黑格尔认为,作为有限主体的精神——人,其分裂的动力是多方面的,其中,需要是最基本的动力,他由此把需要看作人类生存的前提条件。在黑格尔看来,人与动物在需要的形成原因方面是一致的,即他们都是由于缺乏而产生需要。但人与动物不同的是,人能够在欲望与对当下的满足的冲动之间进行考量,这意味着人的欲望可以暂停。人通过思想,可以暂时推迟欲望的满足,并根据思想对欲望进行调整。这是黑格尔对人类社会发展动力的一个深刻的洞见,它意味着社会历史的发展动力就在人自身,而不在于任何其他的力量。

当黑格尔转向对人类社会历史发展的具体考察时,他对需要的探讨被一个关于社会和历史中介冲击的认识复杂化。由于人类与自然之间的相互作用是一个动态的总过程,因此,我们无法将需要从不断变化的历史文化背景中抽象出来。正因为如此,黑格尔给予社会领域的相互作用以特别的关注,如他在《精神现象学》中强调有限主体和自我意识之间的相互作用。这种相互作用的观点被他在《关于世界历史哲学的讲稿》中进一步拓展:"精神自己的意识必须将它自己在世界中实现出来,它借以实现的土壤就是普遍意识、民族意识。这个意识包含并引导国家的一切目标和利益,而且,民族法权、风俗习惯和宗教都是建立于其上。它是一个民族精神背后的本质,即使个人没有意识到它,以及只是将它理解为想当然。它是一种必然的形式,对个人而言,是从其环境中成长的以及并不知道其他任何东西……任何个人都无法超越它,以及尽管个人可以将他自己与同类的不同个人区别开来,他无法在他自己和民族精神之间作那种区分。"①在黑格尔看来,一切自由的社会契约论,都无法理解超个人的社会中介的有限主体的重要意义。因为个人作为精神的存在,他本质上是潜在自由的,但是这种潜在的自由,并不意味着个人是一个自足的总体。有限主体通常必然是以某个外部环境为条件,自由和依赖在这里不是对立的。黑格尔认为,个人只有在一个更加宽泛的物质和社会文化背景下,才能获得真正的自由,因为只有这样的背景才能为人类提供一个既定时期内的自由的中介。

黑格尔对个人与社会之间相互依赖关系的意识,促使他对社会相互作用进行探讨。在他看来,历史上出现过的社会制度和社会关系,都是通过有限主体之间的相互作用而形成的。劳动在这种相互作用当中,具有特殊的意义。在《精神现象学》当中,黑格尔通过主奴关系的辩证法,来揭示劳动的社会化背景。黑格尔认为,奴隶是精神发展的主要承担者,他在劳动中通过对事物的加工或陶冶,"开始意识到他本身是自在自为地存在着的"②,进而否定自身对主人的依赖。主人则相反,他被自己的社会特权意识所限制,从来没有试图逃出这种自我意识,这种自我意识使得他日益依赖于奴隶,从而失去自己的独立性。主人与奴隶的依赖关系由此发生了根本转变。黑格尔对劳动的这种现象学分析,揭示了劳动复杂的内在关系,即人与自然的关系,以及人与人之间的相互作用关系。应该说,黑格尔的这个见解非常深刻,至少他已经窥见到了劳动在人类社会发展中的重要作用。但是,局限于他的唯心主义立场,他自然也就无法将劳动理解为人类社会的本质和基础,他仅仅将劳动看作有限主体的展现而已。

不仅如此,黑格尔还提出了客观精神的概念来作为劳动和有限主体的统一,并以此来解释社会历史的发展过程。在他看来,精神在社会历史中的运动就是客观精神,它表现为各种具体的社会制度的形成和解体。任何一个具体的社会形态,都是精神这个总体的展现过程的一个片段,精神的整个运动过程表现为一个有机的整体,其中的各个环节——具体的社会形态,都

---

① Hegel, *Vorlesungen über die Philosophie der Weltgeschichte*, Band 1, J. Hoffmeister (ed.), Akademic Verlag, Berlin, 1973. pp. 59-60. (trans.) *Lectures on the Philosophy of World History*, Cambridge University Press, Cambridge, 1975, p. 52; 转引自 John E. Grumley, *History and Totality*, Routledge, New York, 1989, p. 25.

② 黑格尔:《精神现象学》(上),贺麟、王玖兴译,商务印书馆,北京,1979年版,第131页。

是有机联系在一起的,它们共同表现了精神的发展过程。由于黑格尔把人类社会理解为客观精神的表现,因此,他引用了孟德斯鸠的思想来解释人类社会。孟德斯鸠将地理环境看作国家和法律制度的基础,黑格尔基本上引用了这个观点。他在《精神现象学》当中谈道:"精神作为本质,即自我意识,或者具有自我意识的本质,——这本质是一切真理并且知道一切现实性即是它自己本身——在它的意识的运动中所获得的实在性,首先只是它的概念。而且这个概念对这种意识自身的运动和开展之白天来说,乃是它的内在本质之黑夜,而且对这种意识的各个环节作为独立的形态的特定存在来说,这个概念乃是它的诞生之创造性的秘密。这个秘密启示自己在它自身内;因为这些环节的特定存在在这个概念内有它的必然性(因为这概念是自己知道自己的精神),所以在概念的本质内就具有成为意识并把自己的环节表象为自己的对象的能力。"①在黑格尔看来,社会领域的一切制度、规范和要素,都是精神的客观化的结果,而在这种精神客观化的过程中,自然的因素构成了特定社会的物质基础。

在论述世界历史的时候,黑格尔非常强调普遍意识的重要性,他甚至将普遍意识等同于世界历史的普遍精神。在他看来,世界历史就是绝对精神的发展过程。由于绝对精神的本质是自由,因此,世界历史就是自由的展现。他在《历史哲学》中指出:"从世界历史的观察,我们知道世界历史的进展是一种合理的过程,知道这一种历史已经形成了'世界精神'的合理的必然的路线——这个'世界精神'的本性永远是同一的,而且它在世界存在的各种现象中,显示了它这种单一和同一的本性。正像前面所说过的,这种本性必须表现它自己为历史的最终结果。"②黑格尔将世界历史的实质看作世界精神的发展过程,理性与历史在精神当中达到了统一,精神既是历史的出发点,又是历史的目的。正是在精神的基础上,黑格尔建构了一种理性的历史哲学。

然而,绝对精神的自由在最初是抽象的,它是如何成为现实的呢?在黑格尔看来,世界历史以及贯穿于其中的理性自由的原则,都是通过人们的活

---

① 黑格尔:《精神现象学》(下),贺麟、王玖兴译,商务印书馆,北京,1979年版,第188—189页。
② 黑格尔:《历史哲学》,王造时译,上海书店出版社,上海,1999年版,第10页。

动实现的,而推动人们进行活动的动机在于他们特殊的目的和兴趣、私人的利益、利己的企图等主观因素。黑格尔将这些主观因素称为人的热情,并认为"假如没有热情,世界上一切伟大的事业都不会成功"①。理性与热情构成了世界历史的两个基本要素。在黑格尔看来,人在自觉追求自己特殊目的的同时,也在不自觉地实现着世界理性的更高远的目标。绝对精神利用人的欲望、兴趣等要素来实现其目的,黑格尔称之为"理性的狡计"。

在论述世界历史的进程时,黑格尔批判了社会历史的循环论。他认为社会历史的发展不同于自然的变化,历史领域的变化不是简单地重复运动,而是一种上升的运动,即发展,整个世界历史就是一个发展的过程。黑格尔认为,每个具体的历史时代都是世界历史的一个环节。他由此断言:"东方从古到今知道只有'一个'是自由的;希腊和罗马世界知道'有些'是自由的;日耳曼世界知道'全体'是自由的。"②在他看来,欧洲是世界历史的绝对终点,日耳曼民族首先认识到人的自由本质,因此,日耳曼民族肩负着实现世界历史的神圣目标。从这里我们可以看出,黑格尔的世界历史明显地是欧洲中心论的,更确切地说,是日耳曼中心论的。这种绝对完满的日耳曼中心论的世界历史观是与黑格尔自己的辩证法相矛盾的。

在论述民族精神的时候,黑格尔把民族精神的形成与精神的分裂运动联系起来。在他看来,历史上每个重要的社会形态,都是根据精神的运动形式,即从统一的本质开始,经过分裂,最后再达到对分裂的克服状态,来自我实现的。分裂是黑格尔哲学的一个重要范畴,它意味着前进的动力,因此,它被黑格尔广泛运用于社会历史的分析当中。黑格尔认为,每个民族在早期的时候,其潜在的民族精神与其现实是不一致的,这个时候,往往由民族创造力的桥梁将二者联系起来,从而将民族精神实现出来,表现为一套具有共同意识的社会制度。而到了每个民族成熟时期,每个人都是将他自己的自我同一性、利益和命运,理解为与他的国家同一性、利益、命运是密切相关的,甚至于它们实际上是等同的。通过这种类比的办法,黑格尔顺利地根据客观精神解释了民族精神,这是他的"理性的狡计"在民族精神这个问题上

---

① 黑格尔:《历史哲学》,王造时译,上海书店出版社,上海,1999年版,第24页。
② 黑格尔:《历史哲学》,王造时译,上海书店出版社,上海,1999年版,第110—111页。

的表现。

然而，客观精神与民族精神的同一只是暂时的，因为精神作为普遍的东西，它无法承受民族自我满足的特殊性的限制。精神的内在普遍性假定了社会自身一个否定的、破坏的对立面形式，结果，表现为社会内部分化和社会公共热情的丧失，公民对共同目标和价值的责任不断弱化，并退回到他自己的私人利益当中。在黑格尔看来，这是民族精神消亡的前兆。黑格尔认为，民族精神的消亡不可避免，因为这是它作为精神总体过程的一个片段的本质所决定的。但黑格尔并没有因此而否定民族精神的意义。在他看来，从对伟大民族衰败的反思中，能够推演出一种积极的意义。

黑格尔对资本主义现代性的肯定，并不意味着他对资本主义社会现实的一切方面都采取毫无批判的认同态度。实际上，无论是他早期对一种同质的、统一的文化总体的向往，到后来将整个社会历史看作绝对精神的外化，黑格尔始终都承认了社会历史的不完善性。在他看来，历史作为绝对精神外化的表现，总是与作为其本质的绝对精神相异化的，只有在绝对精神完全实现的时候，其本质才与其存在达到了完全的一致。在黑格尔看来，绝对精神绝不会在当代资本主义社会的现实中实现，因此，现代资本主义社会的现实同样是与绝对精神相异化的。

但是，异化并不意味着对资本主义社会进步的否定。在黑格尔看来，资本主义异化是资本主义从不完善走向完善的必经之路，因此，异化的观念是黑格尔理解资本主义历史进步的基石。在他看来，资本主义社会矛盾的展开，是资本主义自我调节的环节，其自动的机制将分裂和矛盾合并为其正常的、理性运行的一个内在方面，而且，资本主义社会能够容忍一定的社会矛盾和不协调作为其自己动态的正常表现。这里，我们可以清楚地发现，黑格尔没有回避资本主义社会的现实矛盾，而是敢于承认资本主义矛盾的现实性，这体现了黑格尔哲学的现实维度。黑格尔认为，正是由于资本主义具有这种自我调节的功能，使得资本主义整体运动表现为一个累积的进步过程，即历史在本质上必然是进步的。

在《法哲学》中，黑格尔认识到，资本主义生产关系在调和某些社会矛盾的同时，还会产生新的矛盾。具体地说，就是它一方面通过社会财富迅速增长，来缓解人们的物质生活需求的矛盾；但它同时也使社会危机和贫困化令人恐惧地增长。在黑格尔看来,现代资本主义社会的劳动分工是生产者非人化的主要原因,因为这些生产者被资本主义社会抛入贫困中,没有任何参加物质利益和精神利益的机会,也没有任何从资本主义社会中提高自己的自主可能性。应该说,黑格尔的这个解释基本上是客观公正的,而且也与后来的马克思的结论比较一致。但是,黑格尔和其他的资产阶级经济学家一样,将这些恐怖的牺牲看作人类社会发展、进步的必要代价。从这个方面来看,黑格尔依然无法为超越这种矛盾提供有效的办法。

黑格尔认为,国家也是客观精神的表现。黑格尔明确反对自由主义国家的观点,他认为自由主义将导致国家功能的简化,它仅仅将国家看作保护私有财产和促进自由贸易的工具。在他看来,国家的本质是客观精神的表现。由于历史就是精神的展现,因此,先进国家就是客观精神的本质的表现。黑格尔将国家理解为一个更高级的伦理共同体,在他看来,个人只有通过积极参与这个伦理共同体,过一种公共的伦理生活,才能真正体验他们完满的个性。黑格尔认为,现代国家制度具有网状的结构,个人在其中同时拥有权利和义务,国家不仅是自由活动范围的基础,也使个人成为法律和道德的人。由于社会整合是一个涉及现代社会所有领域的问题,因此,黑格尔认为,家庭、市民社会和国家在将自然人提升为具有完全意义的人的过程中,起着十分重要的作用。

黑格尔赋予国家制度以特权地位,其目的是想将国家理念化,尤其是想将普鲁士理念化。但是,由于黑格尔的理性观念是对整个欧洲经验因素的综合,甚至很少涉及普鲁士,因此,它缺乏现实的基础。正如格瑞姆雷指出:"尽管黑格尔想努力将他的关键立场具体化,但他的理性国家没有实际存在于任何的现代资本主义世界中。这意味着它仍然只是一个规范的、理论的结构。"① 也就是说,黑格尔的现代国家理论存在理论与现实的巨大张力,即理性经验现实的张力。一方面,他想通过理性的方式来建构一个总体性的社会,一个合理的、进步的、自我调节的社会。另一方面,他的这个社会没有任何实现的基础,而仅仅停留在思想当中。

总之,黑格尔将绝对精神看作总体,将整个世界看作绝对精神总体的外

---

① John E. Grumley, *History and Totality*, Routledge, New York, 1989, p.35.

化,这是一种目的论的历史理论。在这个理论中,绝对精神既是这个历史的起点和基础,又是其终点和目的。黑格尔的这种绝对精神总体的观念,同时意味着历史是一个人类进步的积累过程,在这个过程的终点,人的精神最终会发展到它的顶点,即达到与绝对精神的同一。黑格尔这种绝对精神的总体观,被后来的马克思、卢卡奇、霍克海默等人所继承和发展,形成了一股源远流长的社会思潮。

小 结

康德通过对传统形而上学总体观的考察,发现传统形而上学试图通过知识的途径来通达总体的想法只是一个永远无法实现的美梦。因此,他从批判人的认识能力开始,重新探讨形而上学的总体观如何可能这个问题。在他看来,具有普遍必然性的知识,是由先天的形式与后天的经验结合而成的,由此可以解决科学知识的普遍必然性,这是人的知性的功能。但是,由于形而上学追求的并不是一种经验的、零碎的知识,它追求的是一种完满的总体性的知识,这是知性的综合所无法解决的问题,它必须运用人的理性。理性的作用并不是创造对象概念,而只是调整概念,使之得到综合统一,从而获得关于对象的总体性知识。理性对知性知识进行调整的工具是理念,理念是人类理想的总体性,它却被理性当作了现实的总体性来使用,由此,就会造成一种理念的先验幻相。在康德看来,理性这种要认识总体的冲动,就是以往形而上学沦为幻想的根源,因为一方面,经验的整体根本上就不是经验,另一方面,人们只有一种适用于经验领域的认识工具——知性范畴,理性只能迫使知性范畴作超验的使用,由此造成以往形而上学的一系列"二律背反"。

尽管如此,康德没有放弃形而上学的总体性问题。在他看来,形而上学的对象虽然不可认识,但人的理性却可以产生它,并用它来引导我们的知性知识朝向完整性的方向前进,这种作用就是范导。也就是说,形而上学的理念是一种范导性的总体。在康德看来,理性产生的理念的范导性作用,不仅表现在理论理性的领域,它还可以扩张到实践理性、判断力和历史领域。在实践理性当中,理性通过设定道德法则,为人的行为立法,由此来通达自由的领域。尽管康德的道德律令仅仅是形式上的,并且还需要一系列的假设来保证它的实现,但它的范导作用是显而易见的。在判断力批判当中,康德认为,反思的判断力在为给定的特殊经验法则寻找普遍法则时,就起了一种范导性的原理的作用。在对历史理性的批判中,康德认为仅凭经验,人类永远无法获得自由,只有在理性的范导作用下,人类的自由才是可能的。由此可见,康德的范导性理念总体尽管是一个无法在现实当中实现的目标,但它依然具有积极的意义,它能够从知识论、实践、审美、历史等领域,不断引导人类趋向完善。

黑格尔不仅继承了以往传统哲学的主流总体观,认为形而上学就是一个关于总体问题的事业。而且,他还将传统哲学的总体观念推向了一个新的高峰,即总体不仅是基础和起点,也是目的和终点,总体不仅是一个认识的范畴,也是一个实践的范畴。因此,总体是个包罗万象的东西,是世界的本原。

在黑格尔的哲学当中,这种总体就是绝对精神。在黑格尔看来,绝对精神作为总体,既是认识的目的,更是历史前进的目的。他从自己所处时代的德国现状出发,来批判自己时代的非总体状况——社会和文化的分裂状态。在他看来,德国社会和文化分裂的一个重要原因,就是基督教的实证化,原来统一的文化共同体被实证的基督教所分裂,加上德国长期的分裂和割据状况,使得社会的总体状态不断消解。为此,他呼吁建立一种以古希腊社会为模型的总体性社会,但这种总体性社会的理想随着法国革命的失败而被他抛弃。

在《精神现象学》当中,黑格尔将绝对精神看作历史发展的终极目标。绝对精神在起始阶段,是以抽象的总体形式出现的,它还不是现实的总体,为了向现实过渡,它必须进行自身的异化——被对象化为世界万物,因此,整个世界不过就是绝对精神的外化而已。但绝对精神不会停留在外化的状态,它的本性就是要重新实现自身的同一性,因此,它通过自身的辩证运动,最终实现自身。黑格尔的这种绝对精神总体观,是一种封闭的、动态的目的论总体观,它一方面坚持绝对精神是社会历史的起点;另一方面,又将它看作历史的目的。但是,他将绝对精神的辩证运动看作一个上升的运动,这对后来的马克思主义历史观产生了重要影响。

第二编
马克思主义的总体观

传统哲学发展到马克思这里,发生了一个根本的转向,即从解释世界转向改变世界。这种转向意味着作为哲学研究对象的总体性范畴,也发生了根本的变化,即总体由一个理论范畴变成了一个实践范畴。马克思将"实践"看作这种哲学的总体性范畴,以此来推演出一套关于改变世界的哲学体系。恩格斯则是将"物质"看作这种哲学的总体性范畴,从物质和意识的关系来寻求改造世界的目的。他们的总体性观念对后来马克思主义的总体观念的发展产生了深远的影响。以卢卡奇为代表的西方马克思主义者,在洞察到"正统派"歪曲马克思主义的背景下,试图通过引进黑格尔的总体性观念,来恢复马克思主义总体范畴的核心地位,由此引发了西方马克思主义关于总体问题的各种争论。因此,在这一编当中,笔者将主要考察马克思和恩格斯的总体观,以及由此发展起来的各种马克思主义总体观,以此来揭示总体的实践特性及其困境。

第三章
马克思、恩格斯的总体观

马克思在批判传统哲学的基础上,提出了哲学的真正使命就在于改变世界。在他看来,哲学不应该仅仅是关涉理论的解释,其更重要的作用还在于批判社会现实,以提出相应的改造目的和计划,因此,对人类具有真正意义的哲学应该是一种实践哲学。马克思由此将实践作为哲学的总体性原则,认为实践是理论的基础和前提,也是检验认识真理性的唯一标准,任何真理性的认识,都意味着理论与实践的统一,马克思还将这种统一的观点贯穿到社会历史领域。恩格斯将马克思的实践哲学进一步经验化和实证化,将物质范畴看作马克思主义的核心范畴,并把它当作理论和实践的出发点,由此,形成了他自己的物质总体观。本章围绕实践和物质两个范畴,来论述马克思和恩格斯的总体观。

第一节　马克思的实践总体观

理论与现实的关系问题是近代哲学的基本问题之一。黑格尔试图通过一种绝对精神总体来解决理论与现实之间的矛盾,他把人类历史看作绝对精神的外化,把极权主义国家看作理论与现实和解的表现。黑格尔这种总体观显然没有真正实现理论与现实的和解,它本质上只是用理论掩盖了现实中的矛盾。黑格尔这种脱离现实的纯理论哲学促使马克思开始重新反思理论与现实之间的关系。因此,从某种意义上来说,马克思继承了黑格尔没有真正解决的问题,即寻求一种切实可行的总体性原则来消除理论与现实之间的矛盾。

一、哲学的使命：理论与现实的和解

理论与现实的关系是贯穿马克思哲学的一条主要线索。正如捷克斯洛伐克哲学家金德里希·泽勒尼所指出："理论研究始终触及历史现实的事实，这是马克思的分析的特征之一。这一点很重要。"①在《关于费尔巴哈的提纲》中，马克思批评以往的哲学家仅仅是在解释世界，而真正的问题则在于改变世界。马克思由此提出了自己哲学的使命——实现理论与现实的和解。在他看来，"凡是把理论引向神秘主义的神秘东西，都能在人的实践中以及对这个实践的理解中得到合理的解决"②。实践成了马克思实现理论与现实和解的桥梁，现实中的一切事物只有通过实践才能得到真正理解。实践因此涵盖了社会生活的一切领域而成为马克思哲学首要的总体性范畴。

马克思对实践观念的强调，可以追溯到他哲学事业的开端。众所周知，马克思大学学的是法律，但他的博士论文《德谟克利特的自然哲学和伊壁鸠鲁的自然哲学的差别》却是哲学方面的。之所以如此，就是因为实践的动因，正如他在文章中指出："没有哲学我就不能前进。"③确切地说，促使马克思开始学习哲学的动因就是他在法学研究中遭遇到的困难。黑格尔则是马克思哲学上的引路人，马克思在自己的博士论文中称黑格尔是"我们的导师"。在马克思看来，黑格尔哲学是一种现实的哲学，它能够"解决现实的东西和应有的东西之间的矛盾"④，从而实现理论与现实的和解。

黑格尔把绝对精神看作一种总体，认为绝对精神总体不仅具有认识自身的功能，即通过精神的活动来认识世界的真理的能力，而且还具有实践的功能，即通过自身的活动来实现自身。因此，认识功能和实践功能在黑格尔这里是内在统一的，它们都是为了实现精神的目的——绝对精神。如何才能实现绝对精神这个目的呢？黑格尔认为就是通过实践、通过精神自身的对象化运动。黑格尔将实践看作一种对象性活动，并认为这种对象性活动已经超越了动物的本能需要，它已经蕴涵着人类的主观目的性，即人类解放的目的。就此而言，黑格尔已经洞察到了实践的解放意义。但由于黑格尔

---

① 金德里希·泽勒尼：《马克思的逻辑》，中共中央党校科研办公室编译，中央党校出版社，北京，1986年版，第41页。
② 《马克思恩格斯选集》第1卷，人民出版社，北京，1995年版，第56页。
③ 《马克思恩格斯全集》第40卷，人民出版社，北京，1982年版，第13页。
④ 《马克思恩格斯选集》第2卷，人民出版社，北京，1995年版，第32页。

所理解的实践仅仅是精神的运动,正如他在《精神现象学》中所指出:"精神就是这种自己变成他物、或变成它自己的对象和扬弃这个他物的运动。"①因此,黑格尔无法真正理解主客体之间的相互作用的实践活动,他所理解的实践仅仅是精神的自我设定,是远离现实的,因此,黑格尔没有真正实现理论与现实的和解。

尽管如此,黑格尔对理论的实践的关系探讨还是具有特殊的意义。因为他将理论看作服务于精神实现的目的,这是对传统的理论和实践关系的突破。因为自亚里士多德以来,理论就被看作一个高于实践的活动,其目的肯定不会蕴涵在较低级的实践当中,因此,传统哲学的根本使命,就是寻求和论证一个最高的哲学原则,来作为哲学活动的目的和归宿。也正因为如此,传统哲学理论往往是远离实践的。黑格尔作为传统哲学的集大成者,他不仅继承了传统哲学,而且还从抽象的哲学原则——"绝对"出发,将自然与人类社会的历史看作"绝对"在实现自己的过程中的展现。黑格尔由此将纯粹的哲学理论与现实联系起来,赋予了哲学以实践的含义,这是黑格尔哲学巨大的历史贡献。但从本质上来讲,黑格尔哲学仍然没有超出传统哲学,因为在他的体系当中,一切的理论活动都是为了论证绝对精神这个总体的实现问题。格瑞姆雷在《历史与总体》中指出:"他(黑格尔——引者注)对人类思想的实践的理解,即从物质条件出发的理解,最终被他哲学体系中那个沉思环节的统治地位所压制。思辨的思想,精神自我发展的顶点,超越了理论与实践态度之间仅仅主观的差异。"②就是说,黑格尔是用一种绝对精神总体吞并了一切的实践,由此制造了理论与实践统一的假象,实际上他并没有超出传统哲学的视野。

马克思批判地继承了黑格尔的实践观,也强调哲学改变世界的作用。但他早期仍然停留在黑格尔哲学的基础上。如他在博士论文中强调自我意识是决定一切的力量,因此,只要理解了自我意识,就找到了理解真正历史的钥匙。哲学被他理解为一种本身自由的实践力量,实践被他理解为一种纯粹理论的活动,因此,这时的马克思仍然没有真正确立自己的实践立场,

---

① 黑格尔:《精神现象学》(上),贺麟、王玖兴译,商务印书馆,北京,1979年版,第23页。
② John E. Grumley, *History and Totality*, Routledge, New York, 1989, p.39.

即解决理论与现实之间的矛盾。马克思对理论与现实之间矛盾的洞察始于他对黑格尔哲学的意识形态特征的觉醒。正如格瑞姆雷所指出:"马克思早期的著作可以看作他与黑格尔哲学体系之间的一种批评性对话,正是在这种批评性的对话中,马克思才逐渐形成了自己对时代精神的独立见解。"[1]就是说,马克思正是在批判黑格尔哲学的基础上,才确立了自己的实践哲学立场。但由于马克思在批判黑格尔哲学的同时,仍然采用了黑格尔关于理性与现实相统一的原则,并用它来构筑自己的实践哲学,即认为概念与现实之间对立的和解,既是一种哲学进步,又是一个崭新的实践立场。因此,马克思早期的实践观仍然没有完全超越黑格尔的实践观。

大学毕业后,马克思在1842年成为《莱茵报》的自由撰稿人。这个时候,他通过接触大量社会现实中的事实,开始意识到自己早期哲学所具有的黑格尔主义缺陷——理论脱离现实。于是,他开始改变自己的哲学立场,认为一切真正的哲学都是自己时代精神的精华,"哲学不仅从内部即就其内容来说,而且从外部即就其表现来说,都要和自己时代的现实世界接触并相互作用"[2]。哲学必须来源于现实,必须与现实紧密联系起来,才能够真正达到与现实的和解。他在致卢格的信中指出:"新思潮的优点就恰恰在于我们不想教条式地预料未来,而只是希望在批判旧世界中发现新世界。"[3]就是说,建立新世界的努力,不应该建立在任何空洞的哲学沉思的基础上,只有在对现实世界的罪恶进行揭露和批判的基础上,新的世界才有可能建立起来。

在《〈黑格尔法哲学批判〉导言》中,马克思认为德国的政治实践派要求对传统的理论哲学进行否定的立场无疑是正确的。但他认为该派犯了一个明显的错误,即认为"只要背对着哲学,并且扭过头去对哲学嘟囔几句陈腐的气话,对哲学的否定就实现了"[4]。在马克思看来,这实际上是用一种抽象取代另一种抽象,而没有真正涉及到现实。对传统哲学的超越应该通过现实的实践来完成,因此,理论只有与实践结合起来才能真正起到改造世界的作用。为此,马克思指出:"光是思想力求成为现实是不够的,现实本身应当

---

[1] John E. Grumley, *History and Totality*, Routledge, New York, 1989, p.39.
[2] 《马克思恩格斯全集》第1卷,人民出版社,北京,1956年版,第121页。
[3] 《马克思恩格斯全集》第1卷,人民出版社,北京,1956年版,第416页。
[4] 《马克思恩格斯选集》第1卷,人民出版社,北京,1995年版,第8页。

力求趋向思想。"①理论与实践的关系是一种双向的相互作用,即理论在满足实践的同时,现实也应该趋向思想,这样,理论与现实才有可能达到真正的和解。在马克思看来,"正像古代各民族是在想象中、在神话中经历了自己的史前时期一样,我们德国人在思想中、在哲学中经历了自己未来的历史。我们是当代的哲学同时代人,而不是当代的历史同时代人。"②就是说,德国在思想和理论上跟上了时代的发展,而在实践方面则没有跟上时代的步伐。

在《黑格尔法哲学批判》中,马克思批判黑格尔把"理念变成了独立的主体,而家庭和市民社会对国家的现实关系变成了理念所具有的想象的内部活动"③。这样一来,"神秘的实体成了现实的主体,而实在的主体则成了某种其他的东西,成了神秘的实体的一个环节"④。在马克思看来,这是黑格尔哲学神秘主义的突出表现,其实质是颠倒了理论与现实的关系。实际的情况刚好相反,家庭和市民社会就是国家法的关系的现实基础。

当马克思进一步转向对资本主义社会进行批判,并将自己的哲学定位于无产阶级革命的自我意识的表现时,他进一步指明了理论与实践之间的这种双向关系,即"哲学把无产阶级当作自己的物质武器,同样,无产阶级也把哲学当作自己的精神武器;思想的闪电一旦彻底击中这块素朴的人民园地,德国人就会解放成为人"⑤。马克思用无产阶级取代了黑格尔抽象的精神主体。由于无产阶级具有实现自身解放的历史作用,因此,观念的批判与现实的批判在无产阶级的实践当中得到了统一。同时,由于实践是联系观念世界与现实世界的桥梁,对观念的批判与对现实的批判只有通过实践联系起来,才具有实际意义。

在这个基础上,马克思认为无产阶级的革命实践作为一种物质性的力量,一定能够将理想的观念在现实当中实现出来,从而达到理论与实践的统一。为此,马克思指出:"哲学不消灭无产阶级,就不能成为现实;无产阶级不把哲学变成现实,就不可能消灭自身。"⑥无产阶级要想实现自身的解放,

---

① 《马克思恩格斯选集》第1卷,人民出版社,北京,1995年版,第11页。
② 《马克思恩格斯选集》第1卷,人民出版社,北京,1995年版,第7页。
③ 《马克思恩格斯全集》第1卷,人民出版社,北京,1956年版,第250页。
④ 《马克思恩格斯全集》第1卷,人民出版社,北京,1956年版,第273页。
⑤ 《马克思恩格斯选集》第1卷,人民出版社,北京,1995年版,第15—16页。
⑥ 《马克思恩格斯选集》第1卷,人民出版社,北京,1995年版,第16页。

真正实现理论与实践的统一,就必须抛弃传统上那种脱离现实的哲学,从而真正将哲学在现实当中实现出来。因此,真正的哲学应该拒斥思辨的臆想,关注现实,关注作为社会主体的人,即"把人们的全部注意力集中到自己身上"①。只有这样,哲学才可能实现它的历史使命:实现理论与现实的和解。

二、实践的首要地位

马克思认为,劳动是人的本质活动,正是劳动使得人不再像动物那样要消极地依赖于自然界。人通过劳动创造出自己生存的各种条件和社会关系,从而使人成为一种自觉的类存在物。但在资本主义社会中,人的这种本质活动却被异化成为仅仅是维持个人生存的手段。在马克思看来,劳动从人自觉的本质活动变成仅仅是维持个人生存的手段,这是劳动的异化。劳动异化一方面导致人的类本质异化,使得人的生存失去了自由的维度;另一方面,它还直接导致人与自己的产物相异化——人非但不能支配自己的产物,反而被自己的劳动产物所支配。在马克思看来,只有在"实践的、现实的世界中,自我异化只有通过对他人的实践的、现实的关系才能表现出来"②。就是说,异化是社会实践的产物。马克思认为,作为社会实践产物的异化,只有通过实践的方式才能够得到克服。传统哲学之所以没有解决这个问题,是因为它"把这仅仅看作理论的任务"③。

在《关于费尔巴哈的提纲》中,马克思重点批判了以费尔巴哈为代表的旧唯物主义直观的反映论。在他看来,费尔巴哈"仅仅把理论的活动看作是真正人的活动,而对于实践则只是从它的卑污的犹太人活动的表现形式去理解和确定。因此,他不了解'革命的'、'实践批判的'活动的意义。"④就是说,尽管费尔巴哈恢复了物质生活的首要地位,但他没有真正理解实践,他仅仅将实践理解为吃、喝、玩、乐等生物性活动,人的社会生产活动被他排斥在实践之外。当然,他也就无法真正理解认识过程,认识被他理解为主体对客体消极的、直观的反映。因此,在费尔巴哈这里,实践与理论并没有达成

---

① 《马克思恩格斯全集》第2卷,人民出版社,北京,1957年版,第161—162页。
② 《马克思恩格斯选集》第1卷,人民出版社,北京,1995年版,第49页。
③ 《马克思恩格斯全集》第42卷,人民出版社,北京,1979年版,第127页。
④ 《马克思恩格斯选集》第1卷,人民出版社,北京,1995年版,第54页。

真正的统一。不仅如此,马克思还批评了以黑格尔哲学为代表的唯心主义,"因为唯心主义当然是不知道真正现实的、感性活动本身的"①。马克思认为,唯心主义只是发展了抽象的能动性,这种抽象的能动性也是远离人的生活实践的。因此,马克思得出结论:哲学家们只是运用不同的方式解释世界,他们并没有真正关注现实世界。

在马克思看来,"人的思维是否具有客观的(gegenständliche)真理性,这不是一个理论问题,而是一个实践的问题。人应该在实践中证明自己思维的真理性,即自己思维的现实性和力量,自己思维的此岸性。关于思维——离开实践的思维——的现实性或非现实性的争论,是一个纯粹经院哲学的问题。"②就是说,思维的正确与否,只有实践才可以检验和证明。马克思这里突出了实践的首要地位,并试图通过将哲学关注的目光转向现实的生活实践,来改变以往哲学仅仅解释世界的状况,从而实现哲学思维方式的根本变化。马克思认为,实践既是哲学的出发点,也是哲学的目的。因此,他的实践哲学不是为了建构任何哲学体系,而是为了指导人的现实生活,其最终的目的是克服人格的分裂和异化,实现人的解放和自由。应该说,马克思已经深刻洞察到了传统哲学的弊病——理论与现实的脱节,他试图通过哲学的革命来克服这个弊病,无疑是一种具有开创性的见解。

马克思认为,实践作为人有意识的目的性活动,充分体现了人的主体性和创造性,人据此可以将自己的目的实现在自己的活动当中,从而真正创造属于自己的历史。马克思由此得出结论,"全部社会生活在本质上是实践的"③。在马克思看来,物质资料的生产活动是人类最基本的实践活动,人类正是在这个基础上,才逐渐产生了政治、法律、哲学、宗教等活动形式,并在其中形成了人与自然、人与社会以及人与自身等各种关系,进而构造出一种完整的社会生活。因此,一切社会现象,只有根据实践的观念,才能得到真正理解,实践是人类社会存在和发展的基础。

马克思认为现实的人是我们从事一切活动的出发点。人为了生存,为了能够创造自己的历史,首先必须满足衣、食、住、行等物质方面的需求,而

---

① 《马克思恩格斯选集》第1卷,人民出版社,北京,1995年版,第58页。
② 《马克思恩格斯选集》第1卷,人民出版社,北京,1995年版,第55页。
③ 《马克思恩格斯选集》第1卷,人民出版社,北京,1995年版,第56页。

这些都是通过实践,尤其是通过物质资料的生产来创造的。因此,马克思在《〈政治经济学批判〉序言》中,进一步强调:"物质生活的生产方式制约着整个社会生活、政治生活和精神生活过程。不是人们的意识决定人们的存在,相反,是人们的社会存在决定着人们的意识。"[1]就是说,社会存在是人们从事各种理论活动的前提和基础,任何思想、任何理论都不可能凭空产生,也不会随意得到实现,它们的产生、发展和实现,必须依赖于相关的物质条件和实践需要。这里,仍然显示了马克思对物质资料的生产,即对实践首要地位的强调。

在《德意志意识形态》中,马克思批评青年黑格尔学派的唯心主义玄想,认为他们"尽管满口讲的都是所谓'震撼世界的'词句,却是最大的保守派。如果说,他们之中最年轻的人宣称只为反对'词句'而斗争,那就确切地表达了他们的活动"[2]。在他看来,青年黑格尔学派的唯心主义立场,使得他们无法真正看到德国哲学和德国现实之间的联系。但马克思并没有因此而简单地抛弃黑格尔哲学。在他看来,黑格尔哲学的总体性原则仍然是真理性要素,任何试图对黑格尔哲学的超越,必须以吸收这种总体性原则为基础。为此,他批评那些黑格尔哲学的批判家们没有真正做到对黑格尔哲学的全面批判,"尽管他们每一个人都断言自己已经超出了黑格尔哲学。他们和黑格尔的论战以及他们相互之间的论战,只局限于他们当中的每一个人都抓住黑格尔体系的某一方面,用它来反对整个体系,也反对别人所抓住的那些方面。"[3]也就是说,在马克思看来,要想真正超越黑格尔,必须吸收他的总体性原则。

在实践与思维的关系上,马克思认为,"思想、观念、意识的产生最初是直接与人们的物质活动,与人们的物质交往,与现实生活的语言交织在一起的。人们的想象、思维、精神交往在这里还是人们物质行动的直接产物。"[4]就是说,现实的实践活动是认识的发源地,任何思想出来的东西,甚至是那些脱离现实的、抽象的、歪曲的意识形式,都是物质生活过程的产物。因此,

---

[1] 《马克思恩格斯选集》第2卷,人民出版社,北京,1995年版,第32页。
[2] 《马克思恩格斯选集》第1卷,人民出版社,北京,1995年版,第66页。
[3] 《马克思恩格斯选集》第1卷,人民出版社,北京,1995年版,第64页。
[4] 《马克思恩格斯选集》第1卷,人民出版社,北京,1995年版,第72页。

"不是意识决定生活,而是生活决定意识"①。正确的意识形式应该从现实出发,以现实的人作为考察社会历史的前提和基础。"在思辨终止的地方,在现实生活面前,正是描述人们实践活动和实际发展过程的真正的实证科学开始的地方。关于意识的空话将终止,它们一定会被真正的知识所代替。对现实的描述会使独立的哲学失去生存环境,能够取而代之的充其量不过是从对人类历史发展的考察中抽象出来的最一般的结果的概括。"②也就是说,现实的人的实践活动,是反对思辨的哲学的有效手段。现实的人的实践活动揭示意识的形成和发展过程,"那些发展着自己的物质生产和物质交往的人们,在改变自己的这个现实的同时也改变着自己的思维和思维的产物"③。意识在任何时候都只能是被意识到了的存在,人们的存在就是他们现实的生活过程,社会实践是认识的基础。

马克思认为,意识是社会的产物,是人们在一定物质条件下进行社会交往活动的结果。因此,要真正认识意识的本质,就必须把它与现实的感性活动,即实践结合起来考察。在马克思看来,实践活动是把物质与意识联系起来的桥梁:一方面,实践是一种客观的物质性活动,它构成了人类社会的物质基础;另一方面,实践是一切社会关系的发源地,人与自然、人与人以及人与自身的关系,都是从实践中产生的。人作为实践的主体,不是盲目消极地受制于外在客体,而是在积极地创造着自己的生存环境,并在实践中不断改变自我,完善自我。人的实践活动将客观规律和主体的价值结合起来,并通过实践把观念的东西转化为现实的东西,来使客体与主体的需要达到一致。在谈到人的解放的时候,马克思仍然强调实践的作用。在他看来,人的解放无法仅仅通过理论的说明来获得,"只有在现实的世界中并使用现实的手段才能实现真正的解放;……'解放'是一种历史活动,不是思想活动。"④真正意义的解放只能是现实的人的解放,而不是观念中的人的解放。而现实的人的解放只有通过现实的途径——实践,才有可能达到。

总之,实践的观点是马克思的首要基本观点,他由此出发来寻找理论与

---

① 《马克思恩格斯选集》第1卷,人民出版社,北京,1995年版,第73页。
② 《马克思恩格斯选集》第1卷,人民出版社,北京,1995年版,第73—74页。
③ 《马克思恩格斯全集》第3卷,人民出版社,北京,1960年版,第30页。
④ 《马克思恩格斯选集》第1卷,人民出版社,北京,1995年版,第74页。

现实和解的途径,并以此作为改变世界的总体性原则。

第二节　马克思的历史总体观

黑格尔将历史看作精神在实现自身的过程中的一个环节,由此赋予历史以一种形而上学的意义,这也表达了他对历史进步的坚定的信念。同时,精神发展的动态性质,也恰好与当时现实的历史运动,即迅速发展的资本主义社会现实相吻合。在马克思看来,黑格尔把精神的自我创造理解为一个历史过程,这是黑格尔最重要的贡献。但在黑格尔那里,历史是一个异化的过程,人的类力量变成异化的客体,即使是在他们的创造性的行动中也是如此。黑格尔由此将劳动理解为人类异化的过程,并认为这种异化只有在历史的终点才能得到克服。马克思批判地继承了黑格尔的这种历史观,并将它改造为一种唯物主义的历史观。在他看来,历史并不是神秘精神的产物,它就是人类自己的历史,实践是人类历史发展的原动力,实践的需要不断推动人类智力和能力的增加,因此,从根本上来说,人就是历史的产物,就是他自己实践活动的产物。

一、历史之谜的解决及其困境

马克思认为,人不是精神的表现,而是从事着具体的实践活动和认识活动的人。作为实践活动的承担者,人首先是一种自然存在物,是一种有限的存在物,他无法超越自己的肉体死亡,这是他与任何自然存在物都具有的一个共同特征。但人同时又是一种无限的存在,这种无限性表现在他能够不断超越自己的当下状态。在马克思看来,人的无限性才是其主体性的突出表现,他能够由此来筹划自己的未来,并不断实现自己的理想。但无论如何,人的创造无法超越其自然本性,因此,人归根结底是一种有限的主体。

人类实践作为一个动态的社会历史过程,表现为主客体之间的相互作用。由于人类是一种可能性的存在,其本质力量从来就不是固定不变的,而是随着实践的过程不断得到增强的,因此,实践不再是重复意义的机械活动,而是一种双重意义的创造。一方面,人类通过自己的劳动,在客体的世界打上自己的烙印,使其成为一种人化的客体;另一方面,客体通过自己本身的特性,对主体的认知和实践产生了影响,不仅拓展了主体的认识能力,也扩大了主体的实践能力。这种不断的双向作用过程,不仅拓展了人类认识和实践的能力,同时,也改善了客体的自然结构,使它更能够满足人类的需要。

马克思对实践的这种理解,直接冲击着黑格尔总体概念的基础。因为在马克思看来,对象化活动是人的本质活动,它本身就是人类的存在方式。黑格尔则相反,他认为对象化只是精神总体的表现,是精神的外化,其最终目的是服务于绝对精神的实现。在此意义上,马克思和黑格尔在实践问题上是根本对立的。实际上,黑格尔的绝对精神只是一个理性的设定,它赋予人类历史一个终极的端点,这明显与不断变化的历史过程相矛盾。无论作怎样的解释,作为精神实现自身的历史总体都是一个自相矛盾的东西,也是违背辩证法的本质的。

马克思认为,指向未来的革命实践必须抛弃封闭的历史目的论。因为人类作为一种有限的主体,批判继承了前人在历史中所创造的一切文明成果,并在自己的实践中不断拓展并丰富了这种成果,从而使整个人类历史呈现为一个连贯的、开放的总体化过程。马克思的这种开放的历史观无疑比黑格尔作为绝对精神表现的目的论的历史观具有更大的合理性和真实性,历史在他这里成了一个人类不断自我实现的总体化过程。事实上也确实如此,人类社会作为一种可能性存在,它总是随着实践不断超越自己,不断趋于完善;但它永远无法实现绝对完善状态。

然而,马克思在批判黑格尔的唯心主义目的论的同时,自己却走向了另一种目的论,即关于共产主义社会的人类学目的论。他在《1844年经济学哲学手稿》中把共产主义看作"历史之谜"的答案,即认为共产主义是"人和自然之间、人和人之间矛盾的真正解决,是存在和本质、对象化和自我确证、自由和必然、个体和类之间的斗争的真正解决"[1]。从辩证法的立场来看,马克思的共产主义目的论是非辩证的,因为他试图用共产主义社会这个目的来化解人类社会历史中的一切矛盾和对立,实际上是将人类社会历史看作一

---

[1]《马克思恩格斯全集》第42卷,人民出版社,北京,1979年版,第120页。

个封闭的、静止的总体,这显然与历史发展的实际情况不相符合。这是马克思理论中的一个重大缺陷,也与马克思自己革命的哲学本性相矛盾。正如西方马克思主义者格瑞姆雷所指出:"马克思将共产主义理解为'人与自然、人与人之间矛盾真正的解决——存在与本质之间、对象化与自我肯定之间、自由与必然之间、个体与类之间纠纷的真正解决'。具有讽刺意味的是,马克思这里重复了黑格尔的错误。将共产主义看作历史之谜的解决,他含蓄地拒斥了历史的过程性,并宣扬了一种人类学的目的论。"[1]马克思只是用人的类本质取代了黑格尔的绝对精神,将历史的实现(共产主义社会)看作历史中一切矛盾的彻底解决,人类社会由此达到一个绝对完满的阶段,从而形成了一个永恒的历史价值,这实际上不过是黑格尔目的论思想的一个变种而已。

马克思的共产主义目的论的历史观,也是与他开放的历史概念不相容的。这是一个建立在抽象的哲学假设上的乌托邦的目的论,它用一种非辩证的术语来解释辩证的历史过程,因而必然陷入矛盾当中。因此,封闭的目的论与历史的本性根本上就不相容——历史的本性就是过程,而任何终极的目的都是非历史的。被马克思理解为历史目的的共产主义社会,本质上是一个尚未形成的东西,它既包含了过去历史中的许多要素,同时还将增加许多新的要素,就这一方面而言,这是任何理论所无法完全把握的一个对象。

马克思在批判资本主义社会的基础上,试图提出一种新的美好社会来取代资本主义社会,这是符合人的价值指向的。但是,这种价值指向到底在多大的程度上能够实现,这就不是一个纯粹的理论问题了,而是实践的问题。而实践问题不是简单地把理论实现出来的问题,它还包括一个具体的筹划实践的问题。筹划的主体就是人,人的有限性决定了他无法筹划出一个真正可实践的终极目的。也就是说,任何终极的历史目的都是非实践的,它们仅仅是人类的预设而已,马克思的共产主义理想也不例外。马克思在构想共产主义的时候,尽管转向了人类社会的现实生活,但仍然没有摆脱黑格尔主义,甚至后者在某种意义上还成为马克思构筑自己目的论的基础。

---

[1] John E. Grumley, *History and Totality*, Routledge, New York, 1989, p.46.

如马克思关于异化的消除、与自然的和解,以及人类真正的自由等理论,基本上都是围绕共产主义这个人类学的目的论展开的。

另一方面,马克思的目的论毕竟是产生于对黑格尔的目的论批判的基础上的,因此,它又表现出了一定程度的反目的论倾向。例如,在《德意志意识形态》中,马克思指出:"共产主义对于我们来说不是应当确立的状况,不是现实应当与之相适应的理想。我们所称为共产主义的是那种消灭现存状况的现实的运动。"①由此可见,马克思的共产主义观念已经悄然发生了改变,他已经意识到传统哲学封闭的目的论的局限性,即依赖抽象的哲学范畴来构筑历史总体的局限性。随着马克思思想的进一步发展,他开始对这种封闭的目的论进行自我批评。在《德意志意识形态》的开头,马克思就宣称:"我们仅仅知道一门唯一的科学,即历史科学。"②很明显,马克思这里的目的就是反对唯心主义和一切目的论。在他看来,科学一定要建立在具体现实的基础上,而不是理性抽象的结果,历史科学就是这样一门科学,它没有为哲学抽象留下地盘,因而是唯一真正的科学。"历史不外是各个世代的依次更替。每一代都利用以前各代遗留下来的材料、资金和生产力;由于这个缘故,每一代一方面在完全改变了的环境下继续从事所继承的活动,另一方面又通过完全改变了的活动来变更旧的环境。"③然而,"事情被思辨地扭曲成这样:好像后期的历史是前期的历史的目的,例如,好像美洲的发现的根本目的就是要促使法国大革命的爆发。于是历史便具有了自己特殊的目的并成为某个与'其他人物'(像'自我意识'、'批判'、'唯一者'等等)'并列的人物'。其实,前期历史的'使命'、'目的'、'萌芽'、'观念'等词所表示的东西,终究不过是从后期历史中得出的抽象,不过是从前期历史对后期历史发生的积极影响中得出的抽象。"④也就是说,传统哲学都是将整个人类历史歪曲地理解为意识自我演化的过程,并人为地为它安排了一个目的,从而使历史变得抽象了,变得远离了人本身。

马克思认为,一旦近距离地观察具体社会真实的历史条件,哲学抽象的

---

① 《马克思恩格斯选集》第1卷,人民出版社,北京,1995年版,第87页。
② 《马克思恩格斯选集》第1卷,人民出版社,北京,1995年版,第66页。
③ 《马克思恩格斯选集》第1卷,人民出版社,北京,1995年版,第88页。
④ 《马克思恩格斯选集》第1卷,人民出版社,北京,1995年版,第88页。

歪曲本质就会马上显现出来。"哲学家们在不再屈从于分工的个人身上看到了他们名之为'人'的那种理想，他们把我们所阐述的整个发展过程看作是'人'的发展过程，从而把'人'强加于迄今每一历史阶段中所存在的个人，并把他描述成历史的动力。这样，整个历史过程就被看成是'人'的自我异化过程，实质上是因为，他们总是把后来阶段的普通个人强加于先前阶段的个人并且以后来的意识强加于先前的个人。由于这种本末倒置的做法，即一开始就撇开现实条件，所以就可以把整个历史学变成意识的发展过程了。"①因此，用历史科学取代传统哲学，哲学的抽象就失去了存在的基础，历史科学就是在具体的社会历史中考察现实的个人及其具体的社会关系。

其实，在马克思的有限主体观念中，已经隐含了一个对抽象的唯心主义历史观的反对，以及一个朝向社会实践的转向。在《1844年经济学哲学手稿》中，马克思围绕资本主义生产关系探讨个人的异化问题。这种探讨在《德意志意识形态》中得到进一步深入，马克思这时更加关注真实的历史。他认为"历史不是作为'产生于精神的精神'消融在'自我意识'中而告终的，而是历史的每一个阶段都遇到一定的物质结果，一定的生产力总和，人对自然以及个人之间历史地形成的关系，都遇到前一代传给后一代的大量的生产力、资金和环境，尽管一方面这些生产力、资金和环境为新的一代所改变，但另一方面，它们也预先规定新的一代本身的生活条件，使它得到一定的发展和具有特殊的性质"②。真实的历史不是任何精神的臆造，而是人与环境之间的相互作用、相互影响，人的实践是将二者联系起来的桥梁。这种历史观对马克思的总体观产生了明显的影响。马克思这时已经认识到，历史总体除了通过实践创造它自己，并将它归于具体的个人之外，没有内在的意义，因此，历史从本质上来说是人的活动的结果，是哲学将它神秘化为一个自主的目的。尽管如此，马克思仍然没有否认超个人的物质的和观念的历史结构的存在，他将这些超个人的历史结构看作是异化的、脱离社会现实的东西。"各个人过去和现在始终是从自己出发的。他们的关系是他们的现实生活过程的关系。"③也就是说，马克思将个人异化的原因归于资本主义的

---

① 《马克思恩格斯选集》第1卷，人民出版社，北京，1995年版，第130页。
② 《马克思恩格斯选集》第1卷，人民出版社，北京，1995年版，第92页。
③ 《马克思恩格斯选集》第1卷，人民出版社，北京，1995年版，第135页。

社会关系,正是由于资本主义社会关系的异化,人才异化成为自己的他者。

马克思认为黑格尔哲学具有意识形态特征,因为它把理论当作现实的模型。在马克思看来,理论就是社会实践的表达,他自己的理论就是无产阶级实践和物质需要的自我意识。马克思对理论的这种理解具有双重意义:一方面,他将自己的理论看作新的历史发展起来的阶级利益和需要的表达,由此来阐明无产阶级革命的原因;另一方面,他将自己的理论看作一种阶级的实践交往活动,它可以使其成员得到净化,并由此形成一个真正的革命主体——无产阶级。马克思理论的这种实践导向,对他的总体概念的重构有决定性的影响。因为一旦他主张无产阶级的革命实践要由其自己的理论来指导,那么他就必须设定一个与之相适应的历史观念,以作为行动的指南。

从实践哲学的立场看,历史必须被看作一个总体化的过程,个人在其中总是试图改变他们自己通常的生活状况,由此将自己的目的强加给历史。马克思将历史看作一个总体化的过程,这个过程由无产阶级通过自己的实践来实现。"个人的这种发展是在历史地前后相继的等级和阶级的共同生存条件下产生的,也是在由此而强加于他们的普遍的观念中产生的,如果用哲学的观点来考察这种发展,当然就很容易设想,在这些个人中,类或者人得到了发展,或者这些个人发展了人;这样设想,是对历史莫大的侮辱。"①人通过自己的实践积极地创造历史,从而赋予历史以目的,这个历史的目的也就是作为历史创造者的人的目的,历史也因此才真正属于人的历史。尽管马克思这个实践总体化的观念在《德意志意识形态》中没有得到详细论述,但这个观念明显隐含在马克思对传统哲学总体概念的批判中,其目的就是要消除黑格尔关于历史是精神自我展现的目的论。在马克思看来,历史绝不是精神的自我展现,历史就是主体和客体之间的辩证运动,实践是这种辩证运动的真正动力。

二、作为历史目的的历史总体

《德意志意识形态》标志着马克思的总体含义有了一个决定性转变,即总体剥去了原来的哲学抽象,并指向了具体的现实生活。总体含义的这个

---

① 《马克思恩格斯选集》第 1 卷,人民出版社,北京,1995 年版,第 118 页。

变化涉及到社会经济关系和结构的总体联系,它们在社会再生产过程中构成了一个整体,并在既定的社会中调节所有社会成员的物质生活状况。"个人力量(关系)由于分工而转化为物的力量这一现象,不能靠人们从头脑里抛开关于这一现象的一般观念的办法来消灭,而是只能依靠个人重新驾驭这些物的力量,靠消灭分工的办法来消灭。没有共同体,这是不可能实现的。只有在共同体中,个人才能获得全面发展其才能的手段,也就是说,只有在共同体中才可能有个人自由。在过去的种种冒充的共同体中,个人自由只是对那些在统治阶级范围内发展的个人来说是存在的,他们之所以有个人自由,只是因为他们是这一阶级的个人。从前各个人联合而成的虚假的共同体,总是相对于各个人而独立的;由于这种共同体是一个阶级反对另一个阶级的联合,因此对于被统治的阶级来说,它不仅是完全虚幻的共同体,而且是新的桎梏。在真正的共同体的条件下,各个人在自己的联合中并通过这种联合获得自己的自由。"①在马克思看来,历史上的共同体仅仅是某个阶级的共同体,个人只是作为阶级的成员而隶属于这个共同体,个人在这种共同体中实际上仅仅是阶级统治的工具,他不可能获得超出阶级的自由。真正的共同体是个人自由联合的统一体,即"在控制了自己的生存条件和社会全体成员的生存条件的革命无产者的共同体中,情况就完全不同了。在这种共同体中各个人都是作为个人参加的。它是各个人这样一种联合(自然是以当时发达的生产力为前提的),这种联合把个人的自由发展和运动条件置于他们的控制之下。"②在真正的共同体中,社会关系的异化已经被克服,个人实现了自己的本质,因而是自由的。

马克思认为,以往的哲学家总是运用抽象的办法,编撰出一个自我完整的总体来当作现实的总体。其实,这种总体仅仅是思想的臆造,而并没有涉及真正的社会现实。为此,马克思重点批判了费尔巴哈的自然主义人本学关于人的永恒不变的本质的观念——"人的本质不是单个人所固有的抽象物,在其现实性上,它是一切社会关系的总和。"③费尔巴哈却将人的本质从历史中抽象出来,"因此他不得不:(1)撇开历史的进程,把宗教感情固定为

---

① 《马克思恩格斯选集》第1卷,人民出版社,北京,1995年版,第118—119页。
② 《马克思恩格斯选集》第1卷,人民出版社,北京,1995年版,第121页。
③ 《马克思恩格斯选集》第1卷,人民出版社,北京,1995年版,第56页。

独立的东西,并假定有一种抽象的——孤立的——人的个体。(2)因此,本质只能被理解为'类',理解为一种内在的、无声的、把许多个人自然地联系起来的普遍性。"①马克思对费尔巴哈的这个批判是比较切合实际的,因为费尔巴哈是通过对真实的历史过程的抽象来得到人的类本质概念的,它远离了人类历史,自然也就不是真正的人类本质。真正的人类本质存在于社会生产方式中,是每一个时代的生产关系的总和。

在马克思看来,这种产生于历史过程中的人类本质根源于人的现实需要。在资本主义社会中,无产阶级由于自身解放的实践需要,使得社会主义的目标具有可理解性,它不需要将人类本质归于历史自身。马克思认为,根据人类本质对人类真实的历史现状的首要地位,可以将历史理解为一个具有一定发展趋势的连续过程,人的普遍性及其自由标志着社会历史发展的基本方向。因此,人类的本质不是一个哲学的虚构,而是现实的历史过程中人类所建立的生产关系的总和。由此可见,马克思关于人类本质的理论具有非常重要的实践意义,即它指出了人类解放的根本出路。

马克思转向历史科学并不意味着他对历史批判方向的放弃,他将现实理解为历史发展过程中的一个片段,这个片段既是以往历史发展成果的表现,又是历史走向未来的基础和前提。在《德意志意识形态》中,马克思提出了世界历史的概念,"各民族的原始封闭状态由于日益完善的生产方式、交往以及因交往而自然形成的不同民族之间的分工消灭得越是彻底,历史也就越是成为世界历史"②。在他看来,世界历史就是经验现实当中各种因素相互作用的结果,而不是单纯的自我意识的产物。马克思将世界历史理解为不同国家和民族围绕财富、文化和政治等因素而联系起来的一个统一体,其中包含着各种不同因素的对立和斗争,其中最为核心的要素就是物质因素。马克思甚至认为,世界历史的形成完全依赖于物质的因素,资本主义社会正是在物质的基础上建构了一个无所不包的世界市场。因此,在某种意义上,世界历史就是资本主义的历史,是资本主义经济竞争和劳动分工不断扩大的结果。

---

① 《马克思恩格斯选集》第1卷,人民出版社,北京,1995年版,第56页。
② 《马克思恩格斯选集》第1卷,人民出版社,北京,1995年版,第88页。

马克思认为,资本主义在短暂的时间内已经完全颠覆了传统的生产方式。生产不再仅仅是为了维持生存,其目的在于获取最大的生产效率,占有更多的物质财富。为了达到这个目的,资本主义这种生产方式已经不再满足于原来的范围,它要把整个世界,包括世界上最偏僻的地区都纳入到这种生产方式当中。由此,世界历史以世界市场的方式展现在人们面前,这是一个具有自我调节功能的系统。在马克思看来,这种世界历史对于个人而言,非但不是什么福音,反而是他们受奴役的象征。"单个人随着自己的活动扩大为世界历史性的活动,越来越受到对他们来说是异己的力量的支配(他们把这种压迫想象为所谓宇宙精神等等的圈套),受到日益扩大的、归根结底表现为世界市场的力量的支配,这种情况在迄今为止的历史当中当然也是经验事实。"①

在马克思以前,卢梭曾经将人类社会文明的进程批评为人类堕落的根源。马克思尽管也对资本主义文明的进程持一种批判的态度,但他没有完全赞同卢梭的观点。在马克思看来,尽管卢梭看到了现代资本主义社会异化和堕落的方面,但卢梭把这个方面极端化了,并因此忽视了资本主义社会的进步方面。马克思则认为,资本主义社会的产生是世界历史上的一个重大进步,它不仅创造了前所未有的物质财富,而且还把整个世界联结为一个复杂的体系,由此形成了一个共同的世界命运,同时也为人类的解放提供了一种可能性。"随着大工业的发展,资产阶级赖以生产和占有产品的基础本身也就从它的脚下被挖掉了。它首先生产的是它自身的掘墓人。资产阶级的灭亡和无产阶级的胜利是同样不可避免的。"②当然,马克思的这个观点未免过于乐观,尤其是他把无产阶级的胜利等同于全人类的解放,这是他理论上的一个明显的瑕疵。

马克思将人的本质看作现实的社会生产关系的总和,这就意味着我们不能离开具体的社会关系去寻找人的本质,而应该从现实的社会关系中,从特定的历史中来揭示人的本质,人的本质由此与历史的经验因素联系起来。这个观点对于马克思具有十分重要的意义,它意味着我们可以从已经发生

---

① 《马克思恩格斯选集》第1卷,人民出版社,北京,1995年版,第89页。
② 《马克思恩格斯选集》第1卷,人民出版社,北京,1995年版,第284页。

的历史来展望人类的未来。在马克思看来,人类社会历史是一个进步的过程,但这个历史进步的观念同时又具有内在矛盾。一方面,马克思认为资本主义的迅速发展,使得它在很短的时间内,生产了比以往任何时代都要多得多的物质财富,这从一定方面反映了人类社会的巨大进步。马克思之所以将资本主义这种物质财富的迅速增长看作历史的进步,主要是针对以前资本主义社会物质匮乏的状况而言。另一方面,这种进步同时包含着非进步的因素——物质生产在得到极大提高的同时,人日益趋向异化,趋向非人化,人与自然的关系以及人与人的关系在不断地恶化。这也是人文主义者,尤其是浪漫主义反对历史进步观念的主要原因。当然,马克思也意识到了这种进步的内在矛盾,例如,他在分析资本主义生产时说道:"一切真正的危机的最根本的原因,总不外乎群众的贫穷和他们的有限的消费,资本主义生产却不顾这种情况而力图发展生产力,好像只有社会的绝对的消费能力才是生产力发展的界限。"[1]马克思认为资本主义社会危机的真正根源,就在于生产的无限扩大和劳动人民的消费能力不断缩小之间的矛盾,这也是无产阶级非人化的根本原因。

如何理解马克思关于历史进步观念的内在矛盾?笔者认为,这个矛盾可以根据马克思的无产阶级概念来理解。马克思认为,无产阶级作为资本主义社会的一个阶级,一方面基于其阶级地位和利益需求,成为资本主义社会潜在的破坏力量;另一方面,无产阶级由于被排除在资本主义社会的物质和文化利益之外,它不是资本主义社会的主要的阶级。因此,历史的进步一方面体现在资本主义社会为无产阶级革命准备了物质条件,为无产阶级革命准备了革命的主体,另一方面又出现了无产阶级异化不断加剧的矛盾。

三、作为生产总体的资本主义生产方式

马克思认为,资本主义社会中人异化的根源就在于生产资料私有制的资本主义生产方式。因此,对资本主义正确的认识方法应该从资本主义私人所有制出发。在马克思看来,资产阶级经济学家之所以无法正确认识到人异化的根源,是因为他们"从私有财产的事实出发。它没有给我们说明这

---

[1]《资本论》第3卷,人民出版社,北京,1975年版,第548页。

个事实。它把私有财产在现实中所经历的物质过程,放进一般的、抽象的公式,然后把这些公式当作规律。它不理解这些规律,就是说,它没有指明这些规律是怎样从私有财产的本质中产生出来的。"①资产阶级经济学家把应当要阐明的东西——私有财产,当作了前提,当作了社会生产的合理性基础,因此,他们无法真正认识资本主义社会中人异化的根源。资本主义社会现实的情况是,"工人生产的财富越多,他的产品的力量和数量越大,他就越贫穷。工人创造的商品越多,他就越变成廉价的商品。物的世界的增值同人的世界的贬值成正比。"②马克思由此得出结论,资本主义生产一方面是物质财富的生产,另一方面也是人的异化过程。马克思认为,只有认识到资本主义生产的这个本质,才可能导向真正有意义的社会实践。

在马克思看来,资本主义生产方式是一个总体,它同时也是一个过程,这个过程的总体只有从其内在否定的角度才能得到完全理解。为此,马克思从19世纪50年代开始重点转向了对资本主义生产过程总体的探索。马克思把异化和资本主义经济过程的独立性理解为资本主义再生产的根本特征。在他看来,"在社会中进行生产的个人……属于18世纪的缺乏想象力的虚构"③。而资产阶级经济学家错误地把这个个人抽象地理解为历史的起点,这样,个人就具有一种合乎自然的表象。实际上,个人只是具体的、历史的产物,是资本主义生产关系的产物。因此,要想真正理解资本主义社会中的个人,必须从政治经济学着手,必须要将资本主义的再生产过程理解为一个总体。

由于资本主义社会表现为一种虚假的自主性,表现为无产阶级具有出卖自己劳动力的自由,这在一定程度上妨碍了人们对资本主义社会本质的认识。在马克思看来,只有把资本主义生产理解为一个统一的过程总体,才能揭示其中蕴涵的内在矛盾,并最终找到克服这个内在矛盾的途径。正如格瑞姆雷在谈到历史的解释时所指出的,"如果没有对这个总体逻辑的真正的理解,历史解释充其量不过是一系列偶然的历史事件,而缺乏任何真正的

---

① 《马克思恩格斯选集》第1卷,人民出版社,北京,1995年版,第39页。
② 《马克思恩格斯选集》第1卷,人民出版社,北京,1995年版,第40页。
③ 《马克思恩格斯选集》第2卷,人民出版社,北京,1995年版,第1页。

必然性"①。在《资本论》中,马克思正是从作为资本主义经济表象的货币、商品和资本出发,来揭示它们背后隐藏的本质——人的各种社会关系,由此来解释资本主义社会中人异化的根源——资产阶级根据自己的需要和利益建立起来的资本主义私有制。在马克思看来,既然这种使人异化的社会制度是人创造出来的,那么,人们也可以不断地完善它,这也是他后来设想未来理想社会的一个重要理论依据。

资本主义再生产是一个总的过程,其中的生产、交换、分配和消费紧密结合为一个有机整体,它们之间的差别只是有机整体内部的差别。然而,资产阶级经济学家却认为:"生产制造出适合需要的对象;分配依照社会社会规律把它们分配;交换依照个人需要把已经分配的东西再分配;最后,在消费中,产品脱离这种社会运动,直接变成个人需要的对象和奴仆,供个人享受而满足个人需要。"②由于资产阶级经济学家仅仅是从单个的环节来认识资本主义生产,因此,他们无法真正认识资本主义再生产的本质,更无法揭示其中人异化的根源。在马克思看来,只有运用总体性的辩证方法,才能认识资本主义这个现实的总体。为此,马克思指出:"黑人就是黑人。只有在一定的关系下,他才成为奴隶。纺纱机就是纺棉花的机器。只有在一定的关系下才成为资本。"③就是说,黑人之所以成为奴隶,纺纱机之所以成为资本,都是在资本主义社会中才成立的,离开了资本主义社会关系,黑人与奴隶、纺纱机与资本的同一就无法理解。

在资本主义社会中,一切事物和现象离开了生产方式这个总体就无法得到真正的理解。因此,马克思在《资本论》中始终把资本主义社会生产方式看作一个总体,由此来分析和批判资本主义社会。马克思在《资本论》中指出,商品就是资本主义生产方式这个总体的"细胞",通过分析商品的生产、交换、分配和消费的分析,就可以把握资本主义生产方式这个总体的本质。这种从"细胞"到整体的思路被认为是马克思把握资本主义生产方式的有效方式,正如张康之所指出的:"《资本论》不仅把资本主义社会当作一个运动着的整体加以把握,而且以自己特有的方式重塑了这个整体,从而使这

---

① John E. Grumley, *History and Totality*, Routledge, New York, 1989, p. 58.
② 《马克思恩格斯选集》第 2 卷,人民出版社,北京,1995 年版,第 7 页。
③ 《马克思恩格斯全集》第 6 卷,人民出版社,北京,1961 年版,第 486 页。

个整体的本质的方面和发展的必然趋势充分地展现在人们面前。"①《资本论》运用总体性的方法,把资本主义社会看作了一个由生产、交换、分配和消费等环节构成的完整的社会体系,同时又把它看作了整个历史发展过程中的一个片段,这是对黑格尔的辩证总体观的创造性运用。总体由此变成了历史的总体,变成了人可以对它进行认识和实践的对象。

张康之认为,"《资本论》是在一切层次和一切角度意义上的艺术整体。因为,马克思的整个科学研究活动,是在总体观念的引导下进行的"②。的确如此,在《资本论》中,总体性既是一个方法论原则,又指研究对象——资本主义生产方式的总体性,这样对资本主义社会的研究才是科学的。马克思与资产阶级思想家一样,也是围绕资本主义生产方式进行研究。但他与资产阶级思想家之间的区别在于,马克思是在资本主义生产方式这个总体的前提下来理解生产、交换、分配、消费等各个环节的内涵。在马克思看来,"一定的生产决定一定的消费、分配、交换和这些不同要素相互间的一定关系。当然,生产就其单方面形式来说也决定于其他要素。"③这样,生产、交换、分配和消费才成为统一的资本主义生产方式整体内部不同的环节,它们的意义只有在资本主义生产方式这个总体中才能得到真正揭示。马克思就是在根据生产方式的总体性理论来理解整个资本主义社会再生产的,而不是根据理论的需要抽象地认识其中的各个环节。马克思认为,政治经济学的研究对象,就是由生产、交换、分配、消费构成的资本主义社会总体。

马克思由此把具体的生产环节与社会总体联系起来。在他看来,生产、分配、消费和交换尽管各不相同,但它们却构成了一个完整的社会总体,在这个统一体内部,它们相互作用,相互影响,其中,生产决定着其他环节,反过来,生产也决定于这些环节。为此,马克思指出:"这种有机体制本身作为一个总体有自己的各种前提,而它向总体的发展过程在于:使社会的一切要素从属于自己,或者把自己还缺乏的器官从社会中创造出来。有机体制在历史上就是这样向总体发展的。它变成这种总体是它的过程即它的发展的

---

① 《马克思主义来源研究论丛》第二十辑,胡企林等编,商务印书馆,北京,2000年版,第42—43页。
② 《马克思主义来源研究论丛》第二十辑,胡企林等编,商务印书馆,北京,2000年版,第46页。
③ 《马克思恩格斯全集》第46卷(上),人民出版社,北京,1979年版,第37页。

一个要素。"①马克思通过这种方法把由生产、交换、消费和分配构成的资本主义社会总体,与历史的逻辑联系起来,并赋予了社会总体以新的含义,即资本主义社会总体仅仅是有机的历史总体的一个片段而已。

马克思认为,资产阶级经济学家往往把孤独的个人看作政治经济学的出发点,这是违背历史事实的。事实上,孤独的个人仅仅是资本主义社会的产物。我们只有从资本主义社会生产关系总体出发,才能真正认识资本主义社会生产的本质。为此,马克思指出:"在当前考察的场合,自由工人和他的生产资料的分离,是既定的出发点,并且我们已经看到,二者在资本家手中是怎样和在什么条件下结合起来的——就是作为他的资本的生产的存在方式结合起来的。"②只有在资本主义社会中,在个人和生产资料相分离的情况下,个人才呈现为孤独的个人,呈现为整个生产过程中的一个生产要素,从而失去自己的主体性和完整的人格。在马克思看来,资本主义生产就是由资本这种普照的光所决定的,即资本作为生产、交换、分配和消费关系的前提和基础,它决定着这些环节的性质和特征。

马克思认为,政治经济学就是关于社会生产方式总体的科学。而社会生产方式又是具体的、历史的,因而政治经济学不是一种静态的研究科学,而是一门动态的、发展的科学,其中贯穿的是辩证的方法,这是一种从具体总体到思想总体的研究方法。为此,马克思指出:"具体总体作为思想总体、作为思想具体,事实上是思维的、理解的产物;但是,决不是处于直观和表象之外或驾于其上而思维着的、自我产生着的概念的产物,而是把直观和表象加工成概念这一过程的产物。"③政治经济学对资本主义这个具体总体的研究,是通过一种辩证的思维来把握的,是辩证思维的结果,而不是直观思维的结果。反过来,思想总体对具体总体的再现,又是通过生产、交换、分配和交换等环节来实现的。由此达到了历史与逻辑的统一,即概念在思维的过程中再现了客观事物的发展历史。马克思这个观点显然是对黑格尔精神总体运动的改造。正如他自己所承认的:"我公开承认我是这位大思想家的学生,并且在关于价值理论的一章中,有些地方我甚至卖弄起黑格尔特有的表

---

① 《马克思恩格斯全集》第46卷(上),人民出版社,北京,1979年版,第235—236页。
② 《马克思恩格斯全集》第24卷,人民出版社,北京,1972年版,第44页。
③ 《马克思恩格斯全集》第46卷(上),人民出版社,北京,1979年版,第39页。

达方式。"① 但马克思同时认为,他的方法与黑格尔的方法存在着本质区别,即黑格尔把观念的东西看作了现实事物的创造者,而他自己则刚好相反。因此,马克思认为自己的辩证法是一种唯物主义的辩证法,是一种更加合乎现实的辩证法。

在马克思看来,唯物主义辩证法必须从具体存在的感性事物出发。"抛开构成人口的阶级,人口就是一个抽象。如果我不知道这些阶级所依据的因素,如雇佣劳动、资本等等,阶级又是一句空话。而这些因素是以交换、分工、价格等等为前提的。"② 从感性具体到理性抽象是科学认识的第一步。但这不是认识的目的,认识的目的还必须回到理性的具体,这种理性具体之所以是具体,"因为它是许多规定的综合,因而是多样性的统一"③。马克思认为由此可以使"抽象的规定在思维行程中导致具体的再现"④,因而这是一种科学的认识方法。在资本主义社会中,商品是最普遍的存在物,它内在蕴涵着资本主义社会的一切关系。正因为这样,马克思将它看作了分析资本主义生产关系的出发点,由此来再现资本主义生产方式的"逻辑",即资本主义商品生产本质上就是资本的生产,就是资本主义生产、交换、分配和消费的统一过程。

马克思由此把一个动态的、自我再生的总体,引进开放的经验历史的长河中,历史发展的动力就是资本主义再生产的内在矛盾。他试图根据一种内在批判的方法和一个开放的历史经验总体概念来克服传统总体概念的抽象性,这就决定了他必然陷入理论的困境当中。随着时间的变化,马克思对历史总体的理解也在不断发生变化。例如,他在《哥达纲领批判》中阐释共产主义社会时指出:"我们这里所说的是这样的共产主义社会,它不是在它自身基础上已经发展了的,恰好相反,是刚刚从资本主义社会中产生出来的,因此它在各方面,在经济、道德和精神方面都还带着它脱胎出来的那个旧社会的痕迹。"⑤ 就是说,在共产主义的初期阶段,也就是社会主义阶段,决定人的本质的各种社会关系都与原来的社会存在多种关联。因此,人的本

---

① 《马克思恩格斯选集》第 2 卷,人民出版社,北京,1995 年版,第 112 页。
② 《马克思恩格斯选集》第 2 卷,人民出版社,北京,1995 年版,第 18 页。
③ 《马克思恩格斯选集》第 2 卷,人民出版社,北京,1995 年版,第 18 页。
④ 《马克思恩格斯选集》第 2 卷,人民出版社,北京,1995 年版,第 18 页。
⑤ 《马克思恩格斯选集》第 3 卷,人民出版社,北京,1995 年版,第 304 页。

质与他的生存状况无法达到完全同一,人的异化无法得到完全克服。在这个社会阶段,由于生产力没有得到完全解放,人们只能按劳分配劳动成果。而一旦进入真正的共产主义阶段,"在迫使个人奴隶般地服从分工的情形已经消失,从而脑力劳动和体力劳动的对立也随之消失之后;在劳动已经不仅仅是谋生手段,而且本身成了生活的第一需要之后;在随着个人的全面发展,他们的生产力也增长起来……社会才能在自己的旗帜上写上:各尽所能,按需分配!"[1]由此可见,马克思关于共产主义的设想也是一个不断深化的过程,即共产主义社会不是一个一蹴而就的目标,而是一个长远的历史目标。

尽管如此,马克思的历史总体观仍然蕴涵着不可克服的内在矛盾,即他一方面将共产主义看作人类历史的终点,社会历史由此成为一个封闭的东西;另一方面,他又特别强调人类社会的无限进步的特征。这种历史总体中同时包含了一个未来总体化的动态历史目标和一个历史终极目的,而这两个要素是无法共存在一个体系当中的,这也意味着马克思的历史总体只能是一种美好的乌托邦理想。

第三节 恩格斯的物质总体观

作为马克思主义的创始人之一,恩格斯在马克思主义理论的形成和发展过程中具有十分重要的影响。但是,学界通常以"马克思主义"这个词来一统马克思、恩格斯甚至后来的所有马克思主义理论家的理论,由此造成了这些理论就是"一个"理论的印象,并引发了广泛的争议。概括地说,国内学界目前针对这个问题的探讨大致形成了差异论、对立论和同一论三种观点。尽管本书重点不是讨论马克思的理论与恩格斯的理论之间的关系,但由于本书所探讨的问题也与这个问题密切相关,因此,笔者在这里简单地谈谈个人对这个问题的看法。笔者认为,恩格斯与马克思之间的密切关系并不能掩盖他们理论上的某些差异,甚至是某些方面的对立。那种将马克思和恩

---

[1]《马克思恩格斯选集》第3卷,人民出版社,北京,1995年版,第305—306页。

格斯理论之间的关系设想为完全同一的观点,既不符合事实,也是根本不可能的,因为他们是两个各自独立的思想主体。例如,在总体观方面,恩格斯就明显地表现出了与马克思思想之间的差异,马克思所突出的是实践的首要地位,恩格斯所突出的则是物质范畴的首要地位。这一节主要通过对恩格斯后期著作的阅读,来呈现他的物质总体观。

一、对黑格尔唯心主义的批判

与马克思一样,恩格斯早期也深受黑格尔哲学的影响。例如,恩格斯在回忆初次接触黑格尔哲学时说到,当它"第一次呈现在我面前的时候,一阵幸福的战栗在我身上掠过,宛如从晴空飘来的一阵清新的海风吹拂在我身上;思辨哲学的深邃,宛如无底的大海展现在我的面前,使那穷根究底的视线,怎么也无法从海上移开"①。但是,恩格斯的这种感受是短暂的,他很快便与黑格尔哲学分道扬镳了。

在1888年为《路德维希·费尔巴哈和德国古典哲学的终结》所写的单行本序言中,恩格斯指出:"关于我们和黑格尔的关系,我们曾经在一些地方作了说明,但是无论哪个地方都不是全面系统的。"②在他看来,马克思主义不仅仅是黑格尔哲学的延伸和继续,更是对它的克服和超越。因此,他"感到越来越有必要把我们(恩格斯和马克思——引者注)同黑格尔哲学的关系,我们怎样从这一哲学出发又怎样同它脱离,作一个简要而又系统的阐述"③。相比之下,恩格斯认为费尔巴哈对他们的影响更大,因为后者关于《基督教的本质》一书,"直截了当地使唯物主义重新登上了王座,这就一下子消除了这个矛盾。自然界是不依赖任何哲学而存在的;它是我们人类(本身是自然界的产物)赖以生长的基础;在自然界和人以外不存在任何东西,我们的宗教幻想所创造出来的那些最高的存在物只是我们自己的本质的虚幻反映。"④费尔巴哈对黑格尔哲学的颠倒重新恢复了物质自然界对精神的第一性地位。在恩格斯看来,这是对黑格尔的绝对观念体系的一个重大超

---

① 《马克思恩格斯全集》第41卷,人民出版社,北京,1982年,第96页。
② 《马克思恩格斯选集》第4卷,人民出版社,北京,1995年版,第211页。
③ 《马克思恩格斯选集》第4卷,人民出版社,北京,1995年版,第212页。
④ 《马克思恩格斯选集》第4卷,人民出版社,北京,1995年版,第222页。

越。恩格斯也因此高度赞扬了费尔巴哈的唯物主义,并自豪地指出,"我们一时都成为费尔巴哈派了"①。

尽管如此,恩格斯认为费尔巴哈的唯物主义仍然没有彻底克服黑格尔哲学的局限性,认为它仅仅是把黑格尔哲学简单地颠倒了过来,并没有从实质上消除它的影响。在恩格斯看来,像黑格尔哲学这种对民族精神发展有着重大影响的哲学,不是通过简单地颠倒物质和精神的关系可以消除的,"必须从它的本来意义上'扬弃'它,就是说,要批判地消灭它的形式,但是要救出通过这个形式获得的新内容"②。克服这种哲学影响有效的办法就是要抛弃其唯心主义形式,保留其辩证法内核。

在《神圣的家族》序言中,恩格斯与马克思开始批判黑格尔哲学的唯心主义本质:"它(黑格尔哲学——引者注)用'自我意识'即'精神'代替现实的个体的人,并且同福音传布者一样教诲说:'精神创造众生,肉体则软弱无能。'"③在他们看来,"全部'现象学'的目的就是要证明自我意识是唯一的、无所不包的实在"④。由此揭示了黑格尔哲学的最大秘密就在于精神创造世界。在他们看来,社会历史是群众活动的结果。因此,要想真正理解社会历史及其发展规律,就必须抛弃黑格尔的精神本体论,回到现实的物质生活领域来寻找原因。

在《反杜林论》的引论中,恩格斯进一步对以黑格尔为代表的理性主义进行了严厉的批判。他认为理性主义使"思维着的知性成了衡量一切的唯一尺度"⑤。这是一个用头立地的世界,"人的头脑以及通过头脑的思维发现的原理,要求成为人类的一切活动和社会结合的基础"⑥。知性不仅成了认识的最高原则,而且还成了实践的最高准则。在恩格斯看来,这种理性主义实际上只是一个理想化的王国,它试图运用理性的原则来建构理想的现实,其实质是把理想与现实混为一谈,是对现实的颠倒和背叛,从而掩盖了现实中真实的矛盾。恩格斯由此指出,在理性主义那里,"现实理性和正义至今

---

① 《马克思恩格斯选集》第4卷,人民出版社,北京,1995年版,第222页。
② 《马克思恩格斯选集》第4卷,人民出版社,北京,1995年版,第223页。
③ 《马克思恩格斯全集》第2卷,人民出版社,北京,1957年版,第7页。
④ 《马克思恩格斯全集》第2卷,人民出版社,北京,1957年版,第245页。
⑤ 《马克思恩格斯选集》第3卷,人民出版社,北京,1995年版,第355页。
⑥ 《马克思恩格斯选集》第3卷,人民出版社,北京,1995年版,第356页。

还没有统治世界"①。

恩格斯指出:"在杜林先生那里首先是一般的世界模式论,这在黑格尔那里称为逻辑学。其次,他们两人把这些模式或者说逻辑范畴应用于自然界,就是自然哲学;而最后,把它们应用于人类,就是黑格尔叫作精神哲学的东西。"②因此,杜林哲学不过是黑格尔哲学的翻版而已。在恩格斯看来,"原则不是研究的出发点,而是它的最终结果;这些原则不是被应用于自然界和人类历史,而是从它们中抽象出来,不是自然界和人类去适应原则,而是原则只有在符合自然界和历史的情况下才是正确的。"③因此,唯物主义是唯一正确的思维模式,因为它是从自然界和社会历史出发来认识世界,而杜林哲学却背离了这个方向。

在《路德维希·费尔巴哈和德国古典哲学的终结》中,黑格尔成了恩格斯彻底清算的对象。他通过对历史上出现过的罗马共和国、罗马帝国、法国君主制等政治体制的考察,指出黑格尔关于"现实的"与"合理的"同一性观点的错误。"黑格尔的这个命题,由于黑格尔的辩证法本身,就转化为自己的反面:凡在人类历史领域中是现实的,随着时间的推移,都会成为不合理性的,就是说,注定是不合理性的,一开始就包含着不合理性……按照黑格尔的思维方法的一切规则,凡是现实的都是合乎理性的这个命题,就变为另一个命题:凡是现存的,都一定要灭亡。"④在恩格斯看来,黑格尔宣扬"现实的"就是"合理的"这种观点是对黑格尔自己所提出来的辩证法的背叛,是为统治阶级合理性进行辩护的意识形态工具,其根本的目标就是服务于特定的国家政权——普鲁士政权。事实上,一切事物都处在永恒的变化中,"历史同认识一样,永远不会在人类的一种完美的理想状态中最终结束;完美的社会、完美的'国家'是只有在幻想中才能存在的东西。"⑤

恩格斯认为,当黑格尔宣称自己的哲学体系为绝对真理时,就暴露出其唯心主义本质。"由于'体系'的需要,他在这里常常不得不求救于强制性的

---

① 《马克思恩格斯选集》第3卷,人民出版社,北京,1995年版,第357页。
② 《马克思恩格斯选集》第3卷,人民出版社,北京,1995年版,第374页。
③ 《马克思恩格斯选集》第3卷,人民出版社,北京,1995年版,第374页。
④ 《马克思恩格斯选集》第4卷,人民出版社,北京,1995年版,第216页。
⑤ 《马克思恩格斯选集》第4卷,人民出版社,北京,1995年版,第216—217页。

结构。"①也就是说,黑格尔哲学体系是"体系"需要的结果,是理性强制性的产物,是与他那消除一切教条的辩证法的本质相违背的。在恩格斯看来,任何体系都是主体的设定,它们都是产生于人类克服矛盾的主观需要。但人类社会现实的矛盾是无穷的,"假定一切矛盾都一下子永远消除了,那么我们就达到了所谓绝对真理……世界历史……是一个新的、不可解决的矛盾。"②因此,任何体系都无法成为一切矛盾最终的消灭者。

二、物质范畴的核心地位

在《路德维希·费尔巴哈和德国古典哲学的终结》中,恩格斯指出:"全部哲学,特别是近代哲学的重大的基本问题,是思维和存在的关系问题。"③在他看来,思维和存在的关系问题,是一切哲学派别都无法回避的一个问题,也是其他所有哲学问题的前提和基础。这个观点被理解为马克思主义哲学的一个首要观点写进了传统马克思主义哲学教科书中,并对马克思主义哲学的发展产生了重要影响。

恩格斯认为,思维和存在的关系问题作为哲学的基本问题,具体表现在两个方面,其一是思维和存在之中,何者是第一性的本原问题,这是哲学史上通常所说的本体论问题,即什么是派生世界万物的本原和基础。根据这个方面,可以将一切哲学派别划分为唯物主义和唯心主义两个基本的派别:"凡是断定精神对自然界说来是本原的,从而归根到底承认某种创世说的人(……),组成唯心主义阵营。凡是认为自然界是本原的,则属于唯物主义的各种学派。"④恩格斯这里将唯物主义归结为物质自然界本原论,将唯心主义归结为精神本原论。他的这种理解是对思维和存在关系的一种简化,也是导致人们庸俗地理解马克思主义哲学的一个重要原因。思维与存在关系的另一个方面,就是它们之间的同一性问题,即思维能否认识存在的问题。由于恩格斯将"存在"狭隘地理解为物质自然界,所以,思维与存在的同一性问题,就被简化为人的思维能否认识外部物质自然界的问题,这是将哲学的基

---

① 《马克思恩格斯选集》第4卷,人民出版社,北京,1995年版,第219页。
② 《马克思恩格斯选集》第4卷,人民出版社,北京,1995年版,第219页。
③ 《马克思恩格斯选集》第4卷,人民出版社,北京,1995年版,第223页。
④ 《马克思恩格斯选集》第4卷,人民出版社,北京,1995年版,第224页。

本问题实证化和经验化的倾向。这是对"思维"和"存在"范畴一种十分偏狭的理解,也严重歪曲了哲学史上哲学基本问题的本来含义。

例如,恩格斯在谈到意识的起源时指出:"究竟什么是思维和意识,它们是从哪里来的,那么就会发现,它们都是人脑的产物,而人本身是自然界的产物,是在自己所处的环境中并且和这个环境一起发展起来的;这里不言而喻,归根结底也是自然界产物的人脑的产物,并不同自然界的其他联系相矛盾,而是相适应的。"①在他看来,物质自然界对人的意识来说具有起源上的先在地位,因而物质自然界是世界的本体,意识则是物质自然界派生的结果。恩格斯这种根据经验时间的先在性来判断世界本原的逻辑显然不是一种哲学的思维,而是对世界本原的一种狭隘的经验理解。

在《路德维希·费尔巴哈和德国古典哲学的终结》中,恩格斯进一步强化了这种观点。他在考察思维与存在的同一性的时候,通过批判以黑格尔为代表的唯心主义,在论证思维与存在的同一性的循环论证之后,提出了实践是驳斥一切唯心主义和不可知论的最有力的武器:"对这些以及其他一切哲学上的怪论的最令人信服的驳斥是实践,即实验和工业。既然我们自己能够制造出某一自然过程,按照它的条件把它生产出来,并使它为我们的目的服务,从而证明我们对这一过程的理解是正确的,那么康德的不可捉摸的'自在之物'就完结了。动植物体内所产生的化学物质,在有机化学开始把它们一一制造出来以前,一直是这种'自在之物';一旦把它们制造出来,'自在之物'就变成为我之物了,例如茜草的色素——茜素,我们已经不再从地里的茜草根中取得,而是用便宜得多、简单得多的方法从煤焦油里提炼出来了。"②显然,恩格斯这里对实践的理解是狭义的、机械的,他仅仅把实践理解为实验和工业,理解为认识的一个环节,理解为一种机械的操作,从而丧失了实践当中的能动性和主体性维度。事实上,实践是主客体之间双向辩证运动的一个统一体,是一个不断发展的过程。由此可见,恩格斯对实践的理解也严重偏离了马克思的实践观,是对实践的一种粗浅的理解。

此外,恩格斯还将这种唯物与唯心的对立引入到历史观当中。例如,他

---

① 《马克思恩格斯选集》第3卷,人民出版社,北京,1995年版,第374—375页。
② 《马克思恩格斯选集》第4卷,人民出版社,北京,1995年版,第225—226页。

在《社会主义从空想到科学的发展》中指出:"唯物主义历史观及其在现代的无产阶级和资产阶级之间的阶级斗争上的特别应用,只有借助于辩证法才有可能。"① 在他看来,马克思主义之所以是真正的科学,是因为它已经将辩证法贯穿到了社会历史当中。恩格斯把马克思的历史唯物主义看作不过就是辩证唯物主义在历史领域的运用的观点,是对马克思的历史唯物主义的一个重大的误解。也正是在这个观念的基础上,恩格斯将费尔巴哈的唯物主义理解为半截子唯物主义,即自然观上的唯物主义,历史观上的唯心主义。其实,恩格斯的这种理解也与马克思存在重大差别。因为马克思认为,对于社会历史,我们必须要从现实的感性活动,从实践当中去理解,才能够得出正确的答案。而实践——现实的感性活动,则是一种人与自然之间的双向作用。恩格斯这种关于历史唯物主义就是辩证唯物主义在历史领域应用的观点,实质上还是坚持人与外部自然界的僵硬对立,物质自然界成为社会历史的决定因素,人没有主体性和能动性。因而恩格斯的这种历史观,并没有真正超越旧唯物主义的视域。正如卡尔·洛维特所指出:"庸俗马克思主义按照恩格斯的范例把理论与实践的这种辩证关联简单化了,它坚持一种抽象的物质'基础',但这个'基础'与理论的'上层建筑'的关系却是正像韦伯(M. Weber)指出的那样,可以轻而易举地逆转过来。与此相反,如果坚持马克思原初的观点,那么,即便是黑格尔的'理论',也可以理解为实践的。"② 由此可见,恩格斯的这种历史观没有真正反映社会历史的发展规律,也无法得出关于社会历史发展真实状况的结论。

在《路德维希·费尔巴哈和德国古典哲学的终结》中,恩格斯在谈到马克思的历史唯物主义时指出:"这种历史观结束了历史领域内的哲学,正如辩证的自然观使一切自然哲学都成为不必要的和不可能的一样。现在无论在哪一个领域,都不再要从头脑中想出联系,而要从事实中发现联系了。这样,对于已经从自然界和社会中被驱逐出去的哲学来说,如果还留下什么的话,那就只留下一个纯粹思想的领域:关于思维过程本身的规律的学说,即

---

① 《马克思恩格斯选集》第3卷,人民出版社,北京,1995年版,第691—692页。
② 卡尔·洛维特:《从黑格尔到尼采》,生活·读书·新知三联书店,北京,2006年版,第127—128页。

逻辑和辩证法。"①恩格斯这里试图通过辩证的自然观来取代历史哲学,来消灭社会历史领域中的哲学。根据这个观点,马克思的历史唯物主义就不是哲学了。既然不是哲学,那么,它到底又是什么呢?另外,如果哲学仅仅是纯粹思维的科学,那么,马克思主义哲学又如何能够实现自己改变世界的使命呢?恩格斯的这种理解也深刻地影响了后来的列宁、斯大林等马克思主义者,以致他们直接将马克思主义哲学等同于辩证唯物主义。

恩格斯在《自然辩证法》中指出:"人的思维的最本质的和最切近的基础,正是人所引起的自然界的变化,而不仅仅是自然界本身。"②尽管他在这里已经洞察到了唯物主义自然观的缺陷,即"认为只是自然界作用于人,只是自然条件到处决定人的历史发展,它忘记了人也反作用于自然界,改变自然界,为自己创造新的生存条件"③。但局限于他的一贯立场,他还是没有真正将实践放在首要地位。

综上所述,尽管恩格斯提出了思维和存在的关系问题,并以之作为哲学的基本问题,但是,由于他将存在简单地等同于物质自然界及其派生的人类社会,并将物质自然界和意识僵硬地对立起来,因此,他无法真正理解二者之间的关系,当然,更不是真正地与马克思的思想达成了一致。尽管如此,恩格斯所提出的哲学的基本问题,还是具有重要的理论意义,因为它将哲学探索的对象确定为一种关系,而不是具体科学中的那种具体对象,这也意味着哲学不是一种普通的知识。正如孙正聿所说:"哲学不是以'思维'和'存在'为研究对象,去形成关于'思维'和'存在'的某种知识,而是把'思维和存在的关系'作为'问题'来研究,考察和追究'思维和存在的关系'。这种区别的意义是十分重大的。它直接地决定着人们能否形成哲学的思维方式。"④也就是说,哲学是一种关于关系的思维,而不是一种关于具体对象的思维。

三、作为最普遍规律科学的辩证法

辩证法自古以来就是西方哲学的核心问题之一,其最初的含义是对话

---

① 《马克思恩格斯选集》第4卷,人民出版社,北京,1995年版,第257页。
② 《马克思恩格斯选集》第4卷,人民出版社,北京,1995年版,第329页。
③ 《马克思恩格斯选集》第4卷,人民出版社,北京,1995年版,第329页。
④ 孙正聿:《哲学通论》,辽宁人民出版社,沈阳,1998年版,第136页。

的艺术,即通过对话来揭示真理的方法。由此可见,辩证法本质上只是一种思维的方法,它反映了思想运动的规律。但在恩格斯那里,辩证法却被赋予了新的含义,即被当作了探索现实社会生活中观念的东西的秘密。正如刘森林所指出的:"辩证法不能仅仅是柏拉图意义上的对话过程与艺术。因为在马克思和恩格斯看来,话语、概念不可能仅仅在理性言说、辩论中得以消解和改变,一个言说者的言说和思想与他的社会关系、利益等密切相关。"[①]因此,辩证法在恩格斯那里不只是一种思维方法,更不可能是一种关于纯粹自然的、与人无关的东西,而是将人与自然、观念世界和现实世界联系起来的纽带。

恩格斯认为,古希腊的哲学家都是天生的辩证法专家,但随着近代自然科学的迅速发展,这种辩证的思维方法日益被一种科学的思维方法所取代。这种科学的思维方法"把自然界的各种事物和各种过程孤立起来,撇开宏大的总的联系去进行考察;因此,就不是从运动的状态,而是从静止的状态去考察;不是把它们看作本质上变化的东西,而是看作永恒不变的东西;不是从活的状态,而是从死的状态去考察。"[②]恩格斯把这种思考问题的方式称为形而上学的思维方式。在他看来,这种形而上学的思维方式是一种孤立的、片面的、静止的思维方式,它信奉的原则是:"是就是,不是就不是;除此之外,都是鬼话。"[③]这种形而上学思维方式在进行局部认识的过程中是有效的,"但它一跨入广阔的研究领域,就会碰到极为惊人的变故"[④]。由于这种形而上学思维方式排除了对立面统一的可能性,因而运用它来研究整体时就显得无能为力。

在恩格斯看来,"只有辩证法才为自然界中出现的发展过程,为各种普遍的联系,为从一个研究领域向另一个研究领域过渡,提供了模式,从而提供了说明方法"[⑤]。因为辩证法是运用联系和发展的观点,从总体上考察自然界和人类社会历史的科学方法。他在1873年5月30日给马克思的信中说道:"今天早晨躺在床上,我脑子里出现了下面这些关于自然科学的辩证

---

① 刘森林:《恩格斯与辩证法:误解与澄清》,载《南京大学学报》,2005年第1期。
② 《马克思恩格斯选集》第3卷,人民出版社,北京,1995年版,第360页。
③ 《马克思恩格斯选集》第3卷,人民出版社,北京,1995年版,第360页。
④ 《马克思恩格斯选集》第3卷,人民出版社,北京,1995年版,第360页。
⑤ 《马克思恩格斯选集》第4卷,人民出版社,北京,1995年版,第284页。

思想。"①在他看来,"自然界是检验辩证法的试金石,而且我们必须说,现代自然科学为这种检验提供了极其丰富的、与日俱增的材料,并从而证明了,自然界的一切归根到底是辩证地而不是形而上学地运行的"②。因此,想要真正认识自然界和人类社会的发展,必须运用辩证的方法。

恩格斯认为,尽管黑格尔用绝对精神总体来描述整个世界的运动和变化(这是黑格尔的辩证法,也是他最重要的哲学贡献),但黑格尔的辩证法仅仅局限在绝对精神本身范围之内,并不是对现实的自然界和人类社会的真实反映。在恩格斯看来,"关于自然和历史的无所不包的、最终完成的认识体系,是同辩证思维的基本规律相矛盾的"③。而黑格尔把绝对精神看作认识的最终目标,看作思维和存在的统一,这是一种臆想,是用思维统一了存在,其本质是唯心主义的。

恩格斯在《自然辩证法》中指出:"现代唯物主义本质上是辩证的,而且不再需要任何凌驾于其他科学之上的哲学了……在以往的全部哲学中仍然独立存在的,就只有关于思维及其规律的学说——形式逻辑和辩证法。其他一切都归到关于自然和历史的实证科学中去了。"④在恩格斯看来,现代唯物主义的本质就是辩证法,是探讨客观的、现实的对象之间联系的最普遍规律的科学,即辩证法是贯穿于自然界和人类社会一切领域的普遍法则。

恩格斯这种作为最普遍规律科学的辩证法,尤其是关于自然界的辩证法,受到了后来许多思想家的批评。如卢卡奇曾经指出:"恩格斯对辩证法的表述之所以造成误解,主要是因为他错误地跟着黑格尔把这种方法也扩大到对自然界的认识上。然而辩证法的决定性因素,即主体和客体的相互作用、理论和实践的统一、在作为范畴基础的现实中的历史变化是思想中的变化的根本原因等等,并不存在于我们对自然界的认识中。"⑤在卢卡奇看来,辩证法仅仅表示主客体之间的相互作用,是一个社会历史范畴,并不存在某种游离于社会历史领域之外的辩证法。这种观念深刻影响了后来的西方马克思主义各流派。

---

① 《马克思恩格斯选集》第4卷,人民出版社,北京,1995年版,第614页。
② 《马克思恩格斯选集》第3卷,人民出版社,北京,1995年版,第361页。
③ 《马克思恩格斯选集》第3卷,人民出版社,北京,1995年版,第363页。
④ 《马克思恩格斯选集》第3卷,人民出版社,北京,1995年版,第364页。
⑤ 卢卡奇:《历史与阶级意识》,杜智章等译,商务印书馆,北京,1992年版,第51页。

恩格斯认为,自然科学的发展促使了辩证法的发展。他在总结19世纪自然科学的三大发现时指出:"由于这三大发现和自然科学的其他巨大进步,我们现在不仅能够说明自然界中各个领域内的过程之间的联系,而且总的说来也能说明各个领域之间的联系了,这样,我们就能够依靠经验自然科学本身所提供的事实,以近乎系统的形式描绘出一幅自然界联系的清晰图画。"①在他看来,19世纪以前的自然科学处于一种孤立的、片面的发展状况,而19世纪以来,自然科学的发展则呈现出一种联系的、总体的发展状况,即辩证的状况。自然辩证法就是自然科学这种辩证状况的反映。

恩格斯认为,辩证法"实质上可以归结为下面三个规律:量转化为质和质转化为量的规律;对立的相互渗透的规律;否定的否定的规律。"②由此可见,恩格斯简单地把辩证法归结为从自然界和人类社会中抽象出来的,关于自然界、人类社会以及思维发展的最一般的规律,它普遍适用于自然界、人类社会和思维领域的一切对象。恩格斯这种普适性的辩证法观念,尤其是他关于自然界也存在辩证法的观念,肯定了人类社会产生以前,自然界就存在着辩证法的观点,使得辩证法变成了一个万能的公式,这也是辩证法被人们诟病的重要原因。

由于自然辩证法是关于自然界的物质运动所体现出来的辩证法,因此,要认识这种辩证的物质运动,必须具有辩证的思维。为此,恩格斯把辩证法分为主观辩证法和客观辩证法。"所谓的客观辩证法是在整个自然界中起支配作用的,而所谓的主观辩证法,即辩证的思维,不过是在自然界中到处发生作用的、对立中的运动的反映,这些对立通过自身的不断的斗争和最终的互相转化或向更高形式的转化,来制约自然界的生活。"③在恩格斯看来,客观辩证法就是客观事物的辩证法,主观辩证法就是客观辩证法的主观反映,"这样,辩证法就归结为关于外部世界和人类思维的运动的一般规律的科学,这两个系列的规律在本质上是同一的,但是在表现上是不同的"④。从内容上来看,主观辩证法就是客观辩证法的反映,离开了客观辩证法,主观

---

① 《马克思恩格斯选集》第4卷,人民出版社,北京,1995年版,第246页。
② 《马克思恩格斯选集》第4卷,人民出版社,北京,1995年版,第310页。
③ 《马克思恩格斯选集》第4卷,人民出版社,北京,1995年版,第317页。
④ 《马克思恩格斯选集》第4卷,人民出版社,北京,1995年版,第243页。

辩证法就变得不可理解。从形式上来看,客观辩证法表现为外部必然性的形式,而主观辩证法则表现为一种以概念为中介的思维的一般形式,即概念的辩证法。恩格斯这种主观辩证法和客观辩证法的划分,是对辩证法的进一步庸俗化。为了追求这种辩证法的普适性,他甚至强调"辩证的思维方法同样不知道什么严格的界线,不知道什么普遍绝对有效的'非此即彼!',它使固定的形而上学的差异互相转移,除了'非此即彼!',它又在恰当的地方承认'亦此亦彼!'"①。由此可见,恩格斯对辩证法的理解还是停留在知性思维的层面,而没有进入到本体论的层面,这种理解有将辩证法理解为一种相对主义的倾向。

由于自然辩证法主要讨论人类社会产生以前的自然界,它如何在社会历史领域发生作用呢?恩格斯认为,在社会历史领域,劳动是将人与自然联系起来的纽带,人的语言、思维等一切方面,都是在人的劳动当中产生的。"它(劳动——引者注)是一切人类生活的第一个基本条件,而且达到这样的程度,以致我们在某种意义上不得不说:劳动创造了人本身。"②因此,劳动使相互作用的辩证法扩展到了社会历史的过程当中。由于恩格斯的《自然辩证法》涉及的内容过于广泛,这也使得它最终成为一部没有完成的作品。

四、作为科学的世界观理论体系的马克思主义哲学

在对哲学的定位方面,恩格斯继承了黑格尔的观点,认为"任何哲学只不过是在思想上反映出来的时代内容"③。他认为马克思主义哲学是19世纪中叶社会发展的必然产物,是在对以往一切旧哲学全面清算的基础上建立起来的,是关于自然界、人类社会和思维发展的最一般规律的科学。

在恩格斯看来,马克思主义哲学作为一种科学的世界观理论,是一个完整的理论体系,它从总体上反映了世界的本来面貌。在《反杜林论》中,恩格斯将马克思主义哲学称为现代唯物主义。在他看来,"现代唯物主义把历史看作人类的发展过程,而它的任务就在于发现这个过程的运动规律"④。现

---

① 《马克思恩格斯选集》第4卷,人民出版社,北京,1995年版,第318页。
② 《马克思恩格斯选集》第4卷,人民出版社,北京,1995年版,第373—374页。
③ 《马克思恩格斯全集》第41卷,人民出版社,北京,1982年版,第211页。
④ 《马克思恩格斯选集》第3卷,人民出版社,北京,1995年版,第364页。

代唯物主义由于克服了传统唯物主义的机械性和不彻底性,科学地概括了人类两千多年以来哲学和自然科学的发展成果,尤其是关于自然科学和历史科学的最新成就,因此,它成了关于世界的最普遍规律的科学。

在马克思致恩格斯的一封信中,马克思指出:"当他(恩格斯——引者注)证明现代社会,从经济上来考察孕育着一个新的更高的形态时,他只是在社会关系方面揭示出达尔文在自然史方面所确立的同一个逐渐变革的过程。"①恩格斯把马克思发现社会历史规律的过程,比作了达尔文发现生物进化规律的过程,认为社会历史领域的发展规律和生物的进化规律是同质的,即二者都是反映对象的科学思维。在《在马克思墓前的讲话》中,恩格斯进一步明确了这种思想:"正像达尔文发现有机界的发展规律一样,马克思发现了人类历史发展的规律。"②在恩格斯看来,马克思所揭示的人类社会发展的规律就是一门严密的科学。

恩格斯之所以非常确信马克思的历史唯物主义的科学性,是因为他对自然辩证法坚定的信念。在他看来,人类社会的发展规律与自然界生物的发展规律具有高度的一致性,二者之间可以进行类比推定。其实这是恩格斯对马克思理论的一种误解。尽管马克思也非常推崇达尔文的进化论,但他并没有将二者直接简单地类比推定的意思。正如何中华指出:"马克思仅仅是指出了市民社会这一特定历史阶段或社会形态上人的存在方式与动物的存在方式的一致性。"③马克思仅仅是把市民社会中人的非人生活状况理解为一种动物式的生活,而没有将人类社会的发展规律,简单地类比为自然界中生物的发展规律。

在恩格斯看来,我们关于世界的模式理论,不是头脑当中自己产生的,而是通过头脑从外界的现实世界中得来的。正是因为外部的世界处于一种永恒的辩证运动当中,使得整个世界呈现一幅整体的画面,因此,作为体系理论的哲学,只有建立在现实世界的物质性基础上,才是真正合理的。在《反杜林论》中,恩格斯曾经说道:"世界的真正的统一性在于它的物质性,而这种物质性不是由魔术师的三两句话所证明的,而是由哲学和自然科学的

---

① 《马克思恩格斯全集》第31卷,人民出版社,北京,1972年版,第410页。
② 《马克思恩格斯选集》第3卷,人民出版社,北京,1995年版,第776页。
③ 何中华:《如何看待马克思和恩格斯的思想差别》,载《现代哲学》,2007年第3期。

长期的和持续的发展所证明的。"①关于世界的理论体系只有建立在现实存在物的基础上,才是真正合理的。由于任何存在的事物都处在不断的运动变化当中,因此,关于世界的整体的图景,不可能是静止不变的,而是动态的、变化的。恩格斯由此得出结论:现代唯物主义在本质上是辩证的,即马克思主义哲学本质上就是辩证的唯物主义。

恩格斯在批判杜林的哲学观时指出:"我们的现实哲学家把全部现实的基础从现实世界搬到思想世界,还有另一种动机。"②在他看来,杜林就是通过这种方法,将世界的整体模式强加给了自然界,从而给了世界一幅整体的图景,这种办法实际上就是黑格尔的总体性哲学的翻版。恩格斯认为,建立在任何思想的基础上的哲学体系,都是唯心主义的虚构,其目的不是在于科学地解释世界,而是为了成为凌驾于一切科学之上的"科学之科学"。在他看来,在这种"科学之科学"的哲学基础上,无法建立任何唯物主义学说。应该说,恩格斯已经洞察到了传统唯心主义总体性哲学的根本缺陷,但由于他固守一种物质本体论,认为马克思主义理论体系就是对这种物质本体及其运动的反映,使得他无法真正超越传统哲学的总体性思维。

小 结

马克思在批判传统哲学的基础上,以实践作为总体性范畴,来建构自己改变世界的哲学体系。在他看来,实践作为改造世界的活动,它不仅是认识世界的基础和前提,也是解决理论与现实之间矛盾的真正手段。因此,实践范畴在哲学上具有首要性的地位。理论虽然也具有十分重要的地位,但它必须与现实关联起来,否则,就只能沦为经院哲学一类的东西。社会生活本质上是实践的,与实践无关的世界是没有任何意义的。马克思的这种实践观点,实质上,是将理论归结于实践,借以达成一种理论与实践的统一。当然,这种实践哲学仍然没有完全脱离传统哲学的思维方式,它仍然将理论与

---

① 《马克思恩格斯选集》第3卷,人民出版社,北京,1995年版,第383页。
② 《马克思恩格斯选集》第3卷,人民出版社,北京,1995年版,第375页。

实践的同一看作一个必然的结论。

不仅如此，马克思还将总体范畴扩展到历史领域。在他看来，人类社会是一个不断进步的过程，人作为历史总体的实践者，尽管具有自身的有限性，但整个人类的历史却是无限的。因此，他断言未来的总体社会——共产主义一定会实现。马克思的这种共产主义历史总体，明显带有黑格尔绝对精神总体的痕迹，是一种非批判的目的论总体观。这种目的论的总体观，一方面承认历史发展的终极目的，另一方面，又肯定历史发展的无限性，这是一个明显的悖论。这也意味着这种总体性的共产主义社会只能是一种空想的乌托邦。

恩格斯作为马克思主义的创始人之一，对马克思主义的总体观也产生了很大的影响。尽管他也同意马克思关于实践的范畴在新的世界观当中的重要地位，但他更加强调物质范畴的首要意义。在他看来，对物质范畴的定位，是划分唯物主义和唯心主义的根本标准，也是近代哲学的基本问题。他站在唯物主义的立场上，将物质看作世界的本原，并重点强调自然界的首要地位，由此，将新的哲学经验化和实证化，从而重新陷入到旧唯物主义的世界观当中。此外，他还将辩证法扩展到自然界，认为主观的辩证法不过是自然的客观辩证法的反映，为使辩证法沦为一种万能的公式打下了基础。在这个基础上，他将马克思主义看作一个科学的体系，并将这个科学的理论体系看作是唯物主义和辩证法的结合体，历史唯物主义不过是辩证唯物主义在历史领域的展开。恩格斯的这种物质总体观与马克思的实践总体观之间，存在巨大的反差，它忽视了主体的能动作用。

第四章
卢卡奇的总体观

在马克思主义总体观的演化和发展过程中,卢卡奇具有举足轻重的地位。正是他将总体性范畴看作马克思主义的核心范畴,才引发了西方马克思主义关于总体性范畴的各种思潮。作为马克思主义总体观的重要阐发者,卢卡奇的总体性思想不仅延伸和拓展了马克思和黑格尔等人的总体性思想,而且还批判地吸取了19世纪与20世纪之交的人文主义的总体性思想,其中,尤其以狄尔泰、西美尔、马克斯·韦伯等人的总体性思想的影响最为明显。因此,在这一章,笔者将从这些人文主义总体性思想出发,来考察卢卡奇总体性思想的整个发展过程。

第一节 关于文化的总体观

总体性范畴是卢卡奇哲学的核心范畴,它几乎贯穿了卢卡奇所有的著作,并对其后的整个西方马克思主义传统产生了深远的影响。尽管卢卡奇在后来的反思中承认,自己将总体性范畴置于马克思主义体系的核心地位并使它超过了经济的优先地位是错误的。但是,这并不意味着他对总体性范畴首要地位的放弃,他仍然坚持总体性范畴是马克思主义的核心范畴之一。正如他在1967年为《历史与阶级意识》所写的新版序言说道:"我相信,还有许多同样正确的思想可以在这本书中找到,我这样说并不觉得自己过分不谦虚。……不管正确与否,我始终把马克思的世界观看作本质上是一个不可分割的整体。"①要想真正理解卢卡奇的哲学思想,首先必须弄明白他的总体性概念的含义,这也是理解整个西方马克思主义关于总体问题的一条非常重要的线索。而要想清楚地理解卢卡奇总体性概念的含义及其重要性,就必须首先进入卢卡奇的前马克思主义时期的著作,从中发掘他的总体性思想的来龙去脉,只有这样,我们才能理解他后来为什么要将总体性看作马克思主义的基本原则。

一、人文主义总体观的影响

从思想起源上看,卢卡奇早期深受狄尔泰、西美尔、马克斯·韦伯等思想家的影响。这些思想家从不同的方面对现代资本主义文明的危机进行了揭露和批判。狄尔泰认为,自从形而上学终结以后,就再也没有出现一种关于经验世界的全面解释的世界观,因而现实的生活世界迫切需要一种总体性的世界观。为此,狄尔泰提出了一种关于经验世界的生命总体观:"生命,作为相互影响的、时间上相续的事件,就是历史生活。"②在他看来,动态的、有意识的生命,通过自身不断流动,能够将过去、现在和未来融合为一个意义的总体。作为卢卡奇的老师,西美尔对卢卡奇的影响更加明显。西美尔认为,资本主义的发展破坏了原有的社会文化共同体,使文化也服从于一种货币的逻辑,"金钱的权力产生了任何其他文化因素都无法比拟的扩张,这种扩张给生活中最针锋相对的趋势以同等的权利"③。货币的逻辑使得文化变成了一种客观形式的文化,从而失去了文化的主观意义。这种纯粹客观形式的文化是对完整统一的生命的背叛,是一种丧失了心灵的僵死的文化。马克斯·韦伯则将"合理化"看作现代资本主义社会的基础。在他看来,随着资本主义社会的发展,整个资本主义社会日益显示为一种"合理"的社会形态,因为其中的任何要素,包括人,都可以被纳入一个可计算的公式当中,"任何合理的货币计算,因而尤其是任何资本计算,在市场赢利中都以价格机会为取向,价格机会是通过在市场上的利益斗争(价格斗争和竞争斗争)

---

① 卢卡奇:《历史与阶级意识》,杜智章等译,商务印书馆,北京,1992年版,"新版序言"第22页。
② 转引自刘放桐等编:《新编现代西方哲学》,人民出版社,北京,2000年版,第126页。
③ 西美尔:《金钱、性别、现代生活风格》,顾仁明译,学林出版社,上海,2000年版,第33页。

和利益妥协形成的"①。这种建立在可计算的公式基础上的合理性,仅仅是一种形式上的合理性,因为它是将具体的人和事物抽象为具有普遍意义符号的基础上才成立的,因而实质上是不合理的。韦伯认为,资本主义这种形式上的合理性,以其数量上的精确性,在为世界祛魅的同时,也使生命失去了本原的意义,历史变成了一个冰冷的"铁囚"。

早期卢卡奇主要从上述思想中吸取营养成分,来诊断当时的社会文化,由此形成了他对当时社会文化独特的批判视角,这主要体现在他早期著作《心灵与形式》和《小说理论》中。那个时候,卢卡奇关注的核心问题是社会文化的危机问题。例如,在《心灵与形式》中,卢卡奇详细地阐释了主客观无法达到一致的原因:"生命是光明与黑暗的无政府状态:任何东西都无法在生命中完全实现,没有任何东西可以逃避灭亡。……一切皆流,任何东西都与其他东西结合在一起,这个结合物是不受控制的和不纯的,一切都在毁灭和消亡,没有任何东西曾经进入到真正的生命当中。"②这是他在西美尔的生命哲学中吸取的思想,他试图用生命的矛盾状态,来理解现实生活中的主客观无法达到一致的现象。卢卡奇不仅反对匈牙利当时不景气的官方文化,也反对追求现代自由的个人主义文化。在这个基础上,他提出了自己心目中理想的社会观念——社会文化共同体的观念,也就是本书所说的文化总体。在卢卡奇看来,资本主义社会的个人主义是对这种文化总体的彻底破坏。

文化总体具体指的是什么呢?要阐明这个问题,就必须先理解卢卡奇所说的文化的含义。卢卡奇借鉴了韦伯的文化观念。韦伯对文化与文明作了区分,他将文明等同于西方资本主义社会单调的机械技术成就,而将文化看作知识分子认识社会总体的能力,这种认识社会总体的能力能够引导社会走出时代的困境。因此,文化远比文明包含的内容丰富。卢卡奇批判地继承了韦伯的观点,他把文化等同于有意义的生活,因此,文化在他这里变成了一个价值观念。在卢卡奇看来,真正的文化预设了主客体之间的和谐

---

① 马克斯·韦伯:《经济与社会》(上),林荣远译,商务印书馆,北京,1997年版,第113—114页。
② Georg Lukács, *Soul and Form*, trans. Anna Bostock, The MIT Press, Cambridge, Massachusetts, 1974, pp.152-153；转引自 Martin Jay, *Marxism and Totality: The Adventures of a Concept from Lukács to Habermas*, University of California Press, California, 1984, p.86.

统一,它要求生命与世界是完整的,这种完整性需要依赖于一种生命与世界的共同的意义来保证,有意义的生命只有在这种完整性中才能达到。卢卡奇认为,如果没有文化共同体,必然导致个人原子化和社会的不协调。在这种社会背景下,个人的解放是无法实现的。由于文化总体是以共同情感和价值为纽带的一种对世界和谐统一的理解,但在资本主义社会这种人类最高级的文明形式中,经济效益的可计算性成为社会合理化的最高原则,这个原则已经忽视了生命的完整意义,并把对人的奴役推到了历史的顶峰。因此,在资本主义社会,随着象征着完整生命的文化共同体的消失,人的解放只是一种空想。

此外,卢卡奇在论述现代资本主义危机的时候,也吸取了马克思的社会学方法。例如,他在《现代戏剧的发展史》中巧妙地运用了马克思的社会学方法,把伟大的悲剧理解为一个阶级衰落的文化表现,即一个阶级的历史衰落是其价值内在危机的社会学的前提条件。在卢卡奇看来,现代资本主义社会正在创造一种堕落的形式,它反映了资本主义社会价值的内在危机。在现代资本主义社会中,随着实证主义思维方式的发展,一种客观文化对象征性文化的殖民不断强化,这是对传统社会形成的文化共同体的瓦解。这个分析表明,卢卡奇很早就抓住了现代文化危机的实证主义特点以及所有文化形式的意识形态特征。尤其令人注意的是,他开始将当代客观文化的特征与资本主义社会出现的异化现象,以及资产阶级的阶级斗争联系起来,这为他后来提出马克思主义的总体性思想打下了基础。

卢卡奇以当时盛行的悲剧文化为基础,对现代性进行了批判。在他看来,客观文化日益丧失了人类生存的意义。因此,他求助于康德哲学,对产生这种文化的现代性根源进行分析。他认为康德已经明确把握并论述了文化分裂和个人碎片化的根源,即科学与艺术的分野,"科学以其内容影响我们,而艺术则以其形式影响我们;科学提供给我们事实及其关联,而艺术给我们的是心灵和命运。两条道路在这里分野,这里不存在替代和过渡。在没有分工的原始时代,科学和艺术(还有宗教、伦理和政治)是彼此不分、浑然一体的,一旦科学分离出去并获得独立,那么,一切曾为之铺垫的事物便都失去了其价值。"①在现代资本主义社会,艺术与科学之间存在严格的界限,即科学是有限的、封闭的手段,而艺术是无限的、开放的目的,最关键的区别还在于艺术具有其形式,而科学没有形式,因此,对于人的生命而言,艺术比科学具有更加重要的意义。卢卡奇认为,在现代资本主义社会,以理性为主要特征的科学取得了对艺术压倒性的优势地位,客观的可计算性将人孤立为一个个社会原子,文化共同体分裂了,个人碎片化成为一种突出的社会现象。

卢卡奇非常赞同康德对现代资本主义社会的这种诊断,同时,他还为它假设了一种历史的视角。尽管他有时倾向于将这种历史发展看作一种韦伯式的"命运",看作是现代资本主义社会无法逃避的生存条件。但他同时又将这种文化危机看作人类解放的一个特殊的历史前提,因为它能够启示出一个和谐的文化共同体理想。卢卡奇这种历史—社会学的分析模式,提出了一种具有内在规范意义的文化总体,这使得他可以通过对充满矛盾的、缺乏生命意义的资本主义社会和古代有机的社会文化统一体进行比较,并突出资本主义社会的现代性特征,对它进行批判和谴责。在卢卡奇看来,古代社会总是在不断加强自己完整的文化有机体,而现代资本主义社会则刚好相反,它在不断地破坏这种文化的统一性。

二、现代资本主义社会的文化危机:史诗总体的堕落

卢卡奇认为,尽管现代资本主义社会比古代封闭的社会创造出了更加丰富的物质财富,但它同时也丧失了原本稳定的意义。在卢卡奇看来,现代社会的这种内在的分裂可以运用康德关于现象世界和本体世界的二分来理解,即外在合理的现象世界由于更加与现代资本主义社会趋向一致而得到了比较好的发展,而内在自主的本体世界由于没有合乎资本主义这种理性的形式而逐渐衰落。康德解决这个问题的办法是,通过对人的认识能力的考察来限定人的认识的合理范围。然而,"现代个人经常使自己超出自己的控制能力,去将美好的理想在实践中操作,其结果往往是自相矛盾。因此,

---

① 卢卡奇:《卢卡奇早期文选》,张亮、吴勇立译,南京大学出版社,南京,2004年版,第122页。

现代性以追求完整的人性为特征,但却以失去它为代价。"①现代资本主义社会是一个彰显个人理性的社会,它往往以个人的理性作为行动的指南,却常常陷入实践的困境。现代资本主义的个人理性与其完整的人性经常处于一种二律背反的状态。因此,康德的这种二元论哲学能够很好地解释现代资本主义社会的文化危机。

为了消除这种文化危机,卢卡奇抛弃了康德的二元论哲学,转向了总体性哲学。卢卡奇认为,早期的希腊人生活在一个完整的世界当中,他们"只知答案而不知问题,只知(甚至是玄妙的)谜底而不知谜面,只知形式而不知混沌"②。因此,对于早期的希腊人而言,生活是一个完整的整体,其中没有任何的形式区分。而"哲学——无论是生活形式的哲学,还是决定文学的内容和形式的哲学——总是要表征为'内'与'外'的断裂、自我与世界本质的区别,以及心灵与行为(Tat)的失调"③。在卢卡奇看来,早期希腊社会是一个没有哲学的总体性的社会,哲学只是前哲学时期的总体性社会观念堕落的产物,它意味着真正总体时代的终结。

在《小说理论》中,卢卡奇首先探讨了史诗与戏剧的关系。他认为史诗提供了一个完整的、充满意义的叙述,没有戏剧中表现的曾是与将是之间的区别,因此史诗仍然是一种总体性的文化。在他看来,只有荷马的作品才能够称得上是真正的史诗,因为它就是荷马时代的现实写照,它的形式与内容是同一的,是真正的总体性文化。在卢卡奇看来,荷马的总体世界内部不存在任何质的差别:"这是一个同质的世界,即使人和世界、'我'和'你'的分离也不能打破这种同质性。"④在荷马史诗同质的世界中,人并不是孤立地生存着,他与他人的关系及其产物,都被一个更大范围的关系所包含,人与人之间并不存在先验的和内在的区分。尽管社会也有英雄和恶棍、虔敬者和罪犯的差别,但是,"即使是最伟大的英雄也至多比周围的人高出一头,最睿智的人的话也至多可以被愚蠢的人听懂罢了——这些其实都是些量的差别"⑤。只有在这种同质的世界里,总体性才是可能实现的。

---

① John E. Grumley, *History and Totality*, Routledge, New York, 1989, p.109.
② 卢卡奇:《卢卡奇早期文选》,张亮、吴勇立译,南京大学出版社,南京,2004年版,第5—6页。
③ 卢卡奇:《卢卡奇早期文选》,张亮、吴勇立译,南京大学出版社,南京,2004年版,第4页。
④ 卢卡奇:《卢卡奇早期文选》,张亮、吴勇立译,南京大学出版社,南京,2004年版,第7页。
⑤ 卢卡奇:《卢卡奇早期文选》,张亮、吴勇立译,南京大学出版社,南京,2004年版,第42页。

而戏剧则是对史诗的背叛,戏剧中本质与现象之间的区分,则意味着史诗总体文化的分裂。"只有当悲剧对'本质如何变得鲜活'这个问题作出创造性回答的时候,人们才意识到,本来如此的生活(关于应当如此的生活观念取消了生活)已经失去了本质的内在性。"①悲剧试图通过赋予主人公命运的形式,来恢复已经失去的本质,这种办法是非常成问题的。因为卢卡奇认为,"悲剧对于存在的回答才不再是天然自明的,而是像一个奇迹,一道纤柔但坚固的、沟通无底深渊之两岸的彩虹"②。悲剧的英雄取代史诗中活生生的人,是一种理智创造的神话,这是对希腊总体性世界的歪曲。"自此以后的世界变得很希腊,但是,那种意义上的希腊精神却越来越不希腊了;它创造了永恒的问题(当然也有解答),但是,敏感地带的根本之处的希腊性质却永远消失了。"③因此,从希腊人的视角来看,悲剧的这种创造是荒唐的,它只是创造了一个幻想的总体。

卢卡奇认为,在现代戏剧中,生活并不是内在缺席的,它是被驱逐的。"在现代戏剧中,当本质只是在与生活的等级对抗赛之后才显现自己并取得胜利,且每一个人物把这场对抗赛当作自己存在的前提条件或者自己存在的动力铭记在心的时候,每个戏剧人物(dramatis personae)就必须将自己弱如游丝之生活绑定在命运的战车上。"④由于现代戏剧远离了现实生活,因而它把人从孤独中引向了更深的孤独。现代戏剧的主人公虽然披着生活的外衣,但他却无法真正理解生活。

其次,卢卡奇认为,史诗塑造了生活的外延总体性,戏剧则塑造了本质的内涵总体性。因此,当本质丧失了自己自发完善的感性总体性的时候,戏剧却能够在它先验的本质中,发现一个包容一切的内部世界,尽管这个世界是非常值得怀疑的,但这是史诗无法达到的目标。对于史诗而言,生活的总体性不允许它的内部拥有任何先验的中心点,"处于任何给定时间、给定环

---

① 卢卡奇:《卢卡奇早期文选》,张亮、吴勇立译,南京大学出版社,南京,2004年版,第10页。
② 卢卡奇:《卢卡奇早期文选》,张亮、吴勇立译,南京大学出版社,南京,2004年版,第11页。
③ 卢卡奇:《卢卡奇早期文选》,张亮、吴勇立译,南京大学出版社,南京,2004年版,第11页。
④ 卢卡奇:《卢卡奇早期文选》,张亮、吴勇立译,南京大学出版社,南京,2004年版,第19—20页。

境下的世界都是一种终极法则"①。因此,史诗的世界没有时间的维度,"荷马史诗的开篇从事件发展的中间部分开始说起,而其结束却不是事件的结尾"②。如《伊利亚特》没有任何历史变化,关于它的叙述既没有开头,也没有结尾。荷马史诗没有任何的时间区分,至于后来时间性被引入小说艺术当中,则反映了形成史诗的整体文化的堕落。荷马时代只有唯一答案的东西,被后来的人反思成为各种难题,并只能被更后来的人来解决。如此一来,时间就意味着当前的问题必须在将来来完成。正如马丁·杰所指出:"时间是一种堕落的形式,规范的总体要求它的悬置。"③可见,正是由于引入了时间观念,才产生了后来规范意义上的总体。

卢卡奇认为,荷马的世界是非个人的,"史诗中的英雄并不是一个个人"④。荷马史诗中的英雄代表了所有的人。在史诗中,"总体性概念不是产自于赋形的形式本身,而是经验主义的和形而上学的概念,它在其内部把先验性和内在性不可分割地结合了起来"⑤。史诗的总体是元主体的、超验的,它揭示了一个个人与自然浑然一体的世界。由于史诗的英雄是总体性的,他代表了所有人,因此,在史诗中几乎没有主体性的维度。史诗的主体都是生活中的经验之人,但他们都能够在普通的生活中自然地理解生活中的优雅意义。卢卡奇由此把荷马史诗看作完美的生活总体的典范,认为它表述了一个人与自然完全同一的世界,其间不存在社会历史和自然意义上的分化。一旦主体的作用得到凸显,也就意味着史诗总体的消亡。

在《小说理论》中,卢卡奇把异化了的现代资本主义社会的一切特征理解在小说中。在他看来,"小说创作就是把异质的离散成分佯谬地熔铸成一个一再被废止的有机总体。抽象成分的凝聚关系在抽象的纯粹中是形式化的;最终的统一原则因此必须是创造性的主观性伦理,一种在内容上变得明晰的伦理。"⑥尽管现代资本主义社会是一个碎片化的社会,但现代小说家们

---

① 卢卡奇:《卢卡奇早期文选》,张亮、吴勇立译,南京大学出版社,南京,2004年版,第21—22页。
② 卢卡奇:《卢卡奇早期文选》,张亮、吴勇立译,南京大学出版社,南京,2004年版,第43页。
③ Martin Jay, *Marxism and Totality: The Adventures of a Concept from Lukács to Habermas*, University of California Press, California, p.94.
④ 卢卡奇:《卢卡奇早期文选》,张亮、吴勇立译,南京大学出版社,南京,2004年版,第42页。
⑤ 卢卡奇:《卢卡奇早期文选》,张亮、吴勇立译,南京大学出版社,南京,2004年版,第25页。
⑥ 卢卡奇:《卢卡奇早期文选》,张亮、吴勇立译,南京大学出版社,南京,2004年版,第57页。

总是试图以自己的方式来修复这种破碎的社会,即用文艺的方式把这种碎片化的现代社会塑造成为总体性的社会。但现代小说所追求的总体却不再是当下的经验生活的总体,而是小说家们抽象的结果,是小说家们对无家可归状况的一种先验的艺术表达形式。因此,对于现代小说家而言,尽管他们以小说的形式赋予现代生活以总体性,但这种总体性不是现代世界本身具有的,而是作者的虚构。在卢卡奇看来,现代小说虚构的抽象总体已经丧失了文化共同体的价值,无法代表当下的经验世界。

再次,卢卡奇特别强调现代文化对社会历史的塑造作用。在他看来,现代社会的劳动分工是总体性文化丧失的表现,它造就了异化的资本主义社会。现代社会劳动分工的本质是,使劳动与工人自身的各种非理性品质能力分离开,并将它看作一种客观的、外在于人性的东西。资本主义这种客观化的生产过程,造成了生产者与其人性的分离。因此,卢卡奇激烈批评了资本主义社会的劳动分工。事实上,正是这种劳动分工破坏了个人的完整性和总体性,使人处于一种异化的状态。正如格瑞姆雷所指出:"个人的品质能力与人际关系,被同一的、数量的运算以及非人的、可计算的契约化系统地取代。"[1]资本主义虽然将生产和消费从以前的社会强制中解放出来,但它同时也用这种劳动分工割裂了以前社会固有的有机联系,并用一种同一性的逻辑消除了一切人的个性和非理性痕迹。

在卢卡奇看来,现代自由的资本主义社会无法带来真正的赋予个性的进步。相反,资本主义社会分工的网状结构不断缩小了个人的活动范围,它强迫个人接受非人的、同一的规则以及操作方式,实际上妨碍了个人的表达与行动。因此,这是一种去总体的社会形态。卢卡奇认为,个人的现代性预设只是一种危机的征兆,现代社会个人的意识形态特征,只是掩饰了从日常生活中消失了的真正个人。我们由此可以发现,在卢卡奇的文化总体性理论中,异化理论与文化批判巧妙地结合起来。

马克思的异化理论原本是建立在对资本主义生产以及这种生产对雇佣劳动者的影响的基础上的,马克思没有明确提出这种生产的文化后果,即使有的话,这种文化后果也是含蓄的。因此,马克思的社会批判可以说基本上

---

[1] John E. Grumley, *History and Totality*, Routledge, New York, p.110.

与文化批判无涉。然而,卢卡奇却拓展了这种社会批判,他关注这种新的生产过程中内在的去人性化特征,并论证了它们如何产生于一种对同一性的追求。在他看来,资本主义社会中个人的异化与文化危机具有惊人的相似性。他认为劳动者一旦与其劳动对象之间的有机联系被割断,其劳动成果就不再是直接满足生产者的需要,由此产生了异化,这种异化就像以前的工匠失去其工作的意义是一样的。由此可见,卢卡奇的文化批评理论与马克思的雇佣劳动理论具有内在的一致性。卢卡奇对现代资本主义经济过程及其文化后果的关注,意味着他已经开始将文化异化看作资本主义全面异化的一个重要方面,直接影响了他后来的物化理论。卢卡奇与西美尔、韦伯等人一样,没有从现代资本主义社会的发展中看到希望。在他看来,资本主义社会的进步仅仅意味着非人性化的增加,以及社会文化客观性的增加,而这种变化就是象征着文化总体性的堕落。

尽管如此,卢卡奇依然保留了恢复总体性的乌托邦倾向。例如,他在《小说理论》中认为陀斯妥耶夫斯基的小说开创了现代小说的新纪元,并认为它是恢复文化总体性的现代史诗,"陀斯妥耶夫斯基并没有写小说,他作品里的创造性思想意识,无论是肯定地还是否定地,都与19世纪的欧洲浪漫主义无关,同样也与各种各样类似的浪漫派对他作品的反应无关。他属于新世界。"① 在卢卡奇看来,陀斯妥耶夫斯基就是现时代的荷马,他小说中的英雄不是通过一系列单独的冒险来创造他们的意义世界,而是直接与世界同一的。这种观点也得到了格瑞姆雷的赞同,后者曾经指出:"陀斯妥耶夫斯基的著作预言了一个不同的心灵之间真正的兄弟关系和真正的交往世界。"② 陀斯妥耶夫斯基的小说预言了一个史诗般的现代社会总体形态。

三、对文化总体的渴望

在《艺术哲学》和其他重要的论文中,卢卡奇提出了他用来克服文化危机的本体论方法。他把现代社会的异化现象解释为一种超历史的个人主体的生活问题。例如,他结合了西美尔的观点来探讨悲剧的世界观。他认为

---

① 卢卡奇:《卢卡奇早期文选》,张亮、吴勇立译,南京大学出版社,南京,2004年版,第115页。
② John E. Grumley, *History and Totality*, Routledge, New York, 1989, p.113.

从悲剧的视角来看,文化总体的理想在不断倒退,并转变为一种形而上学信仰的阴影,生命的困境仅仅存在于孤立和疏离的伦理学当中。在《心灵与形式》当中,卢卡奇引用西美尔的"心灵"与"形式"范畴来重构悲剧的世界观。他认为心灵与形式分别对应于"心灵生活"与"日常的生活",这两种生活是根本对立的,这是一种弥漫在整个人类经验中的悲剧的对立。根据上面的论述,卢卡奇的历史—社会学分析所强调的主体与客体之间的僵硬的对立,由此便成为一种对现实的二元论解释。卢卡奇将价值本质归于"心灵生活",将"日常生活"看作缺乏价值的生活,这种二元论解释强调了心灵的价值,但他并没有因此将日常生活消融于幻想当中。反过来,卢卡奇求助于形而上学的价值问题,以及他对日常生活的解释都是紧紧围绕着心灵的价值而展开的。对他来说,心灵就是一切本质的、真实的人类表现的创造原则,它是每个个人最深刻的核心和所有评价的基本源泉。

在一封给保罗·恩斯特(Paul Ernst)的信中,卢卡奇写道:"只有心灵能够拥有一个形而上学的实在。"① 他将心灵与一切有价值的人类创造活动的本质等同起来。卢卡奇认为,与提升价值的心灵活动相比,日常经验生活缺乏了真正的目的性与必然性,它只是由许多外在目的所支配,并永远不会直接达到确定的目的。卢卡奇的社会学分析,将日常生活等同于机械的过程和形式的领域,这个领域被看作是一个失去了其本质意义,并异化成为仅仅是惯例的领域。卢卡奇将日常生活描述为心灵生活的完全变形,认为它仅仅具有相对的价值。在他看来,只有心灵的生活,才是具有永恒意义的生活。但他同时认为,个人不可能永远生活在这种永恒的整体中,生活通常还要回到异化的、无意义的世界中。

对于卢卡奇来说,一种有心灵指导的生活,等同于个人真实性的实现。真实性需要将能力转化为事实,并通过一种独一无二的形式,将生活定型在一个个人选择的方向。在一个反对内在性发展的具体价值中,卢卡奇放弃了对主观目的和内省的轻易的满足。他关于人的实现的观念,需要在一种现存的价值及其强加的世界中作出选择,个人在现存的普遍价值之间进行选择,意味着真正的对象化超越,只能是主观内在的,这些对象化不会在个

---

① 卢卡奇:《卢卡奇早期文选》,张亮、吴勇立译,南京大学出版社,南京,2004年版,第190页。

人意义中耗尽，而是拥有一种普遍的人类相关性，因此对他人具有规范意义。这个观念也证实了卢卡奇的悲剧观念："自我最终的张力超越个人的一切。其力量将所有事物提升到命运的地位，但其与自我创造的命运之间的巨大斗争，使它变成某种超个人的东西，某种最终命运关系的一个象征。"①在卢卡奇看来，尽管生活领域中的矛盾永远无法超越，但真正的自我实现却需要它们的中介。

卢卡奇将形式理解为真正的主体与交互主体性领域联系的纽带。在他看来，形式履行着中介任务，在最广泛的意义上，形式在设计心灵的认识活动时，会考虑到对象化隐藏的潜能，由此，杂乱无章的物质生活，便由一个价值体系排列成为一个有意义的结构。每种形式意味着一种特殊的先验性，心灵通过它集中于一个单一的价值。卢卡奇反对黑格尔无所不包的、不可证明的绝对，并接收新康德主义关于价值领域不可还原的主张，他将形式看作一种超个人的、主体间性意义的唯一保证。因此，形式的概念使得他能够将真正的真实性与超个人价值联系起来。形式既使心灵同质化，同时还使调节性理念的普遍价值实体化：它是唯一完全与经验相关的自身以外的理想。

在《艺术哲学》中，卢卡奇认为，最能够表达资本主义时代忧郁现实的艺术作品是小说。在小说中，史诗所具有的生命总体性不再存在，因此，小说中生命意义的内在性值得怀疑。在卢卡奇看来，小说是史诗的对立面，"它（小说——引者注）的总体性所依赖的原则，并不属于史诗形式，因为这个总体性是建立在情绪和认识的基础之上，而不是建立在情节和主人公的基础之上，所以没有实现成为自为的完全和完整"②。小说的这种特征表明，它所反映的是碎片化的和不和谐的世界。然而，尽管如此，卢卡奇没有完全否定小说的价值。在他看来，小说通过对丧失的统一体的怀旧，或渴望一个新的统一体，来赋予自己以新的生命力。但卢卡奇同时认为，小说所寻求的总体是一个永远无法实现的目标。

---

① Georg Lukács, *Die Seele und die Formen*, Luchterland, Neuwied, 1971, p. 230；(trans.) *Soul and Form*, Merlin Press, London, 1974, p. 172；转引自 John E. Grumley, *History and Totality*, Routledge, New York, 1989, p. 115.

② 卢卡奇：《卢卡奇早期文选》，张亮、吴勇立译，南京大学出版社，南京，2004年版，第78页。

卢卡奇认为悲剧体现了人类生存的核心矛盾,因为通过悲剧,我们创造了精神生产的方法,但"原始意象无可挽回地失去了它们之于我们的自明性,我们的思想走在一条永远也无法彻底接近它的无止尽的路上"①。在他看来,现代人已经成为自己主观性的囚徒,没有任何从异化中得到解放的希望。正如马丁·杰所指出的:"现时代是一个'先验的、无家可归的'时代,生活在世界中的人被上帝抛弃。在这个世界中,第二自然(社会)经历了作为一个'长期死亡的阴森房子的内在性',与第一自然无条件地分开。人们将自己制造的环境理解为监狱而不是永久的家。"②马丁·杰的这个分析,很好地佐证了卢卡奇的观点,即人在现代世界已经完全异化。现代社会个人生存状况代表了一种真正的人类的悲剧观,它意味着现代社会中的每个个人都是居住在一个绝缘的、孤独的世界中的。尽管他们每个人都深刻地认识到了自己的孤独和异化特征,并意识到了内心情感交流的必要性,但即使交流也无法从根本上摆脱这种原子化和碎片化的生存状况。

但是,卢卡奇没有向他自己分析的悲剧结果屈服,他的系统美学探索了艺术救赎的可能性。在他看来,艺术家通过自己的艺术作品,再次使世界变得完整和谐:"在乔托(Giotto)、但丁……那里,世界又一次变得完整,变成了能尽收眼底的总体,深渊失去了它的实际深度所内在具有的威胁;它的全部黑暗成了纯粹的表面,毫不费力地适应了一个封闭的色彩统一体,而它并未因此丧失黑暗的力量;要求救赎的呐喊,变成了这个世界完美节奏体系里的不和谐音,因而提供了一个新的均势,其色彩和完美性与希腊人的均势——一种共同的不充分的异质强力的均势——相比也毫不逊色。"③卢卡奇这里指出了一般的艺术作品,是如何赋予孤立混乱的日常生活以完整意义的。在他看来,只有完美的文化创造,才可能从无意义的俗套以及疏远的客观过程中逃离出来。"一种可以被简单接受的整体不再被赋予艺术形式,因此,它们必须或者将任何待赋形之物进行压缩(verengen)、发挥,这样它们就可以承担这赋形之物,或者它们只能被迫辩论地阐明它们的必然客体对象的

---

① 卢卡奇:《卢卡奇早期文选》,张亮、吴勇立译,南京大学出版社,南京,2004年版,第8页。
② Martin Jay, *Marxism and Totality: The Adventures of a Concept from Lukács to Habermas*, University of California Press, California, 1984, p.95.
③ 卢卡奇:《卢卡奇早期文选》,张亮、吴勇立译,南京大学出版社,南京,2004年版,第12—13页。

不现实性，和它们惟一可能的内部无效性。在此种情况下，它们把世界结构的碎片化本质带进了形式的世界。"①在伟大的艺术作品中，人类能够超越异化和碎片化的状态，并期望一个永恒的价值世界。

艺术的永恒性，代表了真实的人类交流的可能性的一种形而上学保证。艺术作品的观念具有核心地位，是因为卢卡奇将艺术创造行为看作主体真实性的一种表达。艺术家将日常生活中混乱的经验制成一个有意义的整体，并通过有选择排列一些生命的无限可能性，来形成一个同质化的、自我封闭的世界。艺术的完美，意味着卢卡奇对创造者经验的净化，这是一个超越异化，并过渡到一个非世俗的普遍意义的世界的过程。伟大的作品体现了对生命清晰的解释，美学领域的独特性在于这种同质化的影响，其他规范的领域允许不协调。对卢卡奇来说，艺术作品的可能性依靠不协调的消除以及内容与形式之间完美的和谐来实现。艺术作品实现了黑格尔的具体总体观念，这不是一个抽象的普遍性，而是一个结构图式与和谐意义生命的材料之间的完美的整合。

卢卡奇根据形式而不是主体的经验内容来理解伟大艺术作品的普遍意义和永恒效力。但他同时指出："艺术无力承担这种变迁（指理想的现实化——引者注）：伟大史诗是与历史时刻的经验相系的一种形式，任何要把乌托邦作为存在来描写的尝试最后都必然破坏形式，而不能创造现实。"②因此，艺术潜在救赎力大体上是幻想的，艺术家并不比任何其他的人能够更加有效地逃离异化和疏远。尽管艺术可以短暂地超越这个世界，但无法彻底超越它。人的心灵对伟大艺术真正共享的希望是一个乌托邦——仅仅从产生它的异化世界中分离出来。事实上，这种分离在现实中是根本不可能的。正因为如此，卢卡奇认为艺术家创作艺术的目的只是为了逃避混乱的日常生活世界。艺术家将自己的内在主观性作为一种真实感情的交流完全倾入著作中，他也由此重新回到永久的孤立当中，并没有真正实现共享的愿望。

卢卡奇认为艺术无法真正传递主体的经验。随着艺术作品的完成，艺术家失去了对自己作品的自主作用，而艺术作品的形式则能产生情感的影

---

① 卢卡奇：《卢卡奇早期文选》，张亮、吴勇立译，南京大学出版社，南京，2004年版，第14页。
② 卢卡奇：《卢卡奇早期文选》，张亮、吴勇立译，南京大学出版社，南京，2004年版，第115页。

响力与号召力。卢卡奇认为,正是由于形式的内在力量唤起了接受者的主体经验。因此,卢卡奇得出结论——审美的效果不是来源于艺术家经验的交流,而是根据作品普遍性得来的各种"误解","误解"构成了审美经验。这样,人与人之间的交流与共鸣,在审美中仅仅是一种幻相,它仅仅反映了所有接受者主体性普遍的形式。因此,艺术既无法减轻日常生活的异化,也无法为心灵之间的交流提供真正的中介,甚至它关于救赎的诺言也是危险的。因为艺术仅仅使个人适应无法忍受的环境,既不能救赎他们,也无法改变这个环境。

第二节　作为马克思主义革命原则的总体范畴

当卢卡奇转变为一个马克思主义者之后,总体范畴成了他区别马克思主义与非马克思主义的重要标准。在他看来,总体范畴是马克思主义的核心范畴,它不仅仅体现在文化领域,也贯穿在马克思主义的历史观和实践论当中。

一、辩证的总体观:马克思主义中的黑格尔幽灵

卢卡奇将总体范畴看作马克思主义区别于其他理论的最重要标准。他在《历史与阶级意识》中指出:"总体范畴,整体对部分的全面的、决定性的统治地位(Herrschaft),是马克思取自黑格尔并独创性地改造成为一门全新科学的基础的方法的本质。"[①]由此可见,卢卡奇非常重视黑格尔哲学与马克思哲学之间的关联,尤其是在总体观方面。这也确立了总体范畴在卢卡奇哲学研究中的核心地位。事实上的确如此,马克思继承了黑格尔关于人与自然的关系,并将它改造为一种具有历史性的主客统一体结构。在黑格尔看来,康德将具有先验结构的主观图式作为具体现实的决定因素明显站不住脚,因为康德这种先验构造的主观图式只能适用于现象世界,而无法达到事物本身。因此,黑格尔对康德这种先验结构的主观图式进行了改造,将它改

---

① 卢卡奇:《历史与阶级意识》,杜智章等译,商务印书馆,北京,1992年版,第76页。

造为主客体相统一的精神实体。在黑格尔看来,"实体性自身既包含着共相(或普遍)或知识自身的直接性,也包含着存在或作为知识之对象的那种直接性"①。精神作为实体,它不仅仅是单纯的认识能力,它还可以通过自身的外化,将社会、历史、经验等要素包含在自身当中。这样一来,康德这种先验图式的缺陷就被克服了。黑格尔由此把精神实体看作一个自我创造的总体,一切现实都被他看作是这个总体的部分。黑格尔这个思想对马克思、卢卡奇等人的思想产生了直接的影响。

在《历史与阶级意识》中,卢卡奇引用了黑格尔关于"现实是总体的部分"的观点。在他看来,历史发展的整个过程就是一个总体,任何一个具体的历史时代都是作为总体的世界历史的一个部分。由此可见,卢卡奇的总体概念的基本含义之一就是世界历史。作为一个对马克思思想具有深刻理解的思想家,卢卡奇并不是没有批判地继承黑格尔的总体观念,他反对黑格尔对整个历史过程——世界历史作一种纯哲学的理解,尤其反对黑格尔把历史的内在动力归结为一种神秘的"世界精神"。在他看来,这种神秘的"世界精神"没有办法真正付诸具体的实践,因而它实际上是与历史无涉的。在此基础上,卢卡奇对黑格尔的历史总体进行了改造。他把无产阶级看作历史进步的统一力量,既赋予无产阶级以总体的内涵,又赋予其普遍的历史意义,无产阶级由此成为一个具有真正实践意义的历史总体。

卢卡奇通过对总体概念的这种改造,赋予了总体历史本体论的意义。在他看来,"只有马克思才有能力把实现被认识到的总体集中于和局限于历史过程的现实,并借此规定可认识的和必须认识的总体,从而具体地发现这种'作为主体的真实的东西',并借此确立理论和实践的统一"②。马克思把无产阶级看作历史总体,可以通过阶级当中自觉的个人的集体活动来创造历史的意义,从而赋予历史以一种本体论的意义。通过把无产阶级看作历史总体,卢卡奇提出了社会历史发展的目标,即通过消灭资本主义来创立一种新的社会制度——社会主义。总体的视角由此被赋予了历史实践的意义,它由资本主义的社会矛盾形成,并由其内部动力推动发展,这是对真正

---

① 黑格尔:《精神现象学》(上),贺麟、王玖兴译,商务印书馆,北京,1979年版,第10页。
② 卢卡奇:《历史与阶级意识》,杜智章等译,商务印书馆,北京,1992年版,第91页。

历史过程的一种理智的解释。卢卡奇这种把总体与阶级创造联系起来的理论视角,直接把总体与社会阶级的客观利益联系起来,这是总体实践意义的重要体现。

在卢卡奇看来,历史总体化的观念在《资本论》中仍然是黑格尔主义的。因此,他通过黑格尔的历史现象学来解读《资本论》,由此发现了马克思早期的异化理论(注意,这是先于1932年出版的马克思的1844手稿),并把它看作一种具有普遍意义的历史理论。在《历史与阶级意识》中,卢卡奇认为马克思创立了一种全新的辩证法,即历史总体的辩证法:"由于马克思把辩证法变成了历史过程本身的本质,因此这种思想运动同样也只是表现为整个历史运动的一部分。历史成了构成人的环境世界和内心世界,人力图从思想上、实践上和艺术上等等方面加以控制的各种对象性形式的历史。"①历史因此被赋予了普遍意义。但这种具有普遍意义的历史总体观又不同于相对主义的总体观,后者仅仅是把僵化不变的形式看作历史的真理。

卢卡奇认为,马克思辩证法的目的就在于把社会历史理解为一个总体。因此,辩证法是内在于历史的,而不是从外面强加到历史当中的。"在这种不可分的辩证统一中,阶级既是历史—辩证过程的原因,也是它的结果;既是历史—辩证过程的反映,也是它的动力。"②无产阶级就是辩证法与历史相统一的基础,总体性方法也是无产阶级优越于资产阶级的重要方面。在此基础上,卢卡奇进一步指出,"历史一方面主要是人自身活动的产物(当然迄今为止还是不自觉的),另一方面又是一连串的过程,人的活动形式,人对自我(对自然和对其他人)的关系就在这一连串过程中发生着彻底的变化"③。历史由此变成了真正关于人的历史,"在历史中再也不会有任何最终不能回溯到人,回溯到人与人的关系的东西"④。在马克思的历史辩证法当中,人与自然之间的关系,人与人之间的关系,最终都可以还原为人的世界结构,这是一种动态的关系总体,也是透视一切物化现象的唯一途径。

由于受西美尔和韦伯等人思想的影响,卢卡奇仍然根据一种对象化的

---

① 卢卡奇:《历史与阶级意识》,杜智章等译,商务印书馆,北京,1992年版,第278页。
② 卢卡奇:《历史与阶级意识》,杜智章等译,商务印书馆,北京,1992年版,第91页。
③ 卢卡奇:《历史与阶级意识》,杜智章等译,商务印书馆,北京,1992年版,第274—275页。
④ 卢卡奇:《历史与阶级意识》,杜智章等译,商务印书馆,北京,1992年版,第275页。

普遍理论来理解异化,并认为历史就是不断推翻形成人的生命形式的历史。这种历史对象化的普遍理论的意义在于,它能够解释一切社会历史活动形式。但它同时意味着主体及其理解的人造客体都是历史具体的,他们会随着实践的变化而不断变化。因此,人类历史通常是一种社会—历史的对象化。这种历史的对象化,通常以先前的历史发展为前提,并通过人类的生命活动不断改变社会历史,历史创造因此具有一种社会遗传的意义。总而言之,统一的历史过程通过其中各种因素的相互作用,不断拓宽了人类生存的可能性,也拓展了人类生存的意义。

卢卡奇由此重新强调马克思的异化理论的黑格尔主义色彩。在他看来,历史主客体之间相互作用的结果通常被看作是历史主体实践活动的产物,但这种结果常常难以与主体的主观意向达成一致,有时甚至背离了人的主观需要,这就是异化。卢卡奇认为,异化理论能够激起一种实践的立场,即无产阶级通过意识到自身的现状来唤起无产阶级总体化的实践。无产阶级由于继承了整个历史发展积累的成果,因而成了一个具有普遍意义的历史主体。无产阶级作为具有普遍意义的历史主体,是现代社会的首要阶级,而不是历史的客体和工具,它能够依靠历史的机遇来实现历史总体化的目标。因此,卢卡奇指出,充分自觉的无产阶级能够抓住历史的真理,并运用革命的手段推翻资本主义社会。但他同时认为,充分自觉的无产阶级作为历史的解放者,能够从事理论的归因功能。他与马克思一样,将无产阶级革命看作历史主客体相统一的过程,认为资产阶级创造了一种超越以往各种社会异化的客观条件和主观可能性。这个客观的条件就是资产阶级和无产阶级的矛盾不断加深,主观可能性就是无产阶级意识的形成,两个方面结合起来,就能够实现历史总体化的实践目标。

除了用来指称世界历史的过程,总体范畴在《历史与阶级意识》中还具有方法论方面的作用,如它把每个具体的社会看作一个总体。尽管像资本主义这样的社会还没有达到真正的总体状态,但我们仍然可以把它看作一个总体。正如格瑞姆雷所指出:"任何既定社会所有的社会关系和经济关系的综合构成一个矛盾的统一体——可设想为一个'否定的总体'。"[①]在卢卡

[①] John E. Grumley, *History and Totality*, Routledge, New York, 1989, p.133.

奇看来,经济关系产生并依赖于具体的社会关系,它们通常在社会生产中相互作用,相互转化,并不断进行着总体化的过程。卢卡奇这种总体化的观点实际上是把社会主义的意义归于从当前的社会矛盾来筹划历史,但这种意义仅仅是一种期望。

二、物化理论及其实践意义

卢卡奇认为,资产阶级运用实证主义方法歪曲并模糊了历史总体的真理,他用"物化"来指称资产阶级的这种历史解释方法。如他在《历史与阶级意识》中指出:"商品结构的本质已被多次强调指出过。它的基础是,人与人之间的关系获得了物的性质,并从而获得一种'幽灵般的对象性',这种对象性以其严格的、仿佛十全十美和合理的自律性(Eigengesetzlichkeit)掩盖着它的基本本质,即人与人之间的关系的所有痕迹。"[①]在卢卡奇看来,资产阶级采用"商品拜物教"的形式,把商品及其所包含的社会关系还原为一种貌似合理的"物"的关系,这就是物化。物化是资本主义社会特有的现象,这种现象的实质是用一种形式上合理的"物"的关系来掩盖了人与人之间真实的社会关系,物化渗透到资本主义社会生活的一切方面,它使得整个社会表现为一种"第二自然"。

卢卡奇认为,资产阶级科学由于把社会历史物化为永恒不变的"第二自然","历史被按照形式主义僵化了,这种形式主义不可能按照社会历史结构的真正本质把它们理解为人与人之间的关系;人们被推离了历史理解的真正起源,并用一条不可逾越的鸿沟被隔绝了起来。"[②]资产阶级科学因此无法真正认识社会历史及其发展规律。相反,马克思由于把社会历史的本质归结为一种以物为媒介的人与人之间的社会关系,从这种反映资本主义社会本质的社会关系出发,就能够正确地揭露资本主义社会的物化现象及其本质。卢卡奇把马克思的这种方法称为总体性的辩证方法,并认为这是认识具体的社会总体唯一正确的方法。正是在这个基础上,卢卡奇展开了对资本主义社会异化现象的具体分析。在他看来,资本主义生产活动的碎片化

---

① 卢卡奇:《历史与阶级意识》,杜智章等译,商务印书馆,北京,1992年版,第143—144页。
② 卢卡奇:《历史与阶级意识》,杜智章等译,商务印书馆,北京,1992年版,第101页。

对生产者产生了灾难性影响——由于生产者的劳动过程是根据独立于生产者需要的客观合理性准则来进行的,因此,生产者的作用就简化为一个总体生产机器上的一个部件。资本主义这种"合理化"的生产体系消灭了生产者的个人特性,并使他们不断失去以前属于工匠的工作技能意义。卢卡奇的这个分析得到了广泛的认可。如当代西方思想家格瑞姆雷也曾经指出:"这种对客观工作节奏和过程总的从属,加剧了工人与生产手段相分离的异化状况。重复的操作和机械性的任务,几乎完全忽视了个人的总体性人格。可计算的劳动,使得资本家可以不必雇佣整个活动的人,而只需要雇佣消耗掉的工人的体力。"①资本主义"合理"的生产过程打破了传统社会共同体的形象,个人被原子化为仅仅是生产中的一个工具,其情感、兴趣等非理性方面的特质完全被消除。

显然,卢卡奇的物化理论深受韦伯"形式合理性"思想的影响。正如他在《历史与阶级意识》中指出:"现代资本主义特有的东西是:在合理技术基础上的严格合理的劳动组织,没有一个地方是在这种结构不合理的国家制度内产生的,而且也决不可能在那里产生。"②在卢卡奇看来,量化与可计算性是资本主义生产"合理性"的根本特征,资本主义社会的目的是要在所有领域都实现这种形式上的合理性,因为只有这样,才能使资本主义制度显得永恒"合理"。为了论证这个观点,他甚至用官僚与法律的关系来说明现代资本主义社会形式合理性的物化现象。"在这里,法官像在具有合理法律的官僚国家中那样或多或少是一架法律条款自动机,人们在这架机器上面投进去案卷,再放入必要的费用,它从下面就吐出或多或少具有令人信服理由的判决;因此,法官行使职责至少大体上是可以计算出来的。"③由此可见,形式合理性的物化关系已经深深渗入到资本主义社会的一切生活领域。

在卢卡奇看来,物化虽然造成了人与人的本质的异化和分离,但它另一方面也具有直接的实践意义,即"工人认识到自己是商品,已经是一种实践的认识。就是说,这种认识使它所认识的客体发生了一种对象的、结构的变

---

① John E. Grumley, *History and Totality*, Routledge, New York, 1989, pp.135-136.
② 卢卡奇:《历史与阶级意识》,杜智章等译,商务印书馆,北京,1992年版,第159页。
③ 卢卡奇:《历史与阶级意识》,杜智章等译,商务印书馆,北京,1992年版,第159页。

化"①。也就是说,物化现象促使工人意识到自身总体性丧失的现实,并进而激起工人的反抗意识。卢卡奇把工人商品化的过程理解为现代个人精神的丧失过程,并认为这个过程决定着他们对客体性质的理解。社会似乎依赖于一种独立于人的新的"客观"规律来运行。卢卡奇认为,无产阶级不能仅仅停留在这种虚假的"客观"规律上,而是要通过揭露这种"客观"规律的虚假性,来达到革命的目的。因此,卢卡奇主张马克思主义必须放弃这种信念——认为社会主义革命是不可避免的信念,并从事揭露资本主义社会生活物化本质的任务。只有在认识到物化现象本质的基础上,无产阶级才能超越局部合理性的认识,进而认识到资本主义整体的非理性状况。也只有在这个基础上,资本主义被社会主义所取代才具有客观的可能性。正如格瑞姆雷所说:"从其内在社会—政治可能性的前景看,占统治地位的资产阶级总体那表面上的自主性和压迫的客观性消失了。一旦这个社会生产力内在的潜力被发现,它就成为可变革的。"②

卢卡奇认为,孤立的个人无法达到总体化的视角,而这种孤立的个人就是资产阶级认识社会历史的出发点。孤立的个人不是把社会理解为一个过程的总体,而是把它理解为一个没有任何联系的、自身封闭的单个体系。资产阶级科学运用抽象的方法,把社会局部的范围看作特殊科学的对象,并预设了不同领域碎片化"事实"的存在,因此,每门特殊学科都瓜分了社会总体的一个部分。卢卡奇认为资产阶级科学的这种方法本质上就是一种实证主义方法,它割裂了"事实"与总体之间的联系,使人只能看到局部"事实"而遗忘总体,因而无法揭露资本主义社会物化现象的本质,也无法得出关于个人总体性的任何认识。

在这个基础上,卢卡奇进一步指出,只有建立在历史基础上的实践关系才是揭露物化现象的关键。也就是说,为了发现资本主义社会过程的本质意义,必须抛弃沉思的观点,把碎片化的过程和现实存在的经验客体理解为一个生成的历史总体的部分。但资产阶级为了维护自己的阶级利益,不断制止其阶级成员采用这种总体的历史视角。然而,周期性的经济危机等问

---

① 卢卡奇:《历史与阶级意识》,杜智章等译,商务印书馆,北京,1992年版,第253页。
② John E. Grumley, *History and Totality*, Routledge, New York, 1989, p.137.

题却又促使资产阶级不得不面对总体问题。对于个人而言,资产阶级的"事实"是无法超越的,他们只能在不改变它们的结构的前提下来适应它们。这就意味着资本主义社会的永恒性。在卢卡奇看来,只有一种总体的视角,才能超越资产阶级孤立的"事实"知识。在他看来,资产阶级由于其非总体的立场,因而,无法认识社会历史的本质,当然也就无法克服物化。而无产阶级则相反,它拥有总体的视角,因而能够成为历史最终的代理人。

卢卡奇赋予历史总体化以一种实践的意义,并将无产阶级看作能够实现这种意义、具有自觉创造力的集体历史主体。他通过对资产阶级思想的二律背反的论证,得出结论:"无产阶级的自我认识同时也就是对社会本质的客观认识。追求无产阶级的阶级目标同时也就意味着自觉地实现社会的、客观的发展目标,这些目标如果它的自觉参与只能仍旧是抽象的可能性、客观的限制。"①也就是说,无产阶级意识到自己的存在,也就意味着现存的资本主义秩序瓦解的开始。尽管如此,卢卡奇并不认为无产阶级在当前的历史背景中,能够立即实现自己历史主体的地位,因为无产阶级在走向成熟的过程中,充满了阻碍和斗争。"无产阶级意识在变为实践时,只能给历史的辩证法迫使人们要作出抉择的事情注入生命,但决不能在实践中不顾历史的进程,把只不过是自己的愿望和认识强加给历史。因为无产阶级本身无非只是已被意识到的社会发展的矛盾。"②也就是说,无产阶级的意识必须符合历史的进程,否则,其革命的实践无法取得成功。

三、阶级意识

卢卡奇认为,在认识到资本主义社会物化的本质之后,无产阶级就会形成一种克服这种物化现象的统一的阶级意识。但阶级意识既不是组成阶级的成员的思想总和,也不是它们的平均值,"而是变成为意识的对阶级历史地位的感觉"③。然而,令人遗憾的是,在马克思自己的努力失败后,这种阶级意识理论就渐渐被人们所遗忘。"正统派"采用了经济决定论的观点,几乎完全排斥了阶级意识的作用,认为无产阶级经济需求的扩大将自动转化

---

① 卢卡奇:《历史与阶级意识》,杜智章等译,商务印书馆,北京,1992年版,第228页。
② 卢卡奇:《历史与阶级意识》,杜智章等译,商务印书馆,北京,1992年版,第264页。
③ 卢卡奇:《历史与阶级意识》,杜智章等译,商务印书馆,北京,1992年版,第133页。

为革命的政治斗争和阶级斗争。卢卡奇坚决反对这种观点,他把社会主义设想为一种社会结构总体的根本变化,并认为这是用一种自由自主的活动和一种集体文化总体来取代野蛮的、自由的经济统治的过程。尽管如此,卢卡奇并没有完全抛弃社会民主党,他想去证明从前工人运动的成功是建立在其代表无产阶级直接利益的基础上的,即为了工资和劳动条件而斗争。他的物化理论解释了无产阶级及其个人无法觉醒的原因,即看起来不可动摇的资产阶级制度,以及日常经验物化的、碎片化的特征,隐藏了经济条件和巩固它们的政治关系之间潜在的结构联系。工人沉浸在他们自己当下的利益中,尤其是为争取工资和劳动条件的利益中,从而失去自己的阶级意识。由此可见,阶级意识承担了两个方面的重要功能,即它一方面解释了无产阶级独一无二的历史地位,另一方面将其经济斗争与当代政治斗争的直接利益联系起来,这种联系将无产阶级提高到一个真正历史主体的地位。在卢卡奇看来,阶级意识的获得是无产阶级革命的一个前提条件,因为它将引导无产阶级在政治方面走向成熟,并最终实现无产阶级伟大的历史使命。

根据卢卡奇的阶级意识理论,历史被理解为一个自我总体化的过程。卢卡奇由此拒绝将现实的社会关系"自然化",他把现实的社会关系理解为与社会实践联系起来的动态历史过程的一个片段。"辩证法不允许我们停留在简单地断定这种意识的'虚假性',停留在把真和假绝对地对立起来,而是要求我们把这种'虚假的'意识当作它所隶属的那个历史总体的一个因素,当作它在其中起作用的那个历史过程的一个阶段,加以具体地研究。"①因此,必须运用辩证的观点来理解阶级意识,才能使阶级意识与历史的发展状况联系起来。

卢卡奇反对把经验意识看作衡量社会进步的标准。在他看来,自发的个人意识或大众意识只能产生于一种既定的社会实践当中,它们无法论证那个既定社会的合理性。单个工人当下的改良意识,是对物化了的、看起来"自然的"资本主义生产关系一种自发的反应。这固然是一种历史内在性的准则,然而,从更高的历史内在总体化的立场来看,这种"必然的"主观意识由于无法反映其所处的社会关系的本质,因而完全不符合社会历史发展的

---

① 卢卡奇:《历史与阶级意识》,杜智章等译,商务印书馆,北京,1992年版,第103页。

真实状况。卢卡奇对经验意识这种辩证的理解,使得他能够提供一种经验意识无法达到的主体的意向目标。如果没有真正理解历史决定力量及其意向目标,那么,经验意识就只能相信历史就是自己当下所追求的目的。因此,经验意识无法把握其客体真实的历史意义。正因为如此,卢卡奇引入了赋予的阶级意识的观念。

在卢卡奇看来,赋予的阶级意识是一种真正的历史唯物主义建构,它用一种历史的标准来反对具有特殊历史意义阶级的经验意识。赋予的阶级意识由一种理解为过程的社会总体所产生,"将意识与社会整体联系起来,就能认识人们在特定生活状况中,可能具有的那些思想、情感等等;如果对这种状况以及从中产生的各种利益能够联系到它们对直接行动以及整个社会结构的影响予以完全把握,就能认识与客观状况相符的思想和情感等等。"①这种构成主义的阶级意识概念既不是从经验中,也不是从心理学内容中推论出来的,而是从与总的历史过程相关的、客观上归于真正利益的观点中推论出来的。在卢卡奇看来,只有很少的客观形式是由存在于既定的社会生产组织所决定,赋予的阶级意识是由与社会经济结构典型地位相适应的理性产生的。

自发的经验意识与赋予的阶级意识的区分,使得卢卡奇提出了客观可能性的思想。在他看来,"正是这种分裂提供了理解阶级意识的途径"②。无产阶级的阶级意识就是无产阶级对自己阶级历史地位的感觉,是实现历史目标的决定因素。"只有当阶级意识达到那样的阶段,即马克思描写的理论和实践的真正统一,阶级意识真正和实际的介入历史进程,以及因而实际洞察到物化,这一切实际上都已实现了的时候,空想主义才能算是被克服了。"③因此,"关于阶级意识的客观理论是关于它的客观可能性的理论"④。在卢卡奇看来,只有无产阶级的阶级意识,才能真正为摆脱资本主义的危机提供可能性。以前具有重要历史意义的阶级无法达到他们自己赋予的阶级意识,只有无产阶级才能在原则上能够,并在实践上需要去实现其阶级意识。

---

① 卢卡奇:《历史与阶级意识》,杜智章等译,商务印书馆,北京,1992年版,第104页。
② 卢卡奇:《历史与阶级意识》,杜智章等译,商务印书馆,北京,1992年版,第133页。
③ 卢卡奇:《历史与阶级意识》,杜智章等译,商务印书馆,北京,1992年版,第139页。
④ 卢卡奇:《历史与阶级意识》,杜智章等译,商务印书馆,北京,1992年版,第141页。

卢卡奇认为,资本主义作为一种新的社会生产方式,它产生了一种比以往各种社会具有更大凝聚力的社会政治—经济结构,在这种结构当中,局部领域围绕自己的经济目的日益表现出一种自主性。原来的封建的农民由于失去了生产资料,不得不以出卖自己的劳动力来维持生存,这些人最终变成了被资本家雇佣的工人。由于"失去了它们传统的'自然的'表现,这些关系最终被理解并被论述为纯粹的经济范畴:个人被社会设定为雇佣工人和资本家"①。当工人洞察到资本主义生产的经济目的时,无产阶级的阶级意识才有可能形成,无产阶级的解放才具有一种客观的可能性。

阶级意识与历史解放的关系问题,只是到了资本主义社会才变得清晰起来。因此,卢卡奇认为,"在任何一个前资本主义社会中,阶级利益不可能以十分清晰的(经济的)形式表现出来,……只有资产阶级的统治才使社会划分为纯粹的独一无二的阶级这样一种社会制度成为可能"②。只有在资本主义社会,只有从无产阶级和资产阶级存在的条件出发,阶级意识才有可能被意识到,历史的解放才具有真正的可能性。

法国革命后,资产阶级由于取得了现代社会的领导权,其阶级意识表现在人权的意识形态中,这种阶级意识使得早期的资产阶级成为一种历史进步的力量。但卢卡奇认为,资产阶级的这种历史进步的假象随着无产阶级的出现而被揭露出来,"资产阶级的这一悲剧在历史上表现为当它还没有打败它的前人,即封建主义的时候,它的新敌人——无产阶级出现了;这一悲剧在政治上的表现形式则是,用'自由'的名义进行的反对社会等级制组织的斗争在取得胜利的时刻,就必然变为一种新的压迫"③。因此,一旦资产阶级的统治地位得到巩固和加强,资产阶级的阶级意识就成为社会进一步发展的束缚。"资产阶级试图从理论上将资本主义社会解释为建立在孤立个人的基础上的。生产的私人占有无法适应资本内在的、潜在的社会维度。因此,资本主义社会的历史发展,对资产阶级而言,经常呈现为一种外在的、不可控制的、准自然的客观现实。"④这种内在的矛盾,使得资产阶级无法认

---

① John E. Grumley, *History and Totality*, Routledge, New York, 1989, p. 142.
② 卢卡奇:《历史与阶级意识》,杜智章等译,商务印书馆,北京,1992年版,第109—110页。
③ 卢卡奇:《历史与阶级意识》,杜智章等译,商务印书馆,北京,1992年版,第118页。
④ John E. Grumley, *History and Totality*, Routledge, New York, 1989, p. 141.

识真正的社会总体。正因为如此,卢卡奇指出,资本就是资本主义的真正限制,它意味着资产阶级的自我否定。"这样一来,资本主义生产的客观限制也就变成了资产阶级阶级意识的限制。"①在卢卡奇看来,资本主义生产所产生的客观限制,并不是资本主义社会的主要威胁,资本主义社会真正的威胁来自无产阶级的日益成熟,由此产生了能够克服资产阶级意识的无产阶级意识。从无产阶级首次试图争夺现代社会的领导权开始,资产阶级理论已经沦为一种虚伪的意识,它已经蜕化成为一种试图掩盖矛盾的辩护体系。

卢卡奇认为资产阶级注定是一个没有前途的阶级,因为它是在自己的堕落中来组织社会生产的。但是,资产阶级的悲剧对无产阶级来说,具有完全不同的意义。"无产阶级和其他阶级的区别就在于,它不拘泥于历史的个别事件,并不单纯是受它们所驱使的,而是自己就构成了推动力量的本质,对社会发展过程的核心起决定性的影响。"②资本主义组织生产的这种方式意味着工人开始摆脱孤立的个人状态,从而形成作为整体的无产阶级,这种重大变化使得它能够超越物化意识,并形成自己的阶级意识。由此可见,无产阶级的阶级意识是一种产生于资本主义社会的阶级意识,也是一种社会强加给无产阶级的实践命令,是自觉走向一个更加人性化的社会必不可少的前提条件。

四、总体与物化的消除

卢卡奇认为,随着无产阶级生活条件的改善,无产阶级与资产阶级一样成了物化的囚徒,物化将其认识限制在资本主义社会的事实范围之内,无产阶级逐渐失去了对现存社会制度的怀疑和批判,从而丧失了作为一个主要社会阶级的阶级意识。在卢卡奇看来,由于当前的利益将无产阶级局限在经济"事实"的世界当中,从而遮蔽了无产阶级从总体上认识历史的可能性,无产阶级当前的利益与其最终的历史目标之间的对立客观上需要一种总体的视角来揭示。因此,卢卡奇指出:"只有在当前利益被结合到一个总的观点中,并与这个过程的最终目标相关时,它们才变成革命的,具体指向资本

---

① 卢卡奇:《历史与阶级意识》,杜智章等译,商务印书馆,北京,1992年版,第121页。
② 卢卡奇:《历史与阶级意识》,杜智章等译,商务印书馆,北京,1992年版,第127页。

主义社会,并有意识地超出资本主义社会的限制。"①尽管如此,卢卡奇仍然将无产阶级的阶级意识看作社会发展的动力。因此,对于无产阶级来说,真正的挑战就是主体自觉的程度,因为它要求将当前利益和历史目标结合起来。但卢卡奇仍然没有忽视客观因素的意义,他在《阶级意识》一文中就把消解资产阶级物化的重要作用归于客观因素。在他看来,资本主义周期性的经济危机削弱了资本主义自主的市场体系的功能。

卢卡奇认为,被剥削的处境使得无产阶级开始怀疑资本主义生产关系的公正性,并由此产生了一种超越资本主义社会的主观意识。随着这种意识的增强,一种真正自觉的无产阶级意识开始形成,无产阶级意识的形成意味着超越资本主义成为一种可能的现实计划。在《物化和无产阶级》中,卢卡奇再次强调阶级意识主观维度的重要性:"无产阶级的自我认识同时也就是对社会本质的客观认识。追求无产阶级的阶级目标同时也就是意味着自觉地实现社会的、客观的发展目标,这些目标如果没有它的自觉参与只能仍旧是抽象的可能性、客观的限制。"②卢卡奇之所以要再次强调阶级意识的主观维度,是为了突出无产阶级意识的实践功能,即无产阶级阶级意识这种主观维度将把无产阶级提升为一种自觉的革命主体。

卢卡奇的阶级意识是建立在马克思主义的异化理论基础之上的。由于资本主义制度是建立在劳动力成为商品的基础上,单个工人因此被简化为仅仅是一个客体,其劳动力只是整个资本主义生产机器的一个部分,从而失去了劳动力原本具有的人性特征。因此,资本主义制度消除了工人的主体意义。但在卢卡奇看来,资本主义商品生产尽管导致了人的劳动力与其主体性之间发生了一种根本的分离——这是资本主义物化现象的一个普遍特征,但劳动力质的维度仍然没有被完全消除。对这种物化现象的无意识则是形成无产阶级的阶级意识的主要障碍。

卢卡奇通过强调马克思主义的历史维度来将它与以往各种人道主义区别开来。在他看来,以往各种人道主义是建立在抽象人性论的基础上,它们仅仅是把人的问题复杂化,并没有真正解决人道主义的问题。而马克思主

---

① 转引自 John E. Grumley, *History and Totality*, Routledge, New York, 1989, p.145.
② 卢卡奇:《历史与阶级意识》,杜智章等译,商务印书馆,北京,1992年版,第228页。

义则是建立在历史化的人性的基础之上,它通过把人与非人化看作资本主义现实中相互对立的两个方面,通过它们之间的辩证运动来解决人的异化问题。在资本主义社会中,无产阶级一方面是非人化的客体,另一方面又表现为一种虚假的主体,无产阶级这种辩证统一关系是人类走向解放的辩证法基础。

在分析商品生产的特性时,卢卡奇把资本主义的商品生产和前资本主义的社会生产进行了对比。他认为在资本主义以前的各种社会中,生产者的劳动更主要是为了生产使用价值以直接满足社会的需要,因此,生产者的劳动主要是一个自然赋予的社会活动。资本主义社会则不同,它构造出其劳动没有直接社会意义的孤立的个人,这种孤立的个人是具有自由出卖自己劳动力的主体,但他同时被劳动分工化约为一个有生命的客体。卢卡奇将这种由劳动分工所造成的主客体的分裂看作是"商品自主意识"的历史起源——商品由此成了社会的真正主体,资本主义被这种商品的自主意识所渗透。为此,卢卡奇指出:"只有无产阶级的自觉意识才能使人类免遭灾祸。当最后的经济危机击中资本主义时,革命的命运(以及与此相关联的是人类的命运)要取决于无产阶级在意识形态上的成熟程度,即取决于它的阶级意识。"① 只有形成自觉的无产阶级的阶级意识,才能真正揭示资本主义的社会本质,并最终实现其解放潜力。

卢卡奇将无产阶级看作未来总体化潜在的承担者,并强调这个决定性认识的必要性。他在无产阶级的客观形势中寻找社会发展的动力,并为这种动力提供了一种比较合理的解释,即这种动力的核心是无产阶级反对资产阶级的剥削的斗争。然而,启发无产阶级意识的过程又不可避免地淡化了最初发动斗争的原因。因为自马克思逝世后,工会的教育活动和文化活动成为表现无产阶级被压迫的主体性的最重要形式。以至于后来在面对资产阶级社会巨大的政治变化时,作为无产阶级意识的历史辩证法突然消失了,卢卡奇的这个观点似乎让人无法理解。其实不然,正如格瑞姆雷所指出:"卢卡奇从来没有真正理解工人阶级适应现存的资本主义社会的程度,

---

① 卢卡奇:《历史与阶级意识》,杜智章等译,商务印书馆,北京,1992年版,第129页。

也没有理解他自己理论的限度。"①客观地说,卢卡奇关于无产阶级意识和未来总体化的思想是不完善的。随着经济危机和战后无产阶级不安情绪的普遍缓和,资产阶级社会无法为无产阶级革命提供主客观条件。因此,卢卡奇内心也在质疑这种阶级意识的革命作用。

如何才能克服物化?这是卢卡奇关于"阶级意识危机"的核心问题,但卢卡奇没有真正阐释清楚这个问题。他自己在后来的反思中,也看到了这个方面,如他在《历史与阶级意识》1967年的新版导言中指出了这个问题,即自己混淆了对象化和异化概念,"《历史与阶级意识》跟在黑格尔后面,也将异化等同于对象化(Vergegenständlichung,用马克思在《经济学哲学手稿》中所使用的术语)。这个根本的和严重的错误对《历史与阶级意识》的成功肯定起了极大的作用。"②尽管如此,他同时认为自己的意图与黑格尔的意图是根本对立的,"因为当我将异化等同于对象化时,我是将它看作一种社会范畴——社会主义将最终消除异化——但是,尽管如此,由于它在阶级社会中的不能消除的存在,特别由于它的哲学基础,它就同'人类状况'的说法相去不远了"③。只有弄清了异化与对象化的区别之后,才能够真正地理解异化及其表现形式。

卢卡奇同时认为,将无产阶级看作历史同一的主客体,不是一种唯物主义对唯心主义的克服,而是"一种想比黑格尔更加黑格尔的尝试,是大胆凌驾于一切现实之上,在客观上试图超越大师本身"④。尽管这个理解有点夸大其词,但它并非没有道理。例如,他的历史总体化理论预设了物化是任何人类实践都无法消除的一个现象,尽管他将"合理化"当作资本主义社会异化的主要表现,并试图求助于改装过的黑格尔关于同一的主客体来消除这种异化。实际上,他的这种历史总体化的理论只能在思想中消除人的异化,无法真正付诸实践。

异化、对象化以及物化概念的混淆,对卢卡奇的总体概念具有重大影响。他通过把无产阶级看作历史同一的主客体,由此来描述一种历史的革

---

① John E. Grumley, *History and Totality*, Routledge, New York, 1989, p.149.
② 卢卡奇:《历史与阶级意识》,杜智章等译,商务印书馆,北京,1992年版,第19页。
③ 卢卡奇:《历史与阶级意识》,杜智章等译,商务印书馆,北京,1992年版,第19页。
④ 卢卡奇:《历史与阶级意识》,杜智章等译,商务印书馆,北京,1992年版,第18页。

命,从而将黑格尔主义转化为一种历史的形而上学实践,并认为整个历史的意义都要依赖于它,这显然是一种脱离实际的空想。此外,他根据黑格尔主义把"总体"设想为一种当前的总体化过程,这个过程将在未来某个时间达到一个完善的终点,这就把历史解放理解为一个的封闭的过程,其实质是窒息了历史的解放。当然,这样一种解放的神话明显是远离现实的。另外,他把无产阶级设想为历史的形而上学的主体,是为了从哲学上支撑他所找到的具体历史发展的动力,赋予的阶级意识观念只不过是他渴望革命的理智的反映。所以,总的看来,卢卡奇的历史总体理论是一种哲学的抽象,缺乏真正的现实性。正如格瑞姆雷所说:"这种理论的抽象被强加于无产阶级意识之上,而不是表达其真正的需要和具体的渴望。"[1]因此,开放的、实践的历史总体化过程被卢卡奇封闭的总体观念所遮蔽。

综上所述,卢卡奇的总体观念陷入空想的根本原因,就在于他认为自己能够把黑格尔的总体观念从神学中解放出来,成为真正的实践目标和实践对象。然而,一方面由于无产阶级不是一种精神,它是一个经验的、社会学的现实,至少拥有同时成为实践主体和客体的潜能;另一方面,卢卡奇又将辩证法限定在社会历史领域,表明了他对形而上学的极度不信任。因此,总体与无产阶级之间缺乏有效沟通的中介,这也就注定了卢卡奇的总体理论无法真正超越他的前辈。

小 结

卢卡奇在人文主义总体观的基础上,指出现代文化的客观化和合理化是在不断摧毁完整的社会有机整体,是对完整生命意义的剥夺。在他看来,哲学是从希腊早期的总体性文化中堕落出来的东西,是文化共同体分裂的象征。早期希腊的史诗最能代表总体性的文化,在史诗当中,本质与现象、内容与形式等没有区分,它们共同构成了一个完全同质的总体世界。随着文化发展到戏剧形式,本质与现象、内容与形式、过去与将来开始出现分野,

---

[1] John E. Grumley, *History and Totality*, Routledge, New York, 1989, p.151.

这也意味着史诗总体的分裂。发展到现代的小说阶段,史诗的总体文化特征进一步异化,它试图用一些抽象的词和概念体系,来建构一种幻想的总体,因此,小说的总体是完全异化的总体,它无法达到与既定的社会同一的目的。在卢卡奇看来,从史诗到戏剧,再到小说,这个过程象征着总体性文化的不断分裂和异化,这种分裂和异化的状况,在现代资本主义社会达到了一个顶峰。现代小说完全丧失了文化共同体的价值,它无法反映既定的经验世界。卢卡奇通过文化总体性堕落的分析,得出了关于人的异化的理论,这与马克思从政治经济学批判着手所得出的资本主义社会中人的异化的理论十分接近。

在卢卡奇看来,资本主义社会的进步仅仅意味着非人性化的增加,这是与完整的人格背道而驰的。因此,无法从中看到恢复那种文化共同体的任何希望。尽管如此,卢卡奇依然没有失去对于一种文化总体的渴望。在他看来,艺术可以为人类提供这种总体文化的乌托邦。在《心灵与形式》中,他认为心灵能够提供一种形而上的价值,具有永恒的意义。但是,它远离了日常的现实生活。在他看来,最能够表达资本主义时代忧郁现实的艺术作品是小说,因为在小说中,生命的总体性不再存在,其形式表明,它所反映的是碎片化的和不和谐的世界。但是,卢卡奇认为,小说通过对丧失的统一体的怀旧,或渴望一个新的统一体,重新获得新的生命力。因此,在某种意义上来说,小说也是在寻求总体,尽管它永远无法实现。

当卢卡奇转化为一个马克思主义者之后,总体性观点成了他区别马克思主义与非马克思主义的重要原则。在他看来,总体性范畴是马克思主义的核心范畴,它不仅局限在文化的领域,而且也贯穿在马克思主义关于历史和实践的领域。在《历史与阶级意识》中,他认为总体范畴是马克思从黑格尔那里继承下来的最重要的思想,也是马克思主义科学性的本质和基础。他用黑格尔的方法来解释社会历史,认为历史是一个过程的总体,任何具体的历史都是这个历史总体的部分。在他看来,辩证法是内在于历史总体的,马克思主义的辩证法就是把历史理解为一个总体。卢卡奇认为,资产阶级试图运用实证主义方法,来歪曲并模糊这种历史总体的真理,卢卡奇称资产阶级的这种历史解释方法为"物化"。"物化"用一种物的形式,掩盖了资本主义商品生产当中人与人之间的关系,这种方法渗透到了资本主义社会生活的一切方面。"物化"使工人也沦为资本主义社会生产中的一个物,一个生产的构成要素,它造成了人格的严重异化和分裂。但是,卢卡奇认为,"物化"的现实具有直接的实践意义,它促使工人阶级认识到自己是物,是商品,从而进一步认识到资本主义社会的本质。同时,它也促使无产阶级认识到自己的使命就是消除"物化",消灭产生这种物化的根源。"物化"的意识促使无产阶级形成自己的阶级意识,从而为实现历史总体准备了主体——无产阶级。无产阶级只有在充分意识到自己的阶级地位的基础上,才能同时成为历史的主体和客体,才有可能实现历史的总体,最终达到消除"物化"的状况。

卢卡奇这种主客同一的历史总体观实质上是把马克思主义黑格尔化,他试图通过设定一种历史同一的主客体——无产阶级,来实现历史总体的目标。他实际上没有意识到这种理智设定的历史同一的主客体仅仅是一种抽象思维的产物,他却把它看作了一个具体的实践目标和对象,这就注定了他的历史总体只能以失败而告终。

第五章
批判的马克思主义总体观

自从卢卡奇提出恢复总体范畴在马克思主义当中的核心地位以来,总体范畴就成为西方马克思主义争论的核心话题之一。柯尔施、葛兰西、布洛赫等早期西方马克思主义者基本上都是站在肯定的立场上来拓展卢卡奇的总体观的。但是,以霍克海默、阿多尔诺、马尔库塞等为代表的法兰克福学派和以萨特、梅洛·庞蒂等为代表的存在主义,则主要是从批判的立场对马克思主义的总体范畴进行阐述的。本章通过考察霍克海默、阿多尔诺、马尔库塞、萨特等人的总体范畴,来展现西方马克思主义对总体范畴的批判视角。

第一节 霍克海默批判的总体观

法兰克福学派认为,人是哲学研究的核心问题。人类的解放、个人本质的实现、个人的自由和解放等问题,成为法兰克福学派研究的基本问题。而所有这些问题的解决必须依赖一定的社会条件,因而找到解决这些问题所依赖的社会条件,使人们认识到社会现实不公正的根源,进而促使人们去追求公正合理的社会,并最终使人类获得解放,就成为法兰克福学派的根本使命。也正因为如此,法兰克福学派思想家往往把自己的哲学理论称为社会批判理论。

一、批判视角的开启

法兰克福学派思想家之所以把自己的理论称为"批判理论",主要是因为他们普遍借助于马克思主义,尤其是借助于马克思的异化理论和政治经济学的批判方法来批判当代资本主义社会的现实。例如,霍克海默就曾多次表示,他所创立的批判理论是针对具体的社会现实而言的,目的在于解决现实的社会问题。由于二战前后的社会历史发生了巨大的变化,因此,二战前后的批判理论具有很大的差别。

霍克海默的批判理论表现出巨大的兼容性,他把康德、黑格尔、马克思等思想家的思想结合在自己的理论中,形成了独具特色的批判理论。在霍克海默看来,批判理论所要解决的核心问题是从社会关系的发展历史来考察人的命运,因此,批判理论应该是一门跨学科的、多维度的社会哲学。霍克海默认为,他的批判理论研究的主要目的就在于解决现实社会的危机,在于寻找克服现实社会中不合理现象的方案。由于马克思主义理论也具有这种特征,因而霍克海默就将自己看作是马克思主义的同路人,即他认为自己的批判理论和马克思主义理论一样,都是从理论的层面批判资本主义社会的不合理性,都是针对资本主义社会的现实问题而言的。在他看来,批判理论不是为了建构任何理论体系,其根本目的就是要批判现实的社会问题。

在法兰克福研究所成立的最初阶段,其理论研究几乎没有出现任何危机。费里克斯·韦尔(Felix Weil)在1922年9月研究所创立备忘录中,将研究所的目标确立为"从总体上来认识和理解社会生活"①。因此,这个时候的法兰克福研究所在关于总体的观念上,基本上没有突破传统马克思主义的视角,卢卡奇等人所主张的对社会进行整体认识的观点基本上被研究所接受。但这种总体研究的视角随着霍克海默的上台而发生了根本变化。

在1931年的就职典礼上,霍克海默指出,社会哲学不仅仅是一门像社会学那样的特殊学科,它还继承了传统哲学想要认识整体的冲动。因此,社会哲学既不是一种纯粹的理论哲学,也不是一门经验学科,而是对两者的综合和超越。也就是说,社会哲学应该要从哲学、社会学等方面,对资本主义社会进行综合性研究,其最终目标是对作为社会成员的个人的命运作出哲学解释。霍克海默认为,社会哲学研究的主要领域是社会经济结构、个人心理

---

① Paul Kluke, *Die Stiftungsuniversität Frankfurt am Main 1914-1932*, Waldemar Kramer Frankfurt/Main, 1972, p.489;转引自 Martin Jay, *Marxism and Totality: The Adventures of a Concept from Lukács to Habermas*, University of California Press, California, 1984, p.198.

发展和文化现象,以及它们之间的相互关系等。由此可见,霍克海默一开始就指明了批判理论的基本方向,即批判理论是对哲学与经验社会学的综合研究。霍克海默试图运用这种总体性的哲学来反对资产阶级社会科学的片面性和虚假性,因为在他看来,资产阶级社会科学在当代已经被肢解为一系列孤立的学科,它们的研究结果无法为人们提供任何关于社会的总体性观念,因而失去了任何正确描述整个社会发展的可能性。黑格尔的历史哲学尽管为描述这种整体性的社会发展提供了可能性,但局限于它的唯心主义立场,黑格尔关于社会历史总体性的观念仅仅停留在哲学的思辨当中,而不是从对具体的社会现实的研究中得出来的。

1932年,霍克海默在《社会研究杂志》创刊号序言中,明确指出了社会哲学的目的,即从总体上把握社会过程,把握隐藏在社会现象背后的社会规律。他宣称:"经验研究和理论分析的综合问题,只能由一种哲学解决,它与普遍的本质相关,通过刺激的冲动提供各自研究的范围,尽管它本身仍然足够开放,被进步的具体研究所强制和改变。"①也就是说,社会哲学一方面必须继承传统哲学的总体观念,另一方面,也要关注现实社会的经验生活,要将这两个方面结合起来。尽管社会哲学对传统哲学与经验生活的综合存在巨大的困难,霍克海默也明显意识到了这个困难,但他仍然坚持研究所应该创造属于自己的总体,这个总体就是研究所这个学术共同体的批判精神。

其实,霍克海默的社会哲学是对卢卡奇、柯尔施等西方马克思主义者思想的批判继承,它借助于马克思政治经济学批判中的观点和方法,来认识社会现实的本质,进而达到对社会现实的批判,并为新的社会实践作准备。尽管霍克海默不愿抛弃马克思主义关于经济首要性的观点,但他仍然将总体范畴当作经济主义的解毒剂。在他看来,"经济主义(批判理论通常被简单化为经济主义)并不在于它对经济过度重视,而是在于它给经济提供的范围过于狭窄。批判理论关注的是作为一个整体的社会,但这种广泛的视野却被经济主义所忽视,而有限的现象被经济主义当作最终的裁决。"②也就是

---

① Max Horkheimer, Die Gegenwärtige Lage der Sozialphilosophie und die Aufgaben eines Instituts für Sozialforschung, *Frankfurter Universitätsreden* 37, January, 1931;转引自 Martin Jay, *Marxism and Totality: The Adventures of a Concept from Lukács to Habermas*, University of California Press, California, 1984, p.199.

② 马克斯·霍克海默:《批判理论》,李小兵等译,重庆出版社,重庆,1989年版,第235页。

说，社会哲学是一种批判理论，是一种关于社会整体的理论，而不是一种狭隘的经济主义。

霍克海默与卢卡奇一样批判实证主义拜物教孤立地、非中介地认识事物，他认为这是一种典型的非总体性观点。在他看来，认识社会历史的科学方法应该是一种总体性的辩证方法。他在《批判理论》中指出："辩证法也极其仔细地搜罗经验材料。如果经过辩证思想的处理，那些孤立的事实的累积就能成为十分深刻的东西。在辩证的理论中，这些个别的事实总出现在每个概念并试图从总体上反映实在的确定的联系之中。"[1]为了反对实证主义对形而上学总体性观念的批判，他引用黑格尔的名言——"真理是整体"进行反驳。在霍克海默看来，尽管形而上学错误地把世界看作一个规范的总体，并将这个总体当作真正的现实，但他仍然认为形而上学比实证主义更加合理，因为形而上学坚持的是一种总体的视角，而实证主义坚持的则是单一的理性主义视角。

卢卡奇认为总体是一个非经验的范畴，任何试图将它理解为一个经验的集合体的观点，都是在寻求黑格尔批判的"恶无限"。霍克海默不赞同卢卡奇的观点，他认为在不失去其总体性视角的情况下，一种总体化的社会研究可以考虑经验材料。也就是说，霍克海默认为总体与经验不是根本对立的。批判理论所研究的总体不仅可以，而且必须兼容经验的社会要素。在论述这种包含经验要素的社会总体时，霍克海默着重强调了中介的作用。他认为通过中介的辩证法，就可以同时从现象和本质两个方面把握社会现实，即从总体上把握社会。因此，霍克海默的社会哲学在批判的意义上拓展了马克思主义的总体观。

二、精神分析方法与社会批判方法的结合

霍克海默不再像第一代西方马克思主义者那样直接参加革命实践，而是进行社会和文化批判。在他看来，总体概念仍然是马克思主义者批判资本主义的一个必不可少的工具。但与卢卡奇等人不同，霍克海默日益怀疑这个概念在黑格尔主义的马克思主义伪装下的有效性。正因为如此，他把精神分析

---

[1] 马克斯·霍克海默：《批判理论》，李小兵等译，重庆出版社，重庆，1989年版，第157页。

方法引入到总体的论述中,试图以此来突破传统马克思主义的总体观。

20世纪40年代,霍克海默与阿多尔诺、马尔库塞等人一起流亡到美国,他们试图恢复法兰克福学派的批判理论。这个时候他们批判的重点是法西斯主义,他们一方面采用马克思主义的政治经济学批判方法,把法西斯主义看作垄断资本主义的必然产物;另一方面,他们又采用精神分析方法,将法西斯主义看作权威人格的产物。他们把上述两种方法结合起来,从政治、经济、文化、意识形态等方面对法西斯主义进行了全面的批判。

霍克海默把精神分析与马克思主义结合起来,对社会进行总体研究,这开创了社会哲学的心理研究先河。霍克海默之所以要引进心理学来分析社会这个总体,主要是因为他看到了魏玛共和国革命希望的破灭。在他看来,卢卡奇的阶级意识分析方法无法很好地解释现代工人阶级持续的消极性,这种消极性必须要通过对物化现象进行心理分析来解释。在《历史与心理学》中,霍克海默认为,传统马克思主义将虚假意识等同于意识形态的做法,必须运用一个隐藏在其背后的心理学动机分析来补充。在他看来,尽管经济仍然是人类行为的基本动力,但人的行为与信仰和经济基础之间的心理调解也不能忽视。因此,根本不需要假设一个集体意识,合适的心理学方法就能够承担这个任务。

霍克海默认为,无论个人在多大的程度上是社会力量所形成的,个人心理却是社会分析所无法把握的。因此,心理学的分析是完全必要的。霍克海默所使用的心理学分析方法是弗洛伊德的精神分析,这种方法被系统性地整合到批判理论,可以追溯到弗洛姆。弗洛姆认为,心理分析提供了一个人性的概念,这是历史唯物主义所欠缺的。通过心理学的分析,可以顺利实现从马克思主义到精神分析的过渡。为此,弗洛姆指出:"(1)人类动力的王国是一种自然的力量,它与其他自然力量(土地肥沃、自然灌溉等)一样,是社会过程基础的一个直接的部分。关于这种力量的知识,则是完全理解社会过程所必需的。(2)意识形态的产生及其运行的方式只有在我们知道这个动力系统是如何运转的情况下才能得到正确理解。(3)当经济条件对动力王国产生冲击时,就会出现一些变化;由于动力的影响,如果不对既定的心理要素进行理论考虑,社会过程就将以一个快于或慢于期望的节奏运行。"①在弗洛姆看来,心理学分析是调节社会经济基础和上层建筑之间均衡发展的一个重要环节。家庭是调节社会和个人之间关系的桥梁,而且,它会随着历史的变化而不断变化。尽管传统的心理学分析将家庭绝对化,并将它看作一种家长统治的形式,但在弗洛姆看来,家庭的观念将在社会主义社会发生根本变化,它在充当通往特权秩序的社会化道路的同时,也在一定程度上充当了人间的天堂。

霍克海默认为,弗洛姆的这种家庭观具有重要的启发意义,它直接引发了批判理论的怀旧维度。其实不然,正如马丁·杰指出:"在弗洛姆20世纪30年代的著作中,这种怀旧的特征基本比较弱。相反,他强调利用心理学分析对人本主义的马克思主义的解放潜力进行分析。"②也就是说,弗洛姆早期对弗洛伊德思想和马克思思想的整合,并没有从根本上背离卢卡奇,而是在一定程度上与卢卡奇乐观的总体主义保持一致。这种乐观主义的总体观念,也被批判理论在另一个方面所证明,即被总体概念和实践之间的联系所证明。尽管法兰克福学派对传统马克思主义关于理论与实践的统一的立场分歧比较大,但霍克海默在20世纪30年代坚决主张一种实践的马克思主义。他指出,"不要将行动看作一个附属的、仅仅跟随思想出现的东西,而是要在每个点上进入理论,并与它不可分离"③。我们由此可以发现,霍克海默更加强调实践的重要性。

为了突出实践的重要性,霍克海默甚至把自己的总体概念与曼海姆的总体概念进行了对比,后者更加强调理论的重要性。曼海姆认为,总体概念对于一切人文社会科学来说,都是至关重要的。他在1924年就指出:"目前朝着综合,朝着总体研究的趋势,可以被看作发生在反思层面上,看作是一

---

① Fromm, The Method and Function of an Analytic Social Psychology, in *The Essential Frankfurt School Reader*, The Continuum Publishing Company, New york, 1982, p.492;转引自 Martin Jay, *Marxism and Totality: The Adventures of a Concept from Lukács to Habermas*, University of California Press, California, 1984, p.205.

② Martin Jay, *Marxism and Totality: The Adventures of a Concept from Lukács to Habermas*, University of California Press, California, 1984, p.205.

③ Horkheimer, On the Problem of Truth, in *The Essential Frankfurt School Reader*, The Continuun Publishing Company, New York, 1982, p.420;转引自 Martin Jay, *Marxism and Totality: The Adventures of a Concept from Lukács to Habermas*, University of California Press, California, 1984, p.206.

种将社会现实推向更加集体主义渠道的力量。"①在《意识形态与乌托邦》中,他进一步批判了这种整体主义分析方法的意识形态特征:"归根结底,从总体的、抽象的、世界统一的主体('意识自身')向更具体的主体(有民族特色的'民族精神')的过渡,与其说是哲学的成就,不如说表达了所有经验领域中对世界反应方式的变化。"②关于历史的总体性观点本质上就是意识形态,是理性的构造。正因为如此,曼海姆公开反对卢卡奇的历史总体观。曼海姆不是将无产阶级看作一个总体性的阶级,由此来推断马克思主义是一个关于社会整体的理论。他把无产阶级看作仅仅是众多阶级中的一个,马克思主义相应地就只是其中一个阶级的理论。曼海姆由此宣称,任何理论都无法自大地将自己看作一个总体,因为一切理论都是具体阶级立场的表现。意识形态是一个可以适用于一切理论的总体性概念,而不仅仅是某个阶级的虚假意识。

但是,曼海姆并没有因此而将一切认识相对主义化。在他看来,局部的知识尽管并不绝对真实,但仍然包含了可以和其他局部观点相结合的真理性因素。曼海姆将这种结合称为"关系论",并认为这种"关系论"可以通过和谐地整合所有知识分子的观点而达到一种总体性状况。在19世纪的德国官方语言中,社会代表了一个整体。但是,曼海姆反对这种观点,他认为"自由流动的知识分子"可以超越其成员的社会出生,并将他们的观点整合为一个关于当前总体的知识。由此可见,曼海姆实际上将知识分子的作用等同于一个普遍的阶级,并认为他们整体无私的关心能够结束一切社会冲突。曼海姆显然夸大了知识分子的社会作用,他的这种观点是与社会现实是不相符的。

霍克海默坚决反对曼海姆的观点。他在对《意识形态和乌托邦》进行反思的过程中,坚决捍卫传统马克思主义关于正确的意识和虚假的意识的区分。他批判曼海姆的总体的意识形态概念是一个阶级斗争合法性的压抑,并指责曼海姆的社会学知识缺乏任何实践与理论之间的联系。在他看来,

---

① Karl Mannheim, Historicism, in *Essays on the Sociology of Knowledge*, ed. Paul Kecskemeti, Oxford University Press, New York, 1952, p. 96;转引自 Martin Jay, *Marxism and Totality: The Adventures of a Concept from Lukács to Habermas*, University of California Press, California, 1984, p. 206.

② 卡尔·曼海姆:《意识形态与乌托邦》,黎鸣、李书崇译,商务印书馆,北京,2000年版,第68页。

曼海姆的目的不是要改变世界，而只是满足于在当前的形势中认识它而已。因此，霍克海默认为，曼海姆的社会学知识只是一个"传统的"理论，而不是一个"批判的"理论，它是建立在一个假设已经达到总体的世界的基础上，即曼海姆通过格式塔心理学与和谐的整体主义假设这些矛盾可以在知识的层面得到调和。在霍克海默看来，只要人们没有按照理性的方法集体地筹划历史，社会现实将仍然是矛盾的，而且认识也必然无法总体化。阿多尔诺后来也认为，曼海姆的社会总体概念，不是意味着社会当中的人与人之间的相互依赖，而是将社会过程本身看作一个没有矛盾的永恒总体。在阿多尔诺看来，这种建立在现实矛盾基础上的总体，其实是非真实的，因此，总体仅仅是一个批判的、否定的概念，而不是一个肯定的概念。

霍克海默对曼海姆的批判，表明他对将真理建立在当前社会整体上的观点表示怀疑。尽管霍克海默也强调理论和实践之间的联系，但他并没有把卢卡奇在《历史与阶级意识》中所设想的规范的总体看作一个即将到来的事实。在对《意识形态与乌托邦》的反思过程中，以及随后发表的一系列论文中，他都否定了工人阶级总体性知识的认识论基础。在他看来，一个反映工人阶级的客观可能性的意识根本上就是虚构的，任何一个政党都不能将自己看作是一个表达了深层阶级意识的先锋队。

然而，霍克海默的这个批判也使自己陷入困境当中，即如果真理缺乏现实的社会基础，那么，谁可以担任一个未来真理的指导者？霍克海默曾经指出，"在晚期资本主义条件下，工人们在独裁主义国家的压迫机器面前显得软弱无能，因此，真理在一小部分值得尊敬的人那里找到了藏身之所。但是，恐怖主义已将这些人置于死地，使他们来不及重新澄清理论问题。"[①]霍克海默这里所说的一小部分值得尊敬的人，是否就是曼海姆所说的，超越了他们阶级出身的"流动的知识分子"？它与现实社会的代理人到底是什么关系？这一系列问题困扰着霍克海默。由于缺乏葛兰西所说的那种从工人阶级中产生的有机知识分子，霍克海默只能主张在某些理智的判断和历史实践之间存在一种模糊关系。如在《传统理论和批判理论》中，霍克海默谈道：

[①] 上海社会科学院哲学所外国哲学研究室编：《法兰克福学派论著选辑》上卷，商务印书馆，北京，1998年版，第84页。

"分类判断是前市民社会的特征,这是既存的状况,人对它无能为力。假说和选择的形式尤其是属于市民世界:在某种情况下,才能出现此种结果,这种结果或是这样或是那样。批判理论主张,这种结果不必有这么多的限制;人能改变现实,而进行这种改变的必要条件已经存在了。"①在霍克海默看来,批判理论已经内在地包含了一个关于资本主义必然灭亡的信念,这是批判理论的基础。

从20世纪30年代末到40年代初,霍克海默对社会主义必然胜利的信念产生了根本的变化,这种变化体现在他与阿多尔诺合著的《启蒙辩证法》当中。从此,他开始与黑格尔主义的马克思主义整体论分道扬镳,精神分析逐渐成为他批判理论的重要手段。在某种意义上,我们可以把批判理论的这种精神分析看作是对卢卡奇总体理论的一个补充,因为它在心理学方面弥补了卢卡奇总体理论的一个空缺。在批判理论的心理学分析中,霍克海默强调个人心理优于大众心理,并由此推断出他思想的一个最基本的前提,即集体无法还原为真实具体的个人。在他看来,个人与集体之间的和谐也许在将来是可能达到的,但在独裁主义日益增长的时代,这种和谐是无法实现的。

尽管霍克海默深受黑格尔唯心主义的影响,但他还是表现出了对任何形式的绝对唯心主义的不信任。在他看来,唯心主义关于主客体之间的绝对统一,完全是一种虚构,真正的主体就是现实的个人。霍克海默之所以重视个人价值,与新康德主义者哥尼流(Hans Cornelius)对他的影响有关。哥尼流认为,认识论的主体是个人的,而不是先验的,哲学是一个没有绝对起点的开放的体系,具体经验是知识的最终基础。哥尼流这个思想对霍克海默影响深刻,他在后来所写的许多文章中都强调个人的重要性,以此来反对有机的社会整体。在他看来,有机的社会整体只是强调整体本身的重要性,完全忽视了个人的价值。

与此同时,霍克海默还对马克思主义的劳动理论进行了批判。他认为马克思主义将劳动等同于人的本质活动,是一种理论的强制,是一种意识形态,是对劳动的一种盲目崇拜,其实质与资本主义的任何形式的拜物教没有

---

① 马克斯·霍克海默:《批判理论》,李小兵等译,重庆出版社,重庆,1989年版,第215页。

区别。在他看来,劳动本身是苦难的,它对个人的快乐是一种压抑,唯心主义目的论却把它完全掩盖了。因此,霍克海默认为,必须强调个人劳动中的苦难,而不是盲目地崇拜它。尽管他非常反感资本主义中的个人主义的自私自利,但他仍然在一定程度上承认资产阶级自我概念的合理性。在他看来,哲学的快乐主义应该主张一种全面的快乐,这种快乐既是精神的,又是肉体的。他认为唯心主义由于否定了肉体的快乐,实际上也就否定了个人的总体性,而唯物主义刚好相反,它反对对个人满足的否定。因此,唯物主义本质上是个人主义的。

霍克海默认为,唯物主义不是把概念理解为高于现实,宣称前者包含后者,而是承认概念与现实之间的非同一性。而卢卡奇以维柯的真理—事实原则为基础,来捍卫思想的无限力量,从而化解了概念与对象之间不可化约的张力,这是一个明显的唯心主义思维,它只能在理性自身当中达到绝对的知识,而无法认识真正的对象。也正因为这个原因,霍克海默在他最具有黑格尔主义色彩的论述当中,仍然质疑黑格尔主义的马克思主义的救世观念。在他看来,无产阶级作为历史总体的创造者,纯粹是一种唯心主义的虚构。而"唯物论坚持概念与对象之间的不可克服的冲突,这样,它就有一种批判的武器用以反对心灵无限性的信仰。"①由此出发,霍克海默不相信任何形式的元主体,他不仅反对唯心主义的绝对主体观念,也批判马克思主义的无产阶级主体观念。在他看来,唯物主义将自然客体看作不可化约为主体的对象化创造的观点是正确的,因为它反对任何试图对历史的概念把握。

霍克海默之所以要竭力为唯物主义辩护,是因为他将唯物主义看作批判理论的代名词。在他看来,唯物主义并不意味着物质对意识本体论上的首要地位,并不束缚在一系列抽象的物质概念上。"当代唯物主义的根本特点,并不在于它与唯心主义形而上学相对立的那些形式化特质,它的特点毋宁说是在其内容,即社会的经济理论。"②在他看来,"唯物主义的兴趣并不在世界观或人的灵魂,它所关注的是变革人由之受苦受难的具体条件,这些条

---

① 上海社会科学院哲学所外国哲学研究室编:《法兰克福学派论著选辑》上卷,商务印书馆,北京,1998年版,第21页。

② 马克斯·霍克海默:《批判理论》,李小兵等译,重庆出版社,重庆,1989年版,第43页。

件,当然也必定使人的灵魂受到挫折"①。因此,唯物主义不仅仅是对现实问题的看法,还代表着人的一种实践态度。至于后来他为什么要用批判理论来取代唯物主义,阿多尔诺在《否定辩证法》当中曾经谈道:"霍克海默的短语'批判理论'并非想使唯物主义成为可接受的,而是用它来达到理论上的自我意识。由此,唯物主义不仅同科学的'传统理论'区别开来,同时也同对世界的笨拙解释区别开来。"②阿多尔诺的这种解释是比较合乎逻辑的,因为霍克海默明显感觉到唯物主义这个概念是比较含糊不清的,无法反映出他激进的政治立场和批判理论的本质特征。

三、启蒙的辩证法

霍克海默反对人类社会的绝对统一性,他认为这种绝对统一性是根源于人类主体合理性的统治力。在《关于现代哲学中的理性主义》一文当中,霍克海默站在唯物主义的立场上,批判了这种人类主体的合理性统治。在他看来,这种人类主体统治合理性的观点,本质上就是一种理性主义哲学。这种哲学致命的错误在于主张人的理性是世界的首要原则。霍克海默认为,黑格尔哲学就是这种理性主义哲学的典型代表。然而,实际的情况并不是这样,因为认识的每个步骤都要根据纯粹逻辑以外的许多前提条件,其中包括社会的阶级斗争和经济活动等,因此,纯粹理性的形而上学只是理性主义捏造出来的东西,没有任何现实性可言。

霍克海默将他的这种对理性主义的批判等同于唯物主义。在他看来,唯物主义不是将主体理解为抽象物,而是理解为特定历史当中的人。在《批判理论》中,他把这种新型的唯物主义确定为批判理论,并宣称批判理论的根本目的就在于对理性进行批判。之所以要对理性进行批判,是因为理性已经被统治阶级滥用为其实现自己统治的工具。批判理论对理性进行批判的目的,就是为了揭露理性主义所制造的幻相。在霍克海默看来,包括科学、技术、文化等在内的一切理性主义,都是意识形态的表现,它们都是理性异化的产物。

---

① 马克斯·霍克海默:《批判理论》,李小兵等译,重庆出版社,重庆,1989年版,第30页。
② 阿多尔诺:《否定的辩证法》,张峰译,重庆出版社,重庆,1993年版,第195页。

《启蒙辩证法》是霍克海默与阿多尔诺合作的一本著作,这是一本系统地批判理性异化的著作,其核心思想就是批判理性在当代社会堕落成为新的神话的事实。他们在该书的导言中开门见山地指出:"我们真正地认识到了,为什么人类不是进入到真正合乎人性的状况,而是堕落到一种新的野蛮状态。我们低估了对此进行阐述的困难,因为我们对现代意识仍然深信不疑。"①自启蒙运动以来,人们便陶醉在理性主义的美梦中,认为理性是导向人类光明的唯一答案。"从这时开始,应该最终摆脱掌握和操纵的力量,用隐蔽的特性的幻想去支配物质。凡是不能预料的和可利用的东西,启蒙精神都认为是可疑的。"②显然,理性已经成了最高的裁判,凡是理性无法认识的东西,都被当作神话而被排除。在霍克海默与阿多尔诺看来,启蒙运动对理性的这种理解,实际上沿用了古代神话的形式,"按照启蒙精神看来,许许多多神话中的形象都是一样的,他们都来自主体"③。启蒙运动把主体的理性看作理解世界的最高原则,忽视了自然界与人类之间无法化解的张力,理性由此被塑造成为一个无所不能的新"神"。

霍克海默与阿多尔诺认为,通过理性主义的启蒙运动,理性成为了新的绝对主体,自然界变成了单纯的客体。"人们以他们与行使权力的对象的异化,换来了自己权力的增大。启蒙精神与事物的关系,就像独裁者与人们的关系一样。"④伴随启蒙而来的就是理性的独裁,"启蒙精神摧毁了旧的不平等的、不正确的东西,直接的统治权,但同时又在普遍的联系中,在一些存在的东西与另外一些存在的东西的关系中,使这种统治权永恒化"⑤。这种启蒙理性所建立起来的权威,具有更大的表面合理性,因为它"从寓言中编造出来的逻辑结论所遵循的命中注定的必然性的原理,不仅支配着一切,成为

---

① 马克斯·霍克海默、特奥多·阿多尔诺:《启蒙辩证法》,洪佩郁、蔺月峰译,重庆出版社,重庆,1990年版,导言第1页。
② 马克斯·霍克海默、特奥多·阿多尔诺:《启蒙辩证法》,洪佩郁、蔺月峰译,重庆出版社,重庆,1990年版,第4页。
③ 马克斯·霍克海默、特奥多·阿多尔诺:《启蒙辩证法》,洪佩郁、蔺月峰译,重庆出版社,重庆,1990年版,第4页。
④ 马克斯·霍克海默、特奥多·阿多尔诺:《启蒙辩证法》,洪佩郁、蔺月峰译,重庆出版社,重庆,1990年版,第7页。
⑤ 马克斯·霍克海默、特奥多·阿多尔诺:《启蒙辩证法》,洪佩郁、蔺月峰译,重庆出版社,重庆,1990年版,第10页。

严格的形式逻辑的规则,西方哲学的各种理性主义的体系,而且本身也决定各种以神的等级制度开始,并通过神的朦胧怒斥真实的弊端,作为同一内容的体系的结论"①。启蒙理性的这种权威,是作为一种必然性的规律形式呈现的,人们丝毫不会觉察到它的强制性,反而觉得自己是在根据规律行动,表现出一种虚假的主体性。

在霍克海默与阿多尔诺看来,马克思主义的人本主义人类学也长期受到这种启蒙精神的影响,它忽视了自然界与人类社会的异质性,试图用启蒙的理性来解决其中存在的张力,结果只能是停留在理论的层面,无法真正得到实现。他们的观点也得到了国内一些学者的认同,如张一兵在《回到马克思》中也指出了马克思主义的这种特征:"从神到人、从逻辑学到人的类本质、从自我意识到劳动的自主活动……如果仅仅是一个形而之上的逻辑命题,都还只是哲学家的一种职业对象。这种前提哪怕是更换一万次,……也都还是从观念和逻辑出发的。"②霍克海默与阿多尔诺通过对启蒙的辩证分析,表示出了他们对马克思主义整体主义的怀疑,同时也标志着他们抛弃了20世纪30年代具有的马克思主义信念。

当霍克海默在二战后回到法兰克福时,他转向了阿多尔诺的哲学立场。他们的哲学立场和哲学观点是如此地一致,以至于人们很难将他们各自的哲学区分开来,霍克海默自己也曾经说——"我们的哲学是一个"。尽管这个说法有些夸张,但事实上,霍克海默在20世纪40年代所提出来的许多新观念,的确深受阿多尔诺的影响。除此之外,霍克海默的哲学还深受当时的历史环境的影响,其中,首当其冲的是法西斯主义的影响。霍克海默通过对历史经验的反思,认为无产阶级无法阻止法西斯主义、集中营的恐怖和广岛惨祸。这些悲惨的历史经验,使他清醒地认识到,无论是现在,还是将来,规范的总体永远无法实现。在他看来,总体本质上是虚妄的,它只是人们心目中一个无法实现的理想,是一个乌托邦。正如马丁·杰所指出,总体在霍克海默这里"变成了一个用来表示当前社会对立统一的专门概念,一个单向度同质性的'管理的世界',而不是一个实现了主体的社会主义社会的真实的

---

① 马克斯·霍克海默、特奥多·阿多尔诺:《启蒙辩证法》,洪佩郁、蔺月峰译,重庆出版社,重庆,1990年版,第9页。
② 张一兵:《回到马克思》,江苏人民出版社,南京,1999年版,第441—442页。

共同体"①。总体变成了一个空洞的概念、一个对世界起着管理作用的意识形态。

霍克海默这种清醒的现实主义,意味着他基本上抛弃了早期西方马克思主义的总体信念。在《独裁主义国家》中,霍克海默专门批判了黑格尔主义的马克思主义把历史看作一个纵向总体的观点。因为根据这种纵向历史总体观点,历史是一个连贯的系列总体,新的历史阶段不可能超越它的时代,因此,革命是没有理论根据的。但是,由于历史总体包含了过去、现在和未来等不同的部分,而这些不同的部分必然遵循不同的原理,这就意味着:一个包容了过去、现在和未来的历史总体是虚假的。霍克海默由此认为,历史进步只是一个虚假的信念,它将当前病态的趋势永恒化,并忽视了与过去的根本决裂。他由此指出:"辩证法与发展不是同一的。这样两个矛盾的方面,既要过渡到国家控制,又要摆脱国家控制,在社会革命的理论中,是当作一个理论来把握的。在任何情况下,革命所带来的变化是不会自发发生的:生产资料的社会化,有计划地管理生产和无限制地驾驭自然界。然而,如果没有反抗,没有为加强自由、消灭剥削而不断作出新的努力,革命也就不会引起任何变化发生。"②由此可见,霍克海默对早期西方马克思主义主张的纵向总体观念持的是一种完全否定的态度。在他看来,辩证法仅仅是一种将现实的矛盾放到理论中进行和解的办法,它在实质上非但没有解决任何矛盾,反而还可能为现实的独裁主义辩护,使总体变成独裁主义的同义词。

其实,霍克海默所理解的历史与马克思主义所理解的历史存在着根本的区别。后者将历史理解为一个朝向共产主义目标前进的过程;而霍克海默认为,历史就是主客体之间永无止境的相互作用。在霍克海默看来,理性为了服务于现实的合法性,往往人为地制造这种主客体之间的同一,使这种同一披上理性的外衣,从而更加显得合理。批判理论的目的就在于揭示理性的这种阶级统治工具的性质,从而使理性从阶级的操纵中脱离开来,恢复理性的本来面目。但是,霍克海默的理性批判并没有将理性的面目恢复过

---

① Martin Jay: *Marxism and Totality: The Adventures of a Concept from Lukács to Habermas*, University of California Press, California, 1984, p.216.
② 上海社会科学院哲学所外国哲学研究室编:《法兰克福学派论著选辑》上卷,商务印书馆,北京,1998年版,第104页。

来,他也不可能恢复理性的本来面目。正如高宣扬所说:"既然统治阶级要控制理性,而现有的知识分子也不知不觉地或者心甘情愿地按照统治阶级的利益而滥用理性的功能和权威,那么,如不是按照马克思主义所说的那样去进行无产阶级的革命来摧毁这个不合理的统治的话,又应该怎样切断现有理性与资产阶级的联系呢?"①在资产阶级统治的框架内,这种理性的批判无法真正使理性的本质和功能得到恢复。当然,这也是霍克海默批判理论的一个致命弱点。

在写完《独裁主义国家》之后不久,霍克海默就认识到,内在批判不足以充当有意义的实践可能性的基础。因此,他在《理性之蚀》中,警告要反对一切将批判理论工具化的倾向。他指出:"行动主义,尤其是政治行动主义,是实践唯一的手段吗?我不敢这么说。这个时代不需要增加行动的刺激。哲学不必成为宣传,即使是为了最好可能的目的。"②在霍克海默看来,批判理论的工具化只会促使总体变成独裁主义,而不会有任何实现总体的希望,因为它脱离了实践,脱离了社会行动。尽管如此,霍克海默并没有完全排除总体的希望,他在渴望一种辩证的和解,呼吁每个人应该尊重他人的完整性。但是,囿于他的知识分子立场,他这种带有浓厚主观主义色彩的批判理论严重脱离了现实。正如高宣扬所指出的:"霍克海默等人一方面要反抗和批判不合理,另一方面又非常珍视其个人的自由,不愿使自己的个人自由被淹没在无产阶级的革命洪流之中。当他发现自己的矛盾时,他必然陷入悲观和神秘主义,对于现实社会和对于革命都同样地抱着怀疑的态度。"③

霍克海默将悲观的绝望与乌托邦的希望糅合在他的思想中,这种思想的张力贯穿在他大部分著作当中,并影响了法兰克福学派大部分思想家。马尔库塞和阿多尔诺就是其中的代表人物。马丁·杰后来在谈到这个问题时也曾指出了马尔库塞和阿多尔诺思想的这种特征:"如果在不同的方法上和不同的程度上看,马尔库塞和阿多尔诺的思想中都有一个对未来规范总体的渴望,这种渴望及其被当下的'虚假总体'所否定而导致的悲观主义仍

---

① 高宣扬:《新马克思主义导引》,台湾远流出版公司,台北,1995年版,第170页。
② Horkheimer, *Eclipse of Reason*, Seabury Press, New York, 1974, p. 184;转引自 Martin Jay: *Marxism and Totality: The Adventures of a Concept from Lukács to Habermas*, University of California Press, California, 1984, p.218.
③ 高宣扬:《新马克思主义导引》,台湾远流出版公司,台北,1995年版,第166—167页。

然强烈地结合在一起。"①事实上的确如此,霍克海默在卢卡奇所强调的总体性与一个当前无法实现的总体性之间徘徊,这个矛盾所产生的张力,最终导致了以卢卡奇为代表的第一代西方马克思主义的总体图式走向瓦解。

第二节 阿多尔诺否定的总体观

在西方马克思主义阵营当中,阿多尔诺对传统哲学的总体观反对得最为坚决。他认为,传统哲学的总体观是建立在同一性原则的基础上的,这种同一性原则是根据逻辑的同质性来建构的,它只是关注了那些逻辑同质的要素,而舍弃了那些逻辑上非同质的要素,由此建构的总体必然是一种抽象的总体。由于这种抽象的总体只是一种理论的强制,所以它是远离现实的,它只是用一种理论统一的模型掩盖了理论与现实之间的矛盾,并没有真正消除这种矛盾。与传统的同一性总体观相反,阿多尔诺更加关注非同一性和异质性,他用"中介"、"星丛"等概念来表示他的这种非同一性哲学。

一、对同一性总体的批判

阿多尔诺认为,传统哲学的总体观是同一性思维的产物,是理性蜕变为工具理性的结果。特别是自近代以来,随着科学技术迅速向前发展,人日益取得了对自然的统治地位。理性的价值在人与自然的这种关系中充分显示出来,它日益成为人类控制和征服自然的有效手段,即堕落为工具理性。在阿多尔诺看来,理性的这种工具化,使它变成了人类对自然实行统治的帮凶,它一方面客观上加剧了人与自然关系的恶化;另一方面,也将人引向一个更加异化的状况,即用一种同一性的思维来束缚人,使人成为这种同一性思维的手段。他在《否定的辩证法》中指出:"在精神中,普遍的一致性成了一个主体;而在社会上,普遍性只有通过精神的中介、通过它完全现实地所进行的抽象的操作才得以维持。"②也就是说,普遍的一致性,即同一性,本质

---

① Martin Jay: *Marxism and Totality: The Adventures of a Concept from Lukács to Habermas*, University of California Press, California, 1984, p.219.

② 阿多尔诺:《否定的辩证法》,张峰译,重庆出版社,重庆,1993年版,第314页。

上只是一个手段,但它在现代社会当中,已经异化成为主体。在阿多尔诺看来,这个异化的主体已经在现实生活中,对人类的生存与发展产生了严重的负面影响,为了消除这个异化的主体带来的消极影响,必须从哲学的层面对它进行批判。

为此目的,阿多尔诺在很早就制定了一个反对同一性总体的哲学计划,这个计划最早可以追溯到他的哲学入门。在阿多尔诺的哲学入门过程中,克拉考尔和本雅明对他的影响非常深刻,他们两人都反对黑格尔主义的同一性总体观。阿多尔诺在15岁的时候就跟随29岁的克拉考尔一起学习康德哲学,他们主要研究康德的《纯粹理性批判》。克拉考尔一方面帮助阿多尔诺理解隐藏在康德哲学中的社会内容,由此培养了阿多尔诺阅读和解释现代社会生活的能力;另一方面,他还唤起阿多尔诺对高贵文化的兴趣,为阿多尔诺后来对音乐的哲学思考打下了基础。

相比之下,本雅明也许对阿多尔诺的影响更大。本雅明是新康德主义者李凯尔特的学生,尽管他高度评价卢卡奇前马克思主义时期的著作,也非常赞赏《历史与阶级意识》的观点,但他根本就不是一个黑格尔主义者。本雅明的著作在多方面直接影响了阿多尔诺的总体观。在《认识—批判的序言》的开头部分,本雅明引用歌德的话来阐明审美与哲学认识的关系:"无论在认识中还是在反映中,都不能把整体的事物整合起来,因为在前者中,内在的东西失去了,而在后者中没有外在的东西;因此,如果我们试图从科学中衍生某种整体的话,就必须要将科学看作艺术。我们也不应在一般的、过渡的事物中寻找这种整体性,但由于艺术总是在每件艺术作品中得到完整的体现,因此,科学也应该在它所涉及的每个个别的客体中完整地揭示自身。"①在本雅明看来,对于事物整体的认识无法在哲学中实现,只能在艺术当中实现,哲学应该避开任何总体化的企图。

阿多尔诺追随本雅明,也强调艺术的认识作用,尤其强调音乐的认识作用。在他看来,勋伯格的"新音乐"在成为正统音乐之前是艺术的典型代表,因为它把音乐看作是一个表现真理的工具,而不仅仅是一个表现效果的工

---

① 瓦尔特·本雅明:《德国悲剧的起源》,陈永国译,文化艺术出版社,北京,2001年版,第1页。译文参考了 Martin Jay: *Marxism and Totality: The Adventures of a Concept from Lukács to Habermas*, University of California Press, California, 1984, p.247.

具。因此,音乐传递的不仅是情感,或引起听者的兴奋反应,更为重要的是,它表达了一种整体的真理。阿多尔诺后来进一步把勋伯格的这种音乐创造与社会历史的演变联系起来,即他认为勋伯格的这种音乐揭示了一种客观真理,即传统资产阶级艺术总体化基础的崩溃。也就是说,勋伯格的无调性音乐是对传统哲学总体观的一种清算,同时也是对不协调的现代社会生活的控诉与批判。但是,阿多尔诺坚决批判勋伯格后来关于完全圆满的古典音乐理想(指的是十二音体系的绝对程度,十二音体系是根据十二个平均律音阶的等同性原则而建立的西方古典音乐规则)的信念。他认为勋伯格等人把十二音阶体系绝对化,是传统总体观念残暴地入侵到音乐中的表现,是资本主义社会意识形态的突出表现。在他看来,音乐真正总体化的典型代表是贝多芬,尤其是贝多芬的中期作品。贝多芬的中期作品代表了资本主义上升时期资产阶级追求解放和自由的最高成就,它开创了音乐中的否定总体,这种否定的总体在勋伯格的无调性音乐中达到了一个高峰。

在阿多尔诺看来,哲学与音乐一样无法达到绝对完满的总体,任何绝对完满的总体都是虚假的。因此,无调性比歪曲的和解更加真实。由此可见,阿多尔诺对绝对同一性总体持一种完全否定的态度。正如他在1931年的就职演说中指出:"今天,无论谁选择哲学作为职业,必须首先反对早期哲学事业开始的幻想,即思想的力量可以把握现实的总体。任何辩解的理由都无法在一个压抑了所有理性要求的形式和秩序的现实中发现自己;只有争议使得理性自己呈现为总体的现实,尽管只是在踪迹和毁灭中,它仍然准备着实现正确的和真正现实的希望。"[①]阿多尔诺坚决反对传统哲学那种试图通过思想来把握真实的总体的观点。在他看来,自笛卡儿以来,西方哲学中任何试图将真实的总体设计为理性自主的产物的计划都是失败的。这是因为,如果经验自身不能提供一种当下有意义的总体,哲学试图在一个破碎和矛盾的现实中来建构一种理性的总体,必然堕入到一种意识形态辩护当中。阿多尔诺认为资本主义社会秩序就是这种意识形态的典型形态,其本质就是一种理性主义的虚假总体。

---

① 转引自 Martin Jay: *Marxism and Totality: The Adventures of a Concept from Lukács to Habermas*, University of California Press, California, 1984, p.256.

本雅明认为,黑格尔通过思想对现实的主观综合,形成了一个实际上并不存在的统一体,这个统一体并不比柏拉图的理念更具有真理性,因为它仍然没有把特殊的东西包括在其中。在他看来,真正的真理是星座,"理念是永恒的星座,根据在这个星座中作为各个点的诸因素,可以对现象进行细部划分,同时恢复其原样;这样,概念为履行其功能而从现象中抽取出来的那些因素就明显地见诸各个极端。理念最好应解释为语境的表征,在这种语境中,独特的和极端的东西与其对等物携手并进。"①在本雅明看来,理念与概念要素的关系,就像星座与星星的关系一样,理念的星座是各概念要素非同一的结合,概念的作用就是把想象聚集在一起,但它却无法将不同的多元要素化约为一个总体。尽管星座一出现就在自身中带有个别,但是这种个别事物有其内在的一般性。

阿多尔诺引用了本雅明的星座概念②,他认为只有总体化才是无中介的星丛,是理念的客观代表,因为它反映了世界的非连续性。"我们无需用认识论的批判来追求星丛,对星丛的追求是现实的历史过程强加于我们的。"③在阿多尔诺看来,星丛比黑格尔的否定之否定的原则更加合理,更加真实。在星丛当中,要素不再依赖于一个抽象的神圣原则,也不是从一个低级概念过渡到一个更高一级的总括性概念,概念由此"进入了一个星丛"④。因此,阿多尔诺认为真理不是抽象的哲学概念,而是具体物质的影象。星丛不是把主体和客体之间的差距消除在一个表现的总体中,而是通过保持其无法还原的异质性,来拯救其中根本不同的要素。由此可见,本雅明的星丛是理解阿多尔诺哲学的一把重要钥匙,尤其是对于理解阿多尔诺的早期哲学而言。正如马丁·杰断言:"如果他(阿多尔诺——引者注)的早期著作不参考本雅明的著作就无法理解。"⑤

---

① 瓦尔特·本雅明:《德国悲剧的起源》,陈永国译,文化艺术出版社,北京,2001年版,第7—8页。

② 本雅明与阿多尔诺都使用constellations这个词来反对传统哲学的同一性总体,但这个词在本雅明与阿多尔诺的中译本著作中分别被翻译为"星座"和"星丛",本书考虑到引文与上下文的关系,均沿用了各译本的翻译。

③ 阿多尔诺:《否定的辩证法》,张峰译,重庆出版社,重庆,1993年版,第164页。

④ 阿多尔诺:《否定的辩证法》,张峰译,重庆出版社,重庆,1993年版,第160页。

⑤ Martin Jay: *Marxism and Totality: The Adventures of a Concept from Lukács to Habermas*, University of California Press, California, 1984, p.252.

此外,卢卡奇的思想也对阿多尔诺产生了重要影响。卢卡奇将历史看作一个总体,从而将各种非理性的历史要素纳入到一个理性的历史总体当中。在阿多尔诺看来,卢卡奇把历史看作一个理性的总体,纯粹是一种唯心主义的做法,是将理性范畴强加给非理性的具体历史的结果。因此,卢卡奇的历史总体根本上是错误的。其错误的根源就在于用理性来消除非理性的对象,从而达成一种事实上并不存在的同一性。这种理性对非理性的历史因素的强制的同一性是阿多尔诺批判的焦点。在阿多尔诺看来,这种同一性思维是一种物化意识,它是一种将不同的东西强制变成相同的东西的思想模式。从这种同一性思维模式出发,真实的东西必然要被抽象的理性概念所取代。在资本主义社会中,这种同一性思想就表现为用等价交换的原则来获得有差别的具体劳动。

在《自然历史的观念》中,阿多尔诺承认了卢卡奇对他的影响,尤其是卢卡奇的"第二自然"观念。他认为卢卡奇成功地揭露了资本主义社会的物化现象,因为卢卡奇从被资产阶级看作"自然"的日常生活世界中,洞察到了这种"自然"的表象下面隐藏的本质,即这是一个异化的世界。它通过一种形式的合理性,使资本主义社会关系显得"自然"合理。但阿多尔诺同时认为,卢卡奇局限于他的黑格尔唯心主义立场,无法真正认识到这种"第二自然"的本质。在他看来,卢卡奇所描述的作为"第二自然"的资本主义社会,实质上就是同一性思维的产物,是一种人为地掩盖现实社会矛盾的做法。阿多尔诺认为,"自然"概念和"历史"概念是相互交织在一起的,即"自然"概念揭露了历史进步概念与真的历史现实之间的非同一性。反过来,"历史"概念也没有掩盖其意识形态特征,它通过历史的产物,将现存的社会秩序看作"自然的",即第二自然。因此,阿多尔诺既反对自然对历史的优先权,也反对历史对自然的优先权。他反对人类的实践可以完全将社会世界去自然化,也反对纯粹自在的自然。在他看来,资本主义社会并不是辩证法的全部所在,因此,批判理论不能仅仅局限于社会领域,而应该全面考虑人与自然的关系。任何历史都是自然与历史的交互关系的历史,如果仅仅将历史的本质归于社会,而忽视了自然的因素,那么,辩证法就会窒息在封闭的社会总体当中,历史将变为一种无法控制的"第二自然",关于这种历史的辩证法最终也必然会成为一种骗人的"历史辩证法"。

卢卡奇通过对这种"自然的"社会关系的历史批判,成功揭露了资产阶级的物化本质。阿多尔诺则是强调一种对自然和社会历史的双重批判,这种批判是建立在对这些概念辩证理解的基础上的。因此,阿多尔诺在对社会历史的理解方面更加接近本雅明的思想。本雅明把历史看作一种偶然性的反复无常的相互作用,这是一个永远无法救赎的堕落过程。这种观点反映出本雅明非常迷恋于犹太神秘主义,后者将原始的世界理解为一个没有分裂的、神圣的总体。由于历史的进程就是人类堕落的过程,因此,在历史中寻求真理的过程就是人类渴望重建被破坏的总体的过程。在这种末世论的历史解释中,起源变成了目标,哲学的任务就是回到开端。

由于把历史理解为一个堕落的过程,因此,本雅明将真理概念从历史中分离出来。在他看来,真理绝不是主体的一个工具,它不是由语言的主观内容来揭示,而是通过它来揭示我们最初的摩仿能力,从而创造一个与世界对应的东西。这样,语言的形式就表达了人与其周围环境之间没有被打乱的联系。也正因为如此,真理不能被解释者公式化,解释者的作用是重构过去的文本与产生它的生命形式之间原初的联系,以恢复前者隐藏的结构和意义。因此,在本雅明看来,任何艺术品无目的的真理的揭示,都是通过把它们分解为构成元素,然后再把它们重构成星丛的方式达到的。也就是说,本雅明试图通过星丛来揭示基本矛盾,论证隐藏在日常社会生活中的真理。阿多尔诺在《历史的幻相》中,也采用了这种重构星丛的方法。在他看来,真理不是作为概念中介的结果出现,而是由星丛代表的幻相的纯粹力量产生。不过,阿多尔诺抛弃了本雅明求助于开端时期总体的观点,也抛弃了他把第二自然看作向原始神话回归的观点。在阿多尔诺看来,一切神话都体现在具体的历史条件中。

二、哲学与现实

在《否定的辩证法》中,阿多尔诺指出:"哲学只不过是解释了世界,哲学对于现实的顺从使它失去了自身的战斗活力,变成了一种理性的失败主义。"①在他看来,真理只能通过星丛的要素——破碎的现实的启示来发现,哲学由此就与现实联系了起来。哲学要想与现实联系起来,就必须放弃对总体的追问,这是阿多尔诺对传统哲学目的论的批判。由于阿多尔诺将哲学解释看作是对传统哲学的清算,因而,这种批判哲学本身就是一种实践。

在《哲学的现实性》中,阿多尔诺提出了一种否定的总体思想。他认为真正的哲学不是要去构筑总体,因为思想无法把握或产生真正的总体。在他看来,马克思主义根据真理与事实相符的原则所推断出来的关于理论和实践相统一的观点,是一个错误的结论,因为真理永远无法被还原为一个进步阶级的意识。一个可以将现实总体化的元主体,则是一个从唯心主义先验的主体得来的极其不合理的实体。这个实体化的元主体不仅使哲学变得非常可疑,而且也是十分有害的,其最终的基础可以在社会关系的交换价值的统治中找到,这是一种把个人还原为一个可交换的抽象主体的方法。阿多尔诺认为,能够让人信服先验主体的理由就是理性的抽象,它把个人从社会关系中抽象分离出来,个人脱离了社会,成为一个符合交换形式的人,这是资本主义社会一个普遍的现实。

与萨特将个人假定为总体化的解毒剂不同,阿多尔诺认为个人主体的完整性现在面临被肢解的危险,这种危险不是由辩证的否定来体现,而是由单向度的意识的胜利来体现。因此,为了拯救主体,必须对各种元主体进行批判。为此,阿多尔诺在《否定的辩证法》中指出:"先验主体性的建构是一种极其自相矛盾的和易误的努力,它力图在相反一极上来统治客体;但也正是在这方面,为实现那种肯定的、唯心的辩证法仅仅断言的东西而需要对这种建构进行批判。"②在他看来,拯救主体不是要把客观性还原为一个集体主体有目的的对象化。

显然,阿多尔诺归于批判哲学的解释作用,反映了他肯定卢卡奇关于资产阶级现实本身就具有矛盾的观点。在他看来,星丛不是要消除矛盾,而是要使矛盾在保持张力的前提下,变得可以理解。根据阿多尔诺的观点,这要通过揭示一个具体的社会总体的矛盾真理来完成,像它在一个特殊的结构

---

① 上海社会科学院哲学所外国哲学研究室编:《法兰克福学派论著选辑》上卷,商务印书馆,北京,1998年版,第238页。

② 阿多尔诺:《否定的辩证法》,张峰译,重庆出版社,重庆,1993年版,第182—183页。

中表现为一种客体或现象的形式。在一个破碎的现实中,统一的意义消失了,也不存在一种统一的真理。没有别的选择,只有通过重新安排破碎的要素来拯救"真理短暂的痕迹"。阿多尔诺这种关于碎片的真理理论,再次表现出他对传统哲学追求绝对总体的批判态度。在他看来,真理就是一个永恒的发展过程,它永远不会停留在某个时刻当中,真理的发现是通过许多中介的辩证运动来实现的,而且,这种辩证运动不会最终达到一个同一的总体。由此可见,阿多尔诺从辩证思维出发,最终却抛弃了对同一性总体的追求,这是他对黑格尔哲学的超越与否定。

阿多尔诺的哲学计划是要消解卢卡奇的规范总体,试图用一种星丛来取而代之。但是,星丛的作用并没有解决矛盾的对立,这也就意味着人类的解放问题没有得到有效的考虑。因此,为了揭示人类解放的困境,就必须要对历史进步的内在矛盾进行批判。在《启蒙的辩证法》中,历史进步就成为阿多尔诺批判的焦点,阿多尔诺试图通过分析启蒙变成神话根源,来揭露当代社会现实的毛病。因此,总体范畴在《启蒙辩证法》中实际上已经失去了其肯定的含义,而变成了一个独裁主义的同义词。

康德曾认为,"启蒙运动就是人类脱离自己所加之于自己的不成熟状态"①。因此,从某种意义上来说,启蒙就是摆脱不成熟的野蛮状态。摆脱这种不成熟的野蛮状态的唯一途径就是运用自己的理智。康德由此指出,"要有勇气运用你自己的理智!"②启蒙也因此被理解为理性的事业。然而,伴随着理性的发展,人类自身也逐渐被对象化,成为理性的客体。启蒙由此走向了它的反面,即从人类解放的运动变成人类重新被奴役的运动,启蒙变成了新的神话。在阿多尔诺看来,理性,尤其是它的工具主义和形式主义变种是启蒙变成神话的原因。相应地,启蒙运动所标榜的进步,实质上也是一种虚假的东西。

阿多尔诺认为,早期资本主义建立起来的社会整体,是出于城市个人保护自己的利益的目的而自发形成,这种整体性并没有强制的性质。但是,发展到成熟的资本主义社会时期,个人被各种社会关系所牵制,个人逐渐被同

---

① 康德:《历史理性批判文集》,何兆武译,商务印书馆,北京,1990年版,第23页。
② 康德:《历史理性批判文集》,何兆武译,商务印书馆,北京,1990年版,第23页。

化到这个社会总体当中,与自身的利益相脱离,甚至是完全违背自身利益。社会作为一个同化个人的整合器,具有了强制性和意识形态特征,一切个人必须无条件遵从社会这个统一体,由此形成一种社会总体的霸权。而且,社会总体的这种霸权还具有一种虚假的表象,即似乎它是个人生存和发展的前提,可事实上刚好相反,由个人组成的社会总体成为个人的否定要素,个人的个性在这种总体中被泯灭,社会总体成为个人的魔咒。当代资本主义社会的技术统治在经济、政治、文化和意识形态等各个领域实现了全面的肯定性,从而加剧了这种否定个人价值的总体性的特征。"一个社会越是径直地驶向在受制于魔法的主体中再生出来的总体性,它瓦解的趋势也就越深刻。这种趋势既威胁着人类的生活,又否认了整体的魔法,即主体和客体的虚假同一性。"①当代资本主义社会这种总体性表象,实质上是主体与客体之间所达成的一种虚假的统一性,其表面形式上的合理性其实是最大的历史不合理性,它无保留的肯定性恰恰证明了它是一个否定的总体。

阿多尔诺认为,启蒙的"伟大"成就体现在社会现实中,垄断的资本主义社会总体排除了一切异己的因素,将资本主义塑造成为一个可以消解一切异己力量的熔炉。因此,阿多尔诺反对把历史理解为一个纵向总体的观念,即反对把历史理解为一个进步的过程的观念。在他看来,历史的现实不是规范总体的实现,而是人类生存状况不断恶化的场所,历史进步只不过是理性假设的结论。在这里,我们可以发现,被马克思看作历史神圣化的目的,却被阿多尔诺看作了历史的恶魔化,历史的拯救被历史的堕落所取代。

罗斯认为,阿多尔诺对总体的用法,必须被看作是他反对概念的现实化的一个例子,这个观点比较符合阿多尔诺的思想。由于概念与对象之间存在不可避免的鸿沟,这意味着阿多尔诺的概念并不是对现实完全的反映。例如,当阿多尔诺谈到总体组织的资本主义社会时,他把资本主义社会看作一个总体。但我们不应该把它看作一个静态的客体,而要把它理解为一个不完全等同于真实对象的概念客体。根据这个观点,也可以找到阿多尔诺反对规范总体概念的原因,即他对完全同一性的抵制。尽管有时阿多尔诺将伟大的艺术作品的有机完整性看作未来乐观主义的前提,但他还是倾向

---

① 阿多尔诺:《否定的辩证法》,张峰译,重庆出版社,重庆,1993年版,第346页。

于否认这种总体将出现在未来的社会中。例如,他在同波普尔的论战中指出:"总体不是一个肯定的范畴,而是一个批判的范畴,辩证的批判寻求拯救或帮助建立那些不服从总体的东西,那些反对它的东西或那些首次将自己构成为仍然未存在的个体化的东西……一个解放了的人类绝不是一个总体。"①

正因为如此,阿多尔诺对完全克服物化不抱任何希望。在《否定辩证法》中,他说道:"思想家很容易宽慰自己,想象自己在消除物化、消除商品的特性时拥有智者的宝石。但物化本身是虚假客观性的反映形式,以物化、意识的一种形式为中心的理论唯心主义使批判理论成了统治的意识和集体无意识可接受的东西。由此,马克思的早期著作——与《资本论》相区别——主要在神学家那里被抬高到它目前的流行程度。"②我们由此可以发现,阿多尔诺认为哲学家消除物化的方法是想象,是通过一种思想的同一性来消除物化,实际上无法真正消除物化。在阿多尔诺看来,马克思通过对资本的分析,在资本主义社会中发现了同一性的等价交换原理,即把具体的人类劳动化约为抽象的劳动时间,并将使用价值转化为市场中可交换的商品,这种用同一性来消除物化的理论只能是一种虚假的意识形态。由此看来,如果阿多尔诺的观点正确的话,那么他的物化理论与卢卡奇的物化理论就存在根本的区别。卢卡奇的物化理论建立在劳动价值论的基础上,它对于无产阶级而言,具有解放的实践意义。对于阿多尔诺而言,劳动价值论从来就不是核心,他只是把劳动看作资产阶级社会中工人苦难的反映。

由于阿多尔诺坚决反对劳动的神圣化,并怀疑一个真正的集体主体,因此,他无法找到理论与实践之间真实的联系。他对同一性理论和等价交换原则的厌恶,意味着他除了用极端批判的术语外,无法在任何东西中构思集体的总体化。他在《否定的辩证法》中宣称:"辩证理性自身的本质已经产生并且将像对抗的社会那样消失。"③但从他一贯的思想来看,这种超越永远无法产生一个规范的总体。而且,由于他事先排除了集体主体解放的可能性,

---

① Adorno, Introduction to *The Positivist Dispute in German Sociology*, Routledge & Kegan Paul, London, 1977, p. 12;转引自 Martin Jay, *Marxism and Totality: The Adventures of a Concept from Lukács to Habermas*, University of California Press, California, 1984, pp. 266-267.
② 阿多尔诺:《否定的辩证法》,张峰译,重庆出版社,重庆,1993年版,第188页。
③ 阿多尔诺:《否定的辩证法》,张峰译,重庆出版社,重庆,1993年版,第138页。

这也使得任何乌托邦的理想都难以理解。对非同一性的强调,意味着阿多尔诺只能依靠行动者非常极端的个人主义来反对整体的压迫。

阿多尔诺同时也反对任何解放的潜力,并日益后退到艺术自律的非同一性当中。在他死后出版的《审美理论》中,阿多尔诺提出了一个关于艺术的辩证分析,他将艺术看作是对自然美的摩仿,明显地显示出他的思想更加倾向于康德,而不是黑格尔。他反对给予主体优先于客体的地位,也反对给予艺术家的目的优先于著作本身的地位。在德国唯心主义思想家看来,艺术是肯定的最终表现,因为艺术克服了异化,具有绝对肯定的地位和作用。但在阿多尔诺看来,这个关系是颠倒的:艺术的地位及其作用,准确地说,是由其绝对否定的表现组成的。在艺术中,肯定的异化没有被克服,现实的矛盾没有得到和解,艺术不再是可能现实的表现与和解的期望。阿多尔诺认为,艺术在资本主义社会变成了一个操纵的总体,这个操纵的总体就是文化工业,文化工业通过排除异己的因素,从而使艺术齐一化、同质化,失去了它对现实的否定意义。这种艺术通过资产阶级的大众媒体,灌输到社会生活的各个方面,从而形成了资本主义社会单向度的艺术,即只有肯定向度的艺术,这种艺术的作用就是服务于资本主义生产方式这个经济基础。由此可见,阿多尔诺真正要批判的,不是资本主义大众文化本身,而是这种大众文化的畸形发展的特点。

在阿多尔诺看来,文化工业不仅出现在消费当中,也体现在生产当中。他认为大众文化的文化工业与生产的标准化密切相关。标准化是一种假个人主义的生产方式,它一方面向大众提供自由选择文化娱乐的假象,另一方面却为标准化本身的扩张提供服务。通过这种假个人主义的生产方式,标准化的文化就被大众普遍地接受和认可,这实际上是一种文化的拜物教。在这个基础上,阿多尔诺提出了否定的艺术的概念,否定的艺术通过艺术家的语言,将各种矛盾的因素综合起来,让它们在社会现实当中,发挥它们各自的作用。阿多尔诺反对将任何异质的因素归于某个总体,对于单个的个人也是如此,他反对将个人归于任何形式的集体。因为这种归属本质上就是一种强制,是一种意识形态。在他看来,否定的艺术导致的一个直接后果就是大众被操纵,而且,他们自己无法意识到自己被操纵的事实,甚至反而认为这种被操纵是自愿的,是一种自由,因此,否定的艺术在资本主义社会当中充当了精神的鸦片。批判理论虽然能够意识到艺术的否定性，但它却无力改变它，因为这种否定的艺术力量充其量也仅仅是在艺术当中去否定资本主义社会，而无法在现实当中对它进行否定，即是一种理想的乌托邦。由于阿多尔诺坚持当前主客体同一的总体是完全虚假的思想设定，因而他找不到任何超出批判和否定的办法来解决艺术的异化。

三、否定的总体

对同一性思维原则的批判是阿多尔诺否定辩证法的核心内容。他在《否定的辩证法》的开头就批判了哲学同一性的虚假本质，"一度似乎过时的哲学由于那种借以实现它的要素未被人们所把握而生存下来。总的裁决是：它只是解释了世界，在现实面前畏缩不前导致它弄残了自身。"[①]在他看来，哲学就是用一种同一性的思维方式来非批判地化解现实的矛盾，这种解决矛盾的方式必然要以牺牲哲学的批判精神作为代价。任何同一性哲学都是抽象思维的结果，都是由概念思维形成。然而，由于任何概念都无法完全表达事物。因此，根据同一性思维形成的哲学仅仅是思想自身内部的同一，无法反映概念之外的现实。

在阿多尔诺看来，黑格尔哲学是这种同一性哲学的隐蔽形态，因为它试图用一种辩证法的形式来克服康德先验哲学的难题——现象与自在之物二分的困境，似乎是要将哲学与现实真正结合起来。其实不然，因为黑格尔的辩证法实质上就是通过概念来整合与其相异质的东西的方式，这是一种典型的同一性哲学，是用思维的同一性来表达非同一性的对象，这是一种"理性的狡计"，它无法真正消除现实的差异和矛盾。为此，阿多尔诺批评黑格尔"认为确定的个别是可被精神来规定的，因为它的内在的规定性不过是精神"[②]。在他看来，黑格尔仅仅是用精神的同一性来整合了一切，从而造成一种"同一性和非同一性之间的同一性"的假象，黑格尔哲学实际上并没有超越传统理性主义哲学，而是用一种更加隐蔽的形式将它表达出来。

在阿多尔诺看来，任何哲学体系都存在着总体的无限性与概念的有限

---

① 阿多尔诺：《否定的辩证法》，张峰译，重庆出版社，重庆，1993年版，第1页。
② 阿多尔诺：《否定的辩证法》，张峰译，重庆出版社，重庆，1993年版，第6页。

性之间的矛盾,即任何哲学体系是自背谬的。因为哲学的目的本来就是需求一种总体性的知识,这种总体性的知识试图将一切都囊括在其中,因而具有无限性的特征,但它又只能通过概念的形式来表达,但概念又"不能穷尽被表达的事物"①。因此,任何哲学体系都是自相矛盾的,它们无法揭示真正的总体。然而,几乎每一种哲学都自称达到了某种总体性知识,它们是如何达到这种总体性的呢?阿多诺认为,它们只能求助于"概念拜物教",即相信概念能够超越概念而达到非概念之物,进而形成总体性的哲学知识。这样,概念变成了一切的主宰。在阿多尔诺看来,概念的这种"拜物教"形式,只是一种唯心主义的虚构,没有任何现实性可言。因为站在现实的立场上,任何哲学都无法使概念成为自我满足的总体,概念本身总是与非概念的东西交织在一起构成总体的,这是任何哲学体系都无法完全概括的一种真正的总体。因此,辩证法作为一种思考方式,它不是以消除矛盾为目的,而是辩证地思考,即矛盾地思考矛盾。

阿多尔诺认为,理性的思维意味着不自由,意味着强制,因为它总是要求思想服从一定的形式。而"否定的辩证法为刺透它的变硬的对象所使用的手段是可能性——它的现实性曾骗取了对象的这种可能性,然而这种可能性在每一个对象中都是可见的"②。因此,对于阿多尔诺来说,否定就是对传统的颠覆,它意味着对传统辩证法中一切肯定的因素的清除。无论是对于实存的社会历史,还是对于思想体系,否定的辩证法都是一种批判的力量,它的目的就是要破除其中的一切内在性关联。为此,阿多尔诺甚至引用了黑格尔的观点来佐证辩证法的非同一性特征,即"辩证法吸收了对手的力量并使之转而反对自身;不仅在辩证的个别中如此,而且最终在整体上也如此"③。在阿多尔诺看来,辩证法的内在同一性是强制性的,是一种幻想的神话。无论是唯心主义,还是唯物主义,它们都是假设了一个第一性的原理,作为思维与现实同一性的基础,因此,两者都是虚假的意识形态的表现,其本质就是同一性原则。同一性原则作为一种纯粹的主观原则,是主体自行设定出来的,没有任何的现实性。阿多尔诺认为,黑格尔作为传统哲学的集

---

① 阿多尔诺:《否定的辩证法》,张峰译,重庆出版社,重庆,1993年版,第3页。
② 阿多尔诺:《否定的辩证法》,张峰译,重庆出版社,重庆,1993年版,第52页。
③ 阿多尔诺:《否定的辩证法》,张峰译,重庆出版社,重庆,1993年版,第407页。

大成者,也是最隐蔽的同一性原则的设定者,因为他所设定的"否定之否定也是一种同一性,一种新幻觉,是推论的逻辑——最终是主观性原则——对绝对的投射"①。可见,黑格尔的"否定之否定"原理,只是用一种否定的同一性来消灭矛盾,它只不过是一种更加巧妙的同一性罢了。

在阿多尔诺看来,同一性思维表现在现实当中,就是对社会现实不加批判地接受,其本质是实证主义的,即它只是从肯定方面来看待社会现实,因而失去了对现实的批判作用。这种同一性思维表现在历史中,就是历史的总体性方法,这是一种肇始于黑格尔的方法。黑格尔将社会历史看作绝对精神在实现自己过程中的外化,马克思则将人类社会的历史看作一个朝向最终解放的过程,并认为最终会实现解放这个崇高的目标。在阿多尔诺看来,黑格尔的历史总体和马克思的历史总体本质上没有区别,它们都是一种封闭的历史观,两者都是以一个最高的、可实现的历史目标作为社会历史发展的动力。而且,两者都把历史的发展与人类的解放同一了起来。阿多尔诺认为,这完全是一种主观的幻想,因为历史的发展非但不是完全与人类的解放相一致的,有时反而会出现一些相背离的情况,如由现代科学技术所主导的文明社会,非但没有使人获得更多的自由和解放,反而使人陷入新的奴役当中。因此,历史进步与人类解放的同一仅仅是理性思维幻想的产物。应该说,阿多尔诺看到了人类历史发展中所出现的新的矛盾与问题,这是值得肯定的,但他由此来否定一切社会历史进步的真实性,未免显得过于极端。

在批判历史进步的幻相中,阿多尔诺展开了对传统总体观,尤其是对卢卡奇的总体性观点的批判。卢卡奇最初提出总体性的方法,目的是为了克服资产阶级片面的物化意识,是为了揭露隐藏在商品交换背后的资本的本质,即资本主义社会中人与人之间的关系。但是,在阿多尔诺看来,卢卡奇的总体性方法是虚假的,因为他是在一个工具理性控制的世界中来谈论总体的。在这个工具理性控制的世界中,个人越来越离不开社会,越来越缺乏真正的独立性。因此,卢卡奇的总体性方法是脱离现实的。作为集体元主体的无产阶级也仅仅是一个理性的假设。阿多尔诺由此得出结论:"一个解

---

① 阿多尔诺:《否定的辩证法》,张峰译,重庆出版社,重庆,1993年版,第157页。

放了的人类绝不是一个总体。"①在他看来,作为历史总体的无产阶级只不过是一个主观的假设。

在阿多尔诺看来,总体的意义本质上是否定的,而不是肯定的。因此,必须抛弃了一切肯定形式的总体,包括马克思主义关于人类解放的历史总体信念。他在《否定的辩证法》中指出:"历史的普遍性、在总趋势的必然性中结成的事物的逻辑建立在某种偶然的东西之上,某种外在于它的东西之上,也就是它不需要成为的东西之上。不仅黑格尔,而且还有马克思和恩格斯——他们的唯心主义差不多只是表现在与总体性的关系上——都曾拒绝怀疑一切总体性的不可避免性。"②在他看来,传统马克思主义的总体只是按照逻辑同质化虚构出来的一个结果,是唯心主义同一性思维的产物。辩证的哲学应该寻求客体的差异性,寻求一种不是根据任何哲学图式制定出来的差异性,而不是依据主观同一性要求,把一堆可列举的命题结合成一个总体。因此,真正的辩证法只能是否定的,不存在一个作为最高原则的统一总体。任何事物之间并不存在必然的连续性,所谓必然的连续性,只是思想抽象的结果,没有任何的现实性。真实的总体应该是现实的、包含矛盾和对抗的总体,是由非同一性的中介构成的星丛,星丛意味着非同一性和非连续性,它同时也意味着同一性的破灭。

根据这种非同一性的星丛理论,在工具理性占统治地位的资本主义社会当中,应该捍卫作为历史碎片的经验个人,而不是去捍卫虚假的历史元主体。即使作为历史元主体的无产阶级是存在的,它也已经失去了革命的意识,因而无法成为真正的现实主体,当然更无法成为主客体统一的总体。阿多尔诺认为,人只有从对自然的控制与主宰中抽身出来,人类历史的进步才是可能的,因为人对自然的控制和人对人的控制是共生的。社会历史的星丛只有在否定的意义上,才能使人类历史朝向未来开放。从这个意义上来看,阿多尔诺的总体观又具有一种特殊的实践意义,即阿多尔诺反对虚假总体的根本目的就是要重新寻求一个人与自然、人与人之间和谐统一的社会形态。

---

① Adorno, Introduction to *The Positivist Dispute in German Sociology*, Routledge & Kegan Paul, London, 1977, p.12; 转引自 Martin Jay: *Marxism and Totality: The Adventures of a Concept from Lukács to Habermas*, University of California Press, California, 1984, p.267.

② 阿多尔诺:《否定的辩证法》,张峰译,重庆出版社,重庆,1993年版,第319页。

在阿多尔诺看来,否定的辩证法是建立在非同一性的基础上的,它是一种理性的真正自主运动,它并不服从任何更高的原则,因而这是一种拯救非同一性的手段。根据否定的辩证法,任何异质的因素都不会由于某个特定的目的而被忽视,因此,只有否定的辩证法才能够建立起一个真正的总体——否定的总体。这种总体不会被任何因素所同化,尽管它不会建立起任何宏大的理论成果,但它会永远留在人们的思维当中,始终关切着人类的命运。

阿多尔诺否定的辩证法的确在一定程度上看到了肯定的辩证法的独断性及其意识形态特征等,但它对同一性过分敌视,使得非同一性本身也陷入到一种新的同一性当中,这也许是阿多尔诺自己也没有意识到的一个问题。另外,他对非同一性过分地强调,使得他走向了另一个极端,即导致了理论与现实的脱离,这也是与法兰克福学派的社会批判理论的初衷直接相违背的。当然,他对总体的敌视也与他作为一个犹太人的亲身经历密切相关,反映在他的著作当中。例如,他在1940年以后的著作中多次指出:"奥斯威辛集中营之后的一切文化、包括对它的迫切的批判都是垃圾。"[①]这充分表明了他对通过政治途径来实现一个真正的人类社会总体不抱任何希望。正因为如此,阿多尔诺的否定的辩证法被许多人批判,因为他们都意识到了这种辩证法是严重脱离现实的空想。例如,里斯德就指出,在阿多尔诺否定的辩证法当中,"理论与实践被毫无关系地对立起来了。理论概括了我们无法把握的自然的形象,而实践则只是一个偶然地自为的个体的单纯的自我保存"[②]。总而言之,阿多尔诺否定的辩证法实质上是与实践无涉的。

第三节　马尔库塞:从记忆到总体

在法兰克福学派主要的思想家当中,马尔库塞比较赞同黑格尔思想和马克思思想之间的一致性,即认为马克思继承并发展了黑格尔的总体性思想。不仅如此,他还将现象学和精神分析方法引入总体性思想当中,认为记

---

① 阿多尔诺:《否定的辩证法》,张峰译,重庆出版社,重庆,1993年版,第367页。
② 转引自高宣扬:《新马克思主义导引》,台湾远流出版公司,台北,1995年版,第197页。

忆是人类解放的潜在力量,通过记忆可以恢复已经丧失的总体。

一、从理性总体到记忆的总体化

从思想起源上看,马尔库塞继承了法兰克福学派的基本观点,即认为现代工业社会是一个全面异化的社会。他在《单向度的人》中批判地指出:"凭借它组织自己的技术基础的方式,当代社会倾向于成为极权主义的。"① 技术理性成为现代社会的基础,现代社会的一切必须符合技术合理性的要求,否则就会被社会抛弃,技术的合理性成了现代社会新的极权主义形式。伴随着这种新的极权主义的是批判意识的丧失,个人失去了对社会现实合理的批判能力,变成了只有肯定向度的人,社会变成只有肯定向度的社会,无产阶级革命也将随着批判意识的消失而自动瓦解。

但马尔库塞并没有因此完全否定理性的作用,他试图寻求一条理性的途径来摆脱现代社会的困境。他在《单向度的人》中指出:"理性是颠覆性的力量,'否定性力量',作为理论理性和实践理性,它确立了人和万物的真理,即使人和万物成为其真正样子的条件。"② 异化的社会和异化的人必须要通过理性的力量方能得到克服。但马尔库塞这里所说的理性不是那种技术理性,而是辩证的理性。在他看来,辩证理性克服了技术理性的单向性缺点,它能够同时兼顾理论理性和实践理性。在这里,"理性 = 真理 = 现实,这一等式把主观的和客观的世界结合成一个对立统一体"③。可见,辩证理性能够与人的存在结合起来,从而克服了具体的人的感性与理性、爱欲与逻各斯的二元分裂。

在《理性和革命》中,马尔库塞进一步指出了理性的否定特征。他声称:"对于马克思来说,如同对于黑格尔一样,'真理仅存在于整体中,存在于否定的整体之中'。"④ 在他看来,马克思深受黑格尔否定的总体观念影响,即认为表面上肯定的现实与本质上否定的对立面之间存在着辩证的张力。理性的否定特征意味着理性不受现存的各种条件所限制,而是能够不断地超越

---

① 赫伯特·马尔库塞:《单向度的人》,张峰、吕世平译,重庆出版社,重庆,1988年版,第4页。
② 赫伯特·马尔库塞:《单向度的人》,张峰、吕世平译,重庆出版社,重庆,1988年版,第105页。
③ 赫伯特·马尔库塞:《单向度的人》,张峰、吕世平译,重庆出版社,重庆,1988年版,第105页。
④ 赫伯特·马尔库塞:《理性和革命》,程志民等译,重庆出版社,重庆,1993年版,第283页。

这些现存的条件,并根据自身的观念对它们进行改造。由此,他将当代资本主义社会看作一个总体,并运用理性对它进行批判:"发达工业的被封闭的操作领域,造成了自由与压制、生产与破坏、增长与倒退之间可怕的和谐。"①马尔库塞把当代资本主义看成一个单向度压抑的社会总体。

不仅如此,马尔库塞也看到了马克思与黑格尔之间的区别。在他看来,马克思与黑格尔最根本的区别就在于他们构想总体的方式不同:"对于黑格尔来说,整体就是理性的整体,一个封闭的观念体系,最终与历史的理性体系相一致,黑格尔的辩证过程因而就是一个普遍的观念过程,在这个过程中,历史被存在的形而上学过程所限定。另一方面,马克思从观念的基础中获得了辩证法。在他的著作中,现实的否定变成了一个历史条件,一个不能被作为形而上学关系状态而具体化的历史条件。"②在马尔库塞看来,黑格尔的总体是一种理念的总体,它将历史仅仅归结为理念的一个环节;而马克思则是将黑格尔的辩证法与历史结合起来,把历史本身看作了一个辩证的过程。马尔库塞认为,这是马克思与黑格尔之间最主要的区别,甚至是唯一的区别。

在马尔库塞看来,马克思的历史观念与黑格尔的理念非常相似,它们都是通过自身的矛盾运动而得到发展。历史中的每个具体的片段都表现为普遍性的"自我区分",因而又具有普遍性,因此,它们也可以被理解为总体。马尔库塞认为,黑格尔的总体与马克思的总体,除了存在形而上学与历史之间的对立,其他方面基本上是一致的。由此可见,马尔库塞基本上继承了早期西方马克思主义的纵向总体概念,但同时抛弃了他们残余的宿命论。

马尔库塞不仅批判地继承了卢卡奇等人的总体性观念,而且也将总体性观念拓展到了一个新的维度,即记忆的总体化。所谓记忆的总体化就是通过记忆、回忆的方式来形成总体性观念。弗里德里克·詹姆逊曾经指出,马尔库塞"采用一种深刻的、几乎空想的形式来抬高记忆、回忆在人类生存中的地位,实际上,说记忆女神在马尔库塞思想中占住了同样象征的地位和神话诗的地位并不过分,厄洛斯和撒那特斯的神性在后来弗洛伊德的精神

---

① 赫伯特·马尔库塞:《单向度的人》,张峰、吕世平译,重庆出版社,重庆,1988年版,第106页。
② 赫伯特·马尔库塞:《理性和革命》,程志民等译,重庆出版社,重庆,1993年版,第284页。

分析学当中得到了佐证"①。事实上的确如此,从马尔库塞最早的著作——《黑格尔的本体论》,到他主要的著作,如《爱欲与文明》、《单向度的人》和《反革命与反叛》,甚至到他后期的《审美之维》,马尔库塞都在反复强调记忆的解放作用。

马尔库塞为什么要将记忆看作人类解放的力量呢?这可能与他自身的经历密切相关。马丁·杰曾经把马尔库塞对记忆的迷恋原因归结为四个方面,即他早期所受的哲学训练、他对批判的马克思主义的依附、他对艺术的特殊的关切以及他对精神分析学的引用。马丁·杰的分析是比较中肯的,因为在马尔库塞的记忆理论中,这几个方面的特征是比较鲜明的。

哲学史上将回忆与知识联系起来最早的例子可以追溯到柏拉图和亚里士多德。柏拉图认为理念是永恒不变的本原,是知识唯一的对象。但他同时认为,这种关于理念的知识是无法通过感觉经验的方式获得的,它只能通过灵魂的回忆来获取。柏拉图将回忆看作理念知识的源泉,从而排除了知识的经验论进路,但他认为回忆不是凭空发生的,回忆还需要感觉经验的诱导。因此,他并没有完全否定感觉经验在知识形成中的作用。在亚里士多德那里,记忆被理解为通向关于原因与本原的知识的基础和起点。他在《形而上学》中讲道:"除了人类,动物凭现象与记忆而生活着,很少相关联的经验;但人类还凭借技术与理智而生活。现在,人从记忆积累经验;同一事物的屡次记忆最后产生这一经验的潜能。"②在亚里士多德看来,记忆是人类知识的基础和起源,由记忆可以形成经验,由经验可以上升到技术,最终由技术上升到智慧,这是人类认识的完整过程。亚里士多德这种关于记忆的理论,成为西方哲学史上经验论的开端。由此可见,经验论和先验论都以记忆作为自己的基础和起点,充分显示了记忆在西方哲学发展中的地位和作用。

对于马尔库塞而言,尽管他没有直接接受这种以记忆为基础的经验论和先验论,但他还是受到了这种关于记忆的知识的影响,表现在他对现象学和精神分析学当中有关记忆的理论的接受和运用。正如马丁·杰所指出:

---

① Fredric Jameson, *Marxism and Form: Twentieth-Century Dialectical Theories of Literature*, Princeton University Press, Princeton, 1971, p.112; 转引自 Martin Jay: *Marxism and Totality: The Adventures of a Concept from Lukács to Habermas*, University of California Press, California, 1984, p.224.

② 亚里士多德:《形而上学》,吴寿彭译,商务印书馆,北京,1959年版,第1—2页。

"他(马尔库塞——引者注)除了对'知识作为回忆的古代理论'的一个偶然的参考,他还更加依赖德国唯心主义和现象学传统中对这个问题较少技术性的处理。"① 由此可见,马尔库塞不是直接继承了古代哲学中的记忆理论,而是更加关注现象学和精神分析学当中的记忆理论。

二、海德格尔现象学的启示:物化就是遗忘

马尔库塞在20世纪20年代成为海德格尔的学生,后者于1927年发表的《存在与时间》对马尔库塞的影响是决定性的,尤其是其中关于记忆的理论。在《存在与时间》当中,海德格尔将自苏格拉底以来的西方哲学概括为"遗忘了存在的形而上学"。在他看来,我们的时代虽然重新肯定了形而上学的进步,但是,这种进步的形而上学却遗忘了根本的存在问题。因此,他在《存在与时间》的开头引用柏拉图的话来展开对存在问题的讨论:"当你们用到'是'或'存在'这样的词,显然你们早就很熟悉这些词的意思,不过,虽然我们也曾以为自己是懂得的,现在却感到困惑不安。"② 在海德格尔看来,西方形而上学表面上似乎一直在探究"存在",实际上却没有。他们将"存在者"当作"存在",从而混淆了"存在"和"存在者"之间的本体论区分,以致遗忘了真正的"存在"。海德格尔认为,"存在"是一切"存在者"存在的根据和基础,对"存在"的遗忘,意味着人们生活在一种无根的状态当中,这种无根的状态就是历史中的人的沉沦和异化,随着现代科学技术的发展,这种沉沦与异化的状况已经达到了一个使人类面临被毁灭的边沿。因此,在海德格尔看来,通过记忆恢复这个被遗忘的"存在",是拯救人类的根本出路。海德格尔认为,要想恢复这个被遗忘的"存在",必须颠覆传统的形而上学,并用一种更原始的"思"来开显这个被遮蔽的"存在"。应该说,海德格尔对传统形而上学的诊断是深刻的,它揭露了传统理性蜕变为工具理性的本质。但他由此试图取消理性的做法未免太过于极端,这实际上是一种完全取消理性,而走向非理性的立场。这种立场对于一切哲学来说,无疑是颠覆性的,

---

① Martin Jay: Marxism and *Totality*: *The Adventures of a Concept from Lukács to Habermas*, University of California Press, California, 1984, p.225.
② 海德格尔:《存在与时间》,陈嘉映等译,生活·读书·新知三联书店,北京,1999年版,第2页。

也是不可取的。正因为如此,张一兵批评指出:"海德格尔是通过取消科学认识来标举他新的内省体悟方式的。"①

尽管马尔库塞很早就意识到了海德格尔"存在"观念空虚的本质,但他仍然非常推崇老师的主张,即认为某种至关重要的东西在现代世界中被遗忘了。至于这个重要的东西是什么,马尔库塞开始并没有弄明白,直到他参加由海德格尔指导的第一次关于黑格尔研究的延长班上,他才开始明白这个被遗忘的"存在"到底是什么。在1932年的《黑格尔的本体论》中,当马尔库塞用黑格尔的核心范畴——否定来检验其逻辑时指出:"这个'不',存在(Being)之是的这个否定性,其本身永远不会出场于直接性的领域中,它本身不是且永不在场。这个'不',一直就是直接性的他者,是当下的他者,永远不在当下的东西就永远不是,但却构成它的存在。这个'不',这个否定性,总是在每一时刻便已然过去的那个直接的当下。因此,当下之是的存在总是居留于一个过去,但在某种程度而言,是一个'非时间性的'过去(《逻辑学》,Ⅱ,3),这个过去总是当下的,而存在恰恰就出自于它。在任一时刻,一个存在者(being)就是通过回忆在其直接当下中之所是……通过回忆现象,黑格尔开放了存在的一个新向度,构成了存在作为真正所是的本质向度。"②在马尔库塞看来,记忆使得进入一个本质的、"否定的"层次的现实得以可能,这个"非现实的过去"保留在另一个本体论的计划中,比那个"肯定的"当下更加根本。在这里,马尔库塞将本质完全等同于"非现实的过去",它只能通过回忆的方式获得。

但是,在马尔库塞后来的著作中,这个作为本质的"存在"又与未来存在某种模糊的联系。如他在与海德格尔断交后所写的《本质概念》中,马尔库塞将本质的概念与海德格尔的可能性观念联系起来。海德格尔认为,传统形而上学通过"是什么"的问题形式来追问事物的本质,并将这种本质规定为"存在",实际上是将事物的本质(存在)看作了一个具体的对象,这是把"存在"和"存在者"混为一谈。事实上,事物真正的本质是"存在",这是一

---

① 张一兵:《无调式的辩证想象》,生活·读书·新知三联书店,北京,2001年版,第141—142页。

② Marcuse, *Hegels Ontologie und die Grundlegung einer Theorie Geschichtlichkeit*, University of California Press, California, 1968, p.76;转引自 Martin Jay: *Marxism and Totality*: *The Adventures of a Concept from Lukács to Habermas*, University of California Press, California, 1984, p.226.

种使"存在者"得以"存在"的东西,是一种可能性。它只有在时间性当中,才能揭示出真正的含义。因此,海德格尔认为,"只有着眼于时间才可能把捉存在"①。由于"存在"是比任何"存在者"更加本源的东西,因此,只有通过回忆,只有通过"一步步解构存在论传统,存在问题才会真正变得具体而微"②。

受此启发,马尔库塞认为,在唯心主义哲学中,"本质概念受永恒的过去支配,但当一个理论将它自己与历史进步力量联系起来时,记忆就能够变成一种建构未来的力量"③。将本质同时与过去和将来联系起来,这是马尔库塞一个基本前提。在《爱欲与文明》中,马尔库塞重新回到黑格尔的立场,赞同黑格尔关于时间循环的观点。"记忆在此成了最高存在形式的重要生存范畴这个事实表明了黑格尔哲学的内在趋向。黑格尔用自足地再生产、并完善着存在物的圆圈发展的观念代替了进步的观念。这种发展是一种先决条件,它规定了人(他的主客观世界)的整个历史及对这个历史的把握,即对他的过去的记忆。过去仍然是现在,它就是精神的生命,已经存在的东西决定着现在存在的东西。自由意味着和解,即对过去的恢复。"④在马尔库塞看来,人类未来的解放和自由,就是对失去的过去的恢复。

在《反革命与反叛》中,马尔库塞认为马克思主义也是把记忆理解为重新获得知识。在他看来,要想坚持马克思主义的立场,就必须将本质的观念同时与过去和将来联系起来。马尔库塞这个观点似乎背离了马克思,因为马克思一贯强调在历史中把握现实,从来没有明确强调要重新捕获失去的过去。如他在《路易·波拉巴的雾月十八》中指出:早期的革命,包括英国的革命和法国的革命,可以通过他们的历史前辈的掩护来寻求其正当性,但

---

① 海德格尔:《存在与时间》,陈嘉映、王庆节合译,生活·读书·新知三联书店,北京,1987年版,第23页。

② 海德格尔:《存在与时间》,陈嘉映、王庆节合译,生活·读书·新知三联书店,北京,1987年版,第31页。

③ Marcuse, The Concept of Essence, in *Negations*, trans. Jeremy J. Shapiro, Beacon Press, Boston, 1968, pp. 75-76;转引自 Martin Jay: *Marxism and Totality: The Adventures of a Concept from Lukács to Habermas*, University of California Press, California, 1984, p. 227.

④ 赫伯特·马尔库塞:《爱欲与文明》,黄勇、薛民译,上海译文出版社,上海,1987年版,第83—84页。

"19世纪的社会革命不能从过去,而只能从未来汲取自己的诗情"[1]。由此可见,马克思非但没有明确主张过去的解放意义,反而认为所有死去的人的传统对于活着的人的大脑就像一个噩梦一样,记忆无法作为解放的工具。

不仅如此,马尔库塞甚至认为,卢卡奇也同时将解放的意义与过去和将来联系起来了。他认为卢卡奇早在《小说理论》中就已经指出了记忆的解放力量,当卢卡奇转变为马克思主义者之后,不再像在《小说理论》中那样,仅仅强调记忆的解放力量,而是认为,只有当无产阶级将社会的客观结构抽象出来,并看作自己的创造物时,才能实现真正的总体。因此,这时的卢卡奇已经将过去和未来同时与解放的意义结合起来。在马尔库塞看来,总体化在卢卡奇这里表示一个指向未来的实践活动,而不是一个朝向过去的沉思活动,同时,抽象概念意味着某种确定形式的记忆,因为要重新捕获的东西是历史中人类社会的结构,因此,过去和将来都具有解放的意义。

在《历史唯物主义的基础》一文中,马尔库塞通过对马克思《1844年经济学哲学手稿》的反思,潜在地认识到了记忆和抽象之间的联系。"为了成为真正的超越,实践必须揭示并占有这些条件。考察对象要像考察人的社会和历史形势一样,揭示这些形势的历史条件,并因此获得实际的力量和具体的形式,由此它可以变成革命的准则。我们现在也能够理解,有关疏远的起源与私有财产的起源的洞见究竟有多远,在一个实证的革命理论中必定是一个构成要素。"[2]

其实,马尔库塞对记忆与抽象之间的联系还是比较模糊的,明确提出这个联系的是阿多尔诺。阿多尔诺在《启蒙的辩证法》中讲到进步的代价时,提出了物化就是遗忘的观点,并将遗忘、异化与自然的支配联系起来。阿多尔诺说道:"对自然界持续不断的支配,医学方面的和医学以外的技术,从这种迷惑不解的状态中吸取了力量,当然这种力量只是由于忘却才可能产生。丧失记忆是科学的先验的条件。"[3]阿多尔诺的这个观点,后来被马尔库塞所

---

[1] 《马克思恩格斯选集》第1卷,人民出版社,北京,1995年版,第587页。

[2] Marcuse, The Foundations of Historical Materialism, in *Studies in Critical Philosophy*, trans. Joris de Bres, Beacon Press, Boston, 1972, p.35;转引自 Martin Jay: *Marxism and Totality: The Adventures of a Concept from Lukács to Habermas*, University of California Press, California, 1984, p.229.

[3] 马克斯·霍克海默、特奥多·阿多尔诺:《启蒙辩证法》,洪佩郁、蔺月峰译,重庆出版社,重庆,1990年版,第220页。

接受。他们一致认为,克服这种遗忘的办法就是回忆,通过回忆可以恢复一种理想的状态。但他们对回忆的看法不完全相同。阿多尔诺认为,回忆指的是差异和非同一性在星丛中恢复自己的位置;而马尔库塞则认为,回忆是向一种最初的完满状态回归。除此之外,马尔库塞认为回忆理论还有另一个作用,即作为艺术中一种唤醒解放的潜力。他在《审美之维》中引用《启蒙辩证法》的观点,认为艺术通过使僵化的世界讲话、唱歌、跳舞来反对物化,忘记过去的苦难和快乐,使生活从一种压抑的现实原则下解放出来,回忆则激起征服苦难和追求永恒快乐的驱动力。

马尔库塞赞美记忆理论的另一个原因,是因为记忆在他的美学中起了重要作用。在西方美学当中,记忆具有特殊的重要性,因为在古希腊人看来,记忆女神是缪斯九女神的母亲。不仅如此,浪漫主义也非常推崇记忆,浪漫主义将记忆、人格的同一性和想象联系起来。马尔库塞深受这些美学理论的影响。在《审美之维》中,马尔库塞将记忆引入艺术的本质当中。在他看来,情感构成了艺术与时间之间的矛盾关系,之所以会产生矛盾,是因为通过情感经验的是现在,而艺术如果不通过将它显示为过去,就无法显示现在。因此,艺术作品中本质的东西产生了,它就是回忆,就是重新在场。在马尔库塞看来,哑剧是将现实变成记忆的根本形式,未来快乐的诺言只能体现在艺术中。

三、精神分析的回忆作用

精神分析方法是马尔库塞回忆理论的另外一个源泉。马尔库塞早在《黑格尔的本体论》中,就曾经警告不要将回忆简化为一个心理学概念。当他进入法兰克福社会研究所后,马尔库塞也逐渐开始接受心理学的精神分析方法。弗洛伊德是马尔库塞最为关注的人物,他的精神分析方法为马尔库塞提供了一种关于记忆的精神分析原理,马尔库塞利用它来补充和发展他的哲学。马尔库塞对弗洛伊德精神分析方法的引入,始于弗洛伊德关于文明与压抑的对立关系,即认为文明的发展是以压抑人的本能为前提的。在弗洛伊德看来,人类的精神压抑,使个人"自然地"融入到集体中。马尔库塞则认为,这种"自然的"现象中潜藏着人类普遍解放的可能性。因此,当他将精神分析应用于批判理论时,精神分析方法进入到他的哲学和美学当中,强化了回忆的解放力量。

弗洛伊德认为,记忆的丧失是由过去的外伤性的经验,或不愉快的思想的压抑形成的。因此,心理治疗的一个基本的目标,就是恢复遗忘的和被压抑以前的经验,只要恢复了这些记忆,精神也就恢复到了正常状态。马尔库塞引用了弗洛伊德的这个观点,但他作了一个巧妙的修改。他不是强调忘记过去事件的痛苦,而是强调社会不应该容忍对愉悦的压抑。他在《单向度的人》中批判现代工业社会,用"整体的精神错乱消除了特殊的精神错乱,并把违反人性的罪行变成了合理的事业"①。在他看来,现代社会遗忘的根源主要是社会压抑,其次才是心灵压抑。为此,他引用尼采《道德的谱系》中关于记忆的训练和道德的起源之间的关系,来谴责社会的压抑:"这一背景揭示了文明中记忆培养的片面性,因为这种机能只是用来记忆责任不是记忆快乐。与记忆有关的乃是内疚感、有罪和罪恶。常常呈现在记忆中的,是不幸和惩罚的威胁,而不是幸福和自由的希冀。"②在马尔库塞看来,必须由人回忆的东西不是那些曾经在过去实现的东西,而是自由和幸福的希望。他甚至宣称,在远古的人类史前史,社会过分压抑以前,主要由快乐原则支配,记忆应该努力去拯救它。

通过将心理分析引入《爱欲与文明》,马尔库塞的记忆理论基本上完整了,这也为批判理论找到了一个阿基米德点,他不再需要依靠无产阶级的革命实践作为批判理论的基础了。在他看来,通过回忆不同的过去,来防止人们将现状永恒化,记忆推翻了单向度的意识,并开放了一个可供未来选择的可能性。在《单向度的人》中,马尔库塞表达了与阿多尔诺相似的观点。他认为,贬低过去只是为将来做准备,并把将来看作一个现在的外推趋势。在马尔库塞看来,进步的观念和对现状的永不满足,以及对一个光明将来的向往,是现代压抑社会的根本特征。记忆借助于遗忘的过去,来设想将来社会的乌托邦事实。因此,不仅是记忆的内容构成了记忆的解放力量,而且记忆还可以逆转时间流的事实,也使它具有一种乌托邦能力。因此,如果将来存在真正的人类总体,当前的记忆就是它的一个预兆。

---

① 赫伯特·马尔库塞:《单向度的人》,张峰、吕世平译,重庆出版社,重庆,1988年版,第45页。
② 赫伯特·马尔库塞:《爱欲与文明》,黄勇、薛民译,上海译文出版社,上海,1987年版,第172页。

马尔库塞关于记忆的解放力的有效性何在？这是一个比较复杂的问题。要回答这个问题，必须从马尔库塞的思想从一开始被关注就进行考察，这显然是另一个重大问题，本文无法作详尽的论证。但是，记忆的解放能力，显然远不止是对过去任何东西杂乱无章的记忆保存。由于马尔库塞记忆的观念中本身包含着某种含糊，所以有的时候，他的记忆理论也出现了自相矛盾的东西。例如，他将马克思主义理论理解为一种反对把记忆内容本体化的理论，认为辩证的本质概念只包含了过去人的历史斗争。而在《反革命与反叛》当中，马尔库塞又宣称，记忆不是对从来不存在的黄金时代过去的回忆，我们必须记住的东西，是我们祖先的历史经验和愿望，而不是幻想的天国。

除了记忆的这种历史目的论，马尔库塞有时求助于一种被称为记忆本体论的东西。尽管他抛弃了海德格尔的存在观念，但他重新求助于黑格尔的本体观念，他将本体理解为一种"非现实的过去"，它只能通过回忆的方式达到。因此，他的心理分析保留了本体论的偏见。弗洛伊德所说的古代的遗产，意味着个人的诺言和潜力曾经在他模糊的过去实现过，或如他在其他地方提出的，美的感性形式保留了曾经的快乐的记忆。从表面上看，这种记忆是历史的，但仔细审视时却发现不是这样的。因为面对人类学的证据时，弗洛伊德的理论就并不是确凿的。于是，马尔库塞只能使用象征的意义来解释，即他只是在象征的意义上使用弗洛伊德的人类学沉思。这个观点也意味着，我们不是要回归到一个先前的文明阶段，而是要在真实的人类生活中，回归到一种想象的夺回失去的时间中。

马尔库塞对弗洛伊德的象征理论的引用，使得他可以回避他的回忆理论的另一个困难，即无法证实的个人记忆与集体记忆之间的同一。他在《爱欲与文明》中说道："因此就个体本身仍然与他的种处于一种原始的同一性之中而言，个体心理学本身就是集体心理学。而这一古代传统'在个体心理学与集体心理学之间'架起了桥梁"。[①] 但是，如果要准确地追问个人与人类的同一性到底有多远，马尔库塞根本无法说清，甚至任何人也说不清，因为

---

① 赫伯特·马尔库塞：《爱欲与文明》，黄勇、薛民译，上海译文出版社，上海，1987年版，第37页。

个人记忆与集体记忆的同一性,本身就是一个独断的命题。

然而,如果完整的记忆只是象征,追忆失去的年华仅仅是幻想,那么,人们能够像回忆他们前人真实的实践一样来谈论记忆吗?实际上,如果现实的记忆实际上从来就没有发生,我们如何能够将一种真正的记忆与想象幻觉的记忆区分开来?因此,马尔库塞只是引入一个关于记起那些破碎的东西的总体的神话,如果说其根源真正是在记忆中,也只是在记起的愿望中,而不是在记起的实现中。

马尔库塞引用记忆作为解放的力量,其最终的困难在于,无法解释历史真正的目的——人类解放问题。对于这个困难,我们也可以参考法兰克福学派其他的思想家,来得到一个可能的结论。如本雅明追求一种原始语言,他认为在一种理想的语言中,词与物是一体的,这里有一种对回忆的意义的挽歌式冲动。但在本雅明对记忆的破坏作用和建构作用的强调中,他意识到仅仅有回忆是不够的。同样,阿多尔诺反对一个哲学的起源,固执地坚持非同一性的否定的辩证法,认为怀疑的记忆理论是至高无上的。霍克海默通过对宗教沉思,断言无论将来有多么的乌托邦,过去人的痛苦永远无法通过记忆得到恢复,他非常怀疑恢复一个最初的整体的可能性。尤其是在他那种叔本华式的情绪中,他对人类从曾经的"噩梦"中完全醒悟过来感到绝望。从这些思想家的立场来看,他们都对通过回忆的方式来实现历史的解放感到绝望,认为这种回忆的解放力仅仅是一种想象的产物,没有实现的可能性。

马尔库塞似乎同时被上述两种记忆理论所吸引。一方面,他从海德格尔和黑格尔那里继承来的哲学遗产,使得他坚信,一种真正的本质被遗忘了。因此,当务之急就是要通过回忆,来找回这种失去的本质。另一方面,他从弗洛伊德的精神分析当中,吸取了压抑等于遗忘的理论,并以此来分析资本主义社会的总体压抑状况,试图为人类解放寻找一种新的办法。然而,由于他在研究所的任期内,意识形态批判比回忆的乌托邦更加引人关注,因此,他的这种回忆理论非但没有得到广泛的支持,反而引起许多的怀疑,甚至包括他自己也怀疑记忆的解放作用。如他在《爱欲与文明》中,引用了霍克海默的观点来反对记忆的总体化:"即使最终出现了自由,那些痛苦地死去的人也不可能再生了。正是对这些人的回忆和人类对其牺牲者长期所怀的负罪感,使一种无压抑文明的前景暗淡下来了。"①在他看来,记忆的总体化前景是暗淡的,因为它无法真正实现在现实社会当中。

综上所述,记忆的总体化对于马尔库塞来说,从来就不是一个像卢卡奇等人所主张的完全规范的总体的源泉,当然更不用说与当前的政治实践的关系了,它永远无法直接导致一个未来理想和谐的总体的出现。正如他在后来的著作中所承认的,当考虑将生活变成一种艺术作品结构的可能性时,无论采用哪种形式,艺术永远无法消除艺术与现实之间的张力,因为张力的消除将使主体和客体最终的统一成为悖论。其实,马尔库塞的回忆理论最终走向乌托邦的根本原因,就在于它的出发点是纯粹理论设定的,无论是海德格尔的"存在的遗忘",还是弗洛伊德的"社会压抑",都是纯粹思想的产物,没有任何实践的可操作性,因此,最终不可避免地要陷入一种乌托邦。

第四节　萨特:从总体到总体化的总体观

1933年到1934年之间,萨特分别在柏林和弗莱堡参加了海德格尔主持的一系列讲习班。这个期间,萨特非常迷恋海德格尔的哲学,尤其是他的现象学方法。回到法国后,萨特开始将现象学与马克思主义结合起来,形成了他独具特色的存在主义的马克思主义。

一、作为幻觉的总体

萨特在许多重大哲学问题上都与海德格尔保持着一致。例如他们都是运用现象学方法来建构自己的哲学,《存在与虚无》和《存在与时间》都是以"存在"的现象学作为探讨的主题,这些一致性表明了他们思想脉络的相似性。但我们不能因此认为他们的哲学毫无区别。事实上,萨特哲学和海德格尔哲学之间存在重大的,甚至根本的差别。海德格尔关注的核心是存在(Sein),他认为存在的遗忘是西方哲学根基的遗忘,这将导致根本性的异化。

---

① 赫伯特·马尔库塞:《爱欲与文明》,黄勇、薛民译,上海译文出版社,上海,1987年版,第175页。

萨特则将关注的重点转向了此在(Dasein)，他认为海德格尔只是在存在的层面上探讨了异化问题，而忽视了此在的异化问题，真正需要解决的问题则是此在的异化问题，因为此在的异化就是人的生存危机问题。因此，他决定从此在着手探讨人的异化。

在萨特看来，黑格尔的辩证法并没有真正消除意识和外在客观世界之间的对立，因而它也无法真正克服此在的异化，笛卡儿的二元论反而为解决这个对立提供了一个基础。因此，萨特在笛卡儿二元论的基础上，把"存在"(being)分为"自在"(being-in-itself)和"自为"(being-for-itself)。萨特将"自在"理解为"存在"的客体极，认为"自在的存在永远既不能是可能的，也不能是不可能的，它存在"①。"自在"是完全自足的，是一种与自身完全等同的肯定性，是意识活动的背景和素材，除此之外，我们无法对它作进一步的判断，它的意义就在于等待意识活动的否定和改造。与之对应的是"自为"，"自为"是"存在"的主体极，它是现在所不是，是一种意识的否定作用，其本质就是虚无。在萨特这里，虚无是一种意识对"自在"的积极否定，通过这种否定，就能够实现对现存的事物的超越。因此，萨特指出："只有在虚无中，存在才能够被超越。"②萨特由此得出结论：存在即虚无。

萨特认为，根本就不存在先于"自在"和"自为"分离之前的元存在，"自在"与"自为"处于永恒的斗争之中，它们之间也无法最终达成一个统一的整体，因此，异化是一种永远无法消除的状况。在这个基础上，萨特进一步指出，"自在"与"自为"之间并不具有黑格尔所说的"正反合"的性质。因为"如果自为欠缺自在，自在并不欠缺自为。在这个对立中没有相互性……此外，合题或价值很可能回归于正题，因而就回归于自我，但因为它是不可实现的整体，自为就不是能够被超越的环节。"③也就是说，"自在"与"自为"的这种矛盾关系，并不存在一个真正意义上的合题。因此，无法通过黑格尔或马克思那样的方法来解决"自在"和"自为"之间的矛盾，当然也无法创造出一个未来的总体。人类发展没有一个最终阶段，所谓的"最终阶段"，只不过是黑格尔和马克思等人的幻想而已。

---

① 萨特：《存在与虚无》，陈宣良等译，生活·读书·新知三联书店，北京，2007年版，第26页。
② 萨特：《存在与虚无》，陈宣良等译，生活·读书·新知三联书店，北京，2007年版，第45页。
③ 萨特：《存在与虚无》，陈宣良等译，生活·读书·新知三联书店，北京，2007年版，第133页。

由此出发,萨特反对任何形式的和解,也反对海德格尔将人类世界描绘为一个共在的世界。在他看来,"用来反对他人的一切活动,原则上都能为他地成为他用来反对我的工具"①。人与人之间的关系,在本质上是斗争的。当然,萨特这里所考察的人与人的关系,并不是现实的关系,而是个人意识之间的关系。在个人意识中,每个人都不可能完全将他人看作一个对象,反过来,他人也无法完全将我看作对象,我与他人的这种关系,被萨特称为"为他之在"(being-for-others),这意味着我总是与他人处于一种互为对象化的纠缠当中,和解当然也就永远无法达到。

尽管萨特也承认一个共同的"我们的意识"的存在,但他并不是将这个"我们的意识"看作一个主体间的意识,而是看作我与他人意识冲突的暂时中断,这时的我与他人存在共同的关注对象。他在《存在与虚无》中,举了一个例子来说明这种"我们的意识"。他说,当一辆三轮车与一辆出租车发生了一个碰撞事故时,我与他人都变成了这个事件的关注者,由此而形成了一个"我们的意识"。但是,萨特认为,这个"我们的意识"仅仅是暂时的,一旦恢复到常态当中,它就马上消失。因此,人与人的关系的本质是冲突,人类之外并不存在一个作为总体的元注视者。

在萨特看来,海德格尔试图通过记忆来恢复先于异化的总体,以及马尔库塞试图通过记忆在未来实现这个先于异化的总体,都只能是一种幻想。他在《存在与虚无》中指出:"在过去和现在之间,存在着一种绝对的异质性,我之所以不能进入其中,那是因为过去存在。我可能成为过去的唯一方式,就是自己成为自在,以便使我自己以同一的方式消失于过去之中:这从本质上讲是我所不接受的。"②这样,萨特从黑格尔关于本质的著名论断——"是其所是"中,得出了自己的关于人的本质的论断,即"人的自由先于人的本质并且使人的本质成为可能,人的存在的本质悬置在人的自由之中"③。人的本质不是某个固定不变的东西,由于人类是由将来引导的,因此,人的本质不是"是其所是",而是"是其所不是"。

---

① 萨特:《存在与虚无》,陈宣良等译,生活·读书·新知三联书店,北京,2007年版,第332页。
② 萨特:《存在与虚无》,陈宣良等译,生活·读书·新知三联书店,北京,2007年版,第161页。
③ 萨特:《存在与虚无》,陈宣良等译,生活·读书·新知三联书店,北京,2007年版,第53—54页。

萨特认为历史总体是一个无法真正实现的目标,因为自然是实现历史总体的障碍。尽管他接受了卢卡奇非辩证的自然观,但他同时认为,历史无法完全从自然中分离出来,自然非辩证地永久侵入人类的领域。因此,历史总体只是唯心主义的假设。由此可见,萨特已经抛弃了卢卡奇等人为了拯救实践,试图通过历史总体化来解决历史与自然之间矛盾的观点。不过,萨特对总体的抛弃并不彻底。正如他在关于存在的精神分析中所指出:"这种精神分析法的原则是,人是一个整体而不是一个集合;因此,他在他的行为的最没有意义和最表面的东西中都完整地表现出来——换言之,没有任何一种人的爱好、习癖和活动是不具有揭示性的。"[①]可见,萨特仍然保留了一个微弱的总体观念。

萨特之所以敌视整体主义,这与他自身的思想经历密切相关。因为《存在与虚无》使萨特进入到一个死胡同,他一直在寻求一个可以替换《存在与虚无》的政治方案。他的第一个替换方案体现在《存在主义是一种人道主义》中。尽管他那时仍然坚持早期的概念结构,但他的立场开始与人道主义相结合,这是一种具有普遍政治意义的人道主义。萨特这种人道主义主张建立在存在主义所假设的一致性的基础上,即人们可以创造自己的生活。在萨特看来,人们被迫去选择自己的命运,他们的选择不仅仅是为了个人自身,也是为了整个人类。萨特试图通过引入普遍意义的人道主义来补充他早期激进的个人主义。

然而,具有讽刺意味的是,萨特关于"存在主义是一种人道主义"的观点是建立在他对《存在与时间》误解的基础之上的。也正因为如此,海德格尔后来在《关于人道主义的书信》中,批判萨特的存在主义完全偏离了自己的观点,认为它完全颠倒了存在对人的优先性的关系。海德格尔指出:"因为马克思在经验异化之际深入到历史的一个本质性维度中,所以,马克思主义的历史观就比其他历史学优越。但由于无论胡塞尔还是萨特尔——至少就我目前来看——都没有认识到存在中的历史性因素的本质性,故无论是现象学还是实存主义,都没有达到有可能与马克思主义进行一种创造性对话

---

① 萨特:《存在与虚无》,陈宣良等译,生活·读书·新知三联书店,北京,2007年版,第689页。

的那个维度。"①为了使这个对话成为可能,海德格尔认为,必须从劳动中来理解唯物主义。为此,他指出:"在黑格尔的《精神现象学》中,劳动的现代形而上学本质已经得到先行思考,被思为无条件的制造(Herstellung)的自行设置起来的过程,这就是被经验为主体性的人对现实事物的对象化的过程。唯物主义的本质隐蔽于技术的本质中。"②尽管萨特并没有像海德格尔那样关注现代劳动技术问题,但他后来确实逐渐抛弃了原来的唯物主义观念,并开始将劳动包括到他的行动概念当中。

为了寻找一个与他的哲学相符合的政治立场,萨特甚至是亲身躬行,他先是参加了"革命民主联盟"(RDR),接着他又成了法国共产党的同路人。但无论什么时候,萨特都不愿意使自己屈服于任何政党的纪律。他甚至对马克思主义也表现出同样的立场,具体表现为对马克思主义总体观念的不信任。在他看来,那种建立在物化基础上的总体本质上是独裁主义,它完全丧失了人类的创造本质。

二、从总体到总体化

在《辩证理性批判》中,萨特从匮乏问题出发,来探讨人异化的根源。在他看来,人类历史"至少迄今为止,一向是在同匮乏作艰难的斗争"③。人类历史就是一部不断同匮乏作斗争的历史,物质资料无论什么时候都无法完全满足人的需求。因此,匮乏不仅仅是一个简单的物质生活资料缺乏的经济问题,它还是"一种非常根本的人类关系……在这个意义上,匮乏应该被看作是使我们成为这些个体、产生这一历史、将我们自身界定为人的因素"④。物质资料的匮乏不仅影响了单个人的生存状态,也影响到了整个社会关系。因此,匮乏在最根本的意义上关涉着人类的生存和发展问题。

为了生存,人必须寻找各种方法来消除匮乏。"通过社会化的物质和作为惰性统一体的物质否定,人被构造为他人,而不单单是人。人的存在对于

---

① 海德格尔:《路标》,孙周兴译,商务印书馆,北京,2001年版,第401页。
② 海德格尔:《路标》,孙周兴译,商务印书馆,北京,2001年版,第401页。
③ 让—保尔·萨特:《辩证理性批判》,林骧华等译,安徽文艺出版社,合肥,1998年版,第262页。
④ 让—保尔·萨特:《辩证理性批判》,林骧华等译,安徽文艺出版社,合肥,1998年版,第263页。

每一个人来说都是非人的人(homme inhumain),作为一个异化的种类。"①匮乏的生存状况使得人与人之间的关系根本对立起来。为了自己的生存,每个人都将别人看作自己的对象和手段,试图由此来克服自己的匮乏状况。萨特将这种由匮乏所引起的人与人之间的关系,描述为地狱——他人即地狱。这意味着每一个人的生存,对于他人来说,都是一种威胁。萨特在这里将人的生存需要看作人的全部,从而不可避免地走向一个极端。事实上,人作为一种有限的存在,总是在向往和追求一个无限的目标,而这个无限的目标是永远无法完全实现的。因此,从这个意义上来说,匮乏无论如何都是无法完全消除的。

由此可见,匮乏之所以成为人的基本生存状况,是因为它根源于人的需要。人类在匮乏的环境中根据自己的需要从事生产,一旦他们试图克服和超越匮乏,他们就把匮乏内在化了。"匮乏作为一种严格意义上的否定图式,通过每一个人的实践,通过作为一种必须被否定的整体化的潜在地剩余的人的群体,组织成为除自身以外否定一切事物的一种整体性。"②人类是为了克服匮乏而从事生产的,但是,生产非但没有消除匮乏,反而把原来只是作为环境的匮乏内化为人类生存的基本形式,匮乏由此成了人类一种永恒的生存状况。匮乏作为非人的东西,是对人的生存的否定,它使人与人的关系非人化,历史就是这种非人化的关系的展开。由匮乏带来的是物对人的统治,人沦为物的奴隶。

众所周知,马克思也承认人类长期处于一种匮乏的历史状况中,但他认为这种匮乏状况会随着人类社会的发展和进步而得到消除。萨特对此提出了批判:"当马克思确定提及匮乏时,……马克思好像试图将对一个希腊或罗马群体的内在否定转变成一种外在否定,消失在天边外——也就是说,让它在1853年消失。"③在他看来,马克思将匮乏仅仅看作是与私有制联系在一起的,并认为随着私有制的消灭,匮乏就会自然消除的想法完全是一个幻

---

① 让—保尔·萨特:《辩证理性批判》,林骧华等译,安徽文艺出版社,合肥,1998年版,第269页。
② 让—保尔·萨特:《辩证理性批判》,林骧华等译,安徽文艺出版社,合肥,1998年版,第271页。
③ 让—保尔·萨特:《辩证理性批判》,林骧华等译,安徽文艺出版社,合肥,1998年版,第288—289页。

想的神话。但萨特同时认为,就当前的革命而言,马克思主义却是唯一有效的神话。这个神话的一个重大缺陷就是把人当作物来看待,因此,必须对它进行拯救。在萨特看来,存在主义就是拯救马克思主义的唯一良方,"存在主义得以再生并保存下来,因为它重新肯定人的实在性"①。因此,存在主义是唯一一种不把人当作物的理论,只有它才能给予个人一种首要地位和不可还原的具体性,以此来抵抗集体的同化,从而捍卫个人的价值和尊严。

萨特批判传统马克思主义将总体实体化的倾向,认为这种实体化的总体是一个非辩证的范畴。在他看来,"马克思主义已经停止不前。正是因为这种哲学希望改变世界,因为它的目标是'哲学的变异—世界'(le devenir-monde de la philosophie),因为它的希望是实践的,所以在它之中发生了一种真正的分裂,把理论扔到一边,把实践扔到另一边"②。因此,理论与实践在马克思主义那里是分裂的。理论与实践的这种分裂的结果"把实践变成了一种无原则的经验论,把理论变成了一种纯粹的、固定不变的知识"③。萨特认为,斯大林是这种马克思主义的典型代表,"斯大林化的马克思主义具有一种保守主义的面貌,它认为一个工人不是一个同世界一起变化的真实的人。这是一种柏拉图式的理念。事实上,在柏拉图那里,理念就是永恒、普遍和真实。运动的事件作为这些静态形式的模糊反映,是在真实性之外。柏拉图通过一些神话来达到目的。在斯大林的世界中,事件是一种有教益作用的神话;从弄虚作假的招供中可以找到它们的理论基础。"④这种非辩证的总体不是真正意义上的总体,因为它不是根据总体原则来研究事实,它分析事实的目的,"只是在于清除细节、歪曲某些事件的意义、改变一些事实的性质,或者甚至编造一些事实,以便从中找出作为它们实质的那些固定不变的和偶像化的'综合概念'"⑤。因此,萨特认为这种所谓的"辩证法"所产生的总体并不是一个真实的事物,而是一个过去行为的痕迹。

由于匮乏是人类生存的永恒状况,是人类异化的根源,因此,匮乏与异

---

① 让—保尔·萨特:《辩证理性批判》,林骧华等译,安徽文艺出版社,合肥,1998年版,第27页。
② 让—保尔·萨特:《辩证理性批判》,林骧华等译,安徽文艺出版社,合肥,1998年版,第22页。
③ 让—保尔·萨特:《辩证理性批判》,林骧华等译,安徽文艺出版社,合肥,1998年版,第22页。
④ 让—保尔·萨特:《辩证理性批判》,林骧华等译,安徽文艺出版社,合肥,1998年版,第103页。
⑤ 让—保尔·萨特:《辩证理性批判》,林骧华等译,安徽文艺出版社,合肥,1998年版,第26页。

化是同一的。并不存在通向共产主义的康庄大道,有的只是永恒的总体化的实践。人在匮乏的环境下,通过实践作用于外部的物质对象,他在把外在的对象转化为为我之物的同时,也使自己不断地转化成了外在的对象。萨特认为,人的这种客体化的实践,就是人的异化,就是人的总体性的丧失。应该说,萨特这个见解,在一定程度上是合理的,至少它看到了人类工具理性的巨大破坏作用。这种趋势在人类文明的进程中非常地突出,尤其是随着近代科学技术的突飞猛进,机器代替了许多过去的手工劳动,技术理性以其形式的合理性,掩盖了其实质上的不合理。这是现代社会人的异化的突出表现,法兰克福学派思想家们对此作过严厉的批判。

在萨特看来,人类实践目的是想消除匮乏、克服异化,但实践的结果却刚好相反,人在利用机器的时候,反过来被机器操纵了。为此,萨特指出:"它(机器——引者注)作为绝对命令,把他变为一种绝对的但是有意识的(因为他了解命令)手段;它作为工资的分配者,把他的实践(或劳动力)变为商品,即变为惰性的产品,同时又使他保存统一个实践场域的能力。"[①]人类实践活动对物质世界的改造过程,也是人把自己对象化为惰性的物的过程,同时也是人失去自己的创造性和能动性的过程,这就是萨特所说的"实践—惰性"。

由于异化是根源于匮乏的,而匮乏又是人类的永恒状况,因此,异化无法从根本上消除。人类社会的发展历史表明,匮乏使得人与人之间的关系异化为一种对立的关系,人与人之间相互否定、相互排斥,每个人对于一切其他的人来说,都是一个非人。因此,我们无法从历史中得出人类可以获得解放的结论,人类所追求的总体的目标,只能以失败而告终。如果就立论而言,萨特这种匮乏理论的确具有一定的道理。但他将匮乏看作异化的根源,明显是片面的,这也直接导致了他关于克服异化的理论舛误。然而,萨特理论的高明之处在于,他没有将异化的人等同于物。他认为存在主义是唯一的不把人还原为物的理论,因为异化的人不过是失去了自己本真状态的人,但这种人依然是人。这也意味着人还有一种非异化的本真状态,这种非异

---

① 让—保尔·萨特:《辩证理性批判》,林骧华等译,安徽文艺出版社,合肥,1998年版,第355页。

化的本真之人,就是获得了解放和自由的总体人。萨特认为人对自己异化状态不满,就试图通过总体化的实践来克服异化,恢复自己的本真状态回归。这种消除了异化的总体之人,其存在与其本质是直接同一的,而现实中的人却总是在从事着总体化的实践,总是在不断地异化。由此可见,总体之人只能是异化之人的一个逻辑前提,它永远无法真正得到实现。

正因为如此,萨特用总体化来取代总体。在他看来,总体化是一个动态的过程,而不是一个静态的对象。所谓的"总体",只能是一个通过总体化而不断地生成的东西,这是一个开放的东西,并不存在一个原始的现存总体。萨特也曾经谈到,他之所以保留总体这个范畴,完全是理论叙述的需要,因为理论叙述必须设定一个逻辑的起点。他在《存在与虚无》中把这个作为起点的总体设定为主体—客体的共在结构,以此来连接主体和客体,以使自在的客体转变为自在自为的总体,即主体—客体的共在结构。实际上,这种结构从根本上来说就是主体的构造,是自为本身。

三、历史的总体化

与卢卡奇一样,萨特也认为总体是由部分有机结合而成的,但萨特更加强调总体的生物有机体特征。在他看来,传统人本主义片面地将人理解为一种理性化的人,忽视了人的非理性因素,从而使人成为原子化的社会符号和历史构成要素。事实上,现实的人是理性与非理性要素的统一。只有在理性与非理性统一的基础上,人的总体性才能得到真正的理解。如果抛开人的非理性因素,人必然变成一个抽象的物。萨特认为当代马克思主义也犯了这个方面的错误,因为它"在偶然性方面抛弃了人类生活的一切规定性,并且不保留属于历史总体化的任何东西,只保留有其普遍性的抽象轮廓,结果它完全失去了人的含义"[1]。也就是说,当代马克思主义用一种抽象的人来替代现实的人,因而出现了人学的空白。在萨特看来,辩证理性就是从具体的个人来理解社会历史的。具体的个人是一个构成的总体,在他身上既具有总体的空间维度,即可以发现家庭、社会的各种关系和影响;也具有时间的维度,即任何个人都是过去、现在和未来的构成物,缺失了其中的

---

[1] 让—保尔·萨特:《辩证理性批判》,林骧华等译,安徽文艺出版社,合肥,1998年版,第71页。

任何一个环节，也就不是真正意义上的总体之人。

在此基础上，萨特提出了他的总体化理论。他把人类社会历史理解为一个过程，从而赋予了历史总体更加具体的意义。在他看来，如果辩证理性真正存在的话，那么其可理解性的基础就在于总体化。由此出发，萨特将总体化等同于个人实践，认为个人实践活动的一切要素都是彼此相互作用、相互影响，并共同构成一个有机统一的辩证总体。个人既是总体化的原因，也是总体化的结果，这样，作为逻辑起点的总体概念在现实中被总体化所取代。正是由于总体化的实践活动，人才得以成为真正的人。应该说，萨特这个观点比较合理地解释了个人与社会的关系。正如张康之所指出的："尽管人的总体是作为总体化的前提和目的的'调节原则'，但人的总体的现实性却是由总体化赋予的。"①人的总体性本质上只是一个调节性理想，其实现的过程就是总体化的实践。

在萨特看来，人的总体性只有在总体化的过程中才是真正现实的，总体化是人的本质规定。人通过总体化的实践活动，不断地将现实世界的众多要素综合为他自己的存在，即不断地生成着他的世界。但人的总体化的实践活动不是盲目的综合，而是主体根据自己的目的所进行的综合。主体的这个目的就是他在实践活动前虚构出来的一个总体，它是现实的总体化实践的模型和参照物。萨特由此宣称："虚构的实践的真实性存在于真实的实践之中，而前一种实践由于把自己只看作是虚构的，所以包含着对后一种实践以及对其解释的不明言的参照。"②可见，个人现实的实践就是参照虚构的实践而进行的。

由于总体化是人的本性，人作为一种可能性的存在，总是不满足于自身的现状，他总是在不断地进行实践以改变自身的现状。在这种总体化的实践活动中，人把周围的世界综合在自己的世界中，内化为自己的要素，形成一个以自我为中心的总体。因此，总体化的实践既改变了外部世界，也改变了人本身。值得注意的是，萨特这里所提出的以人为核心的总体世界不是传统哲学上所主张的那种封闭的总体，而是一个不断形成的、动态的、开放

---

① 张康之：《总体性与乌托邦》，吉林出版集团有限责任公司，长春，2007年版，第153页。
② 让—保尔·萨特：《辩证理性批判》，林骧华等译，安徽文艺出版社，合肥，1998年版，第43页。

的总体。正是由于人的总体世界的动态和开放特点,才使得作为总体化的实践活动具有超越的特征。正如张康之所指出:"它(实践活动——引者注)不断地打破实践的总体状态,使实践表现为不断更新着的和调整着的总体,或者说,表现为一个无限接近总体的过程。"①总体化的实践活动能够使人不断接近自己设定的总体目标。

萨特认为,社会历史的总体化过程必然形成各种社会关系。他把总体化所形成的社会关系分为两类:一类是从个人总体到与社会总体的关系;另一类是从社会总体到个人总体的关系。在萨特看来,这两种不同的社会关系反映了理解社会历史的两种不同的思维方式。马克思主义代表了从社会总体走向个人总体的思维方式,这是一种前进的思维方式;而存在主义则代表了从个人总体走向社会总体的思维方式,这是一种回溯的方式。在萨特看来,单纯的前进式思维和单纯的回溯式思维都不是真正科学的认识方法,"唯独这种解决办法(前进—回溯的方法——引者注)才能使人在实在中建立整体化运动"②。只有把两者结合起来,才是理解社会历史的科学思维方法。萨特认为自己的方法就是将这两者结合起来,代表了一种从个人到社会,又从社会到个人的思维方式,它既是前进的,又是回溯的,结合了马克思主义和存在主义两者各自优点的思维方式,是唯一科学的思维方式。实际上,萨特的这种前进—回溯的方法,归根结底还是个人的。因为"社会实践无非是由于共同的目的和观点结合起来的个人实践,是个人实践的综合形式"③。在强大的客观现实面前,个人实践的作用非常有限,由其形成总体化几乎是一种不可能的空想。

萨特认为单纯前进的方法仅仅停留在实践的物质层次,是从人的物质方面来理解人的存在,这是对历史的一种严重的非人化的理解。萨特认为这种理解方式是传统马克思主义的理解社会历史的思维方式,他对此提出了严厉的批评:"综合的渐(前——引者注)进方法是危险的:偷懒的马克思主义者用这种方法来构成先验的实在和各种方式,以便证明已经发生的事

---

① 张康之:《总体性与乌托邦》,吉林出版集团有限责任公司,长春,2007年版,第160页。
② 让—保尔·萨特:《辩证理性批判》,林骧华等译,安徽文艺出版社,合肥,1998年版,第84页。
③ 张康之:《总体性与乌托邦》,吉林出版集团有限责任公司,长春,2007年版,第169—170页。

应该这样发生,他们用这种纯粹展览的方法不能发现任何东西。"①传统马克思主义这种单纯前进的思维方法是片面的,还必须结合回溯的方法,只有将前进的方法与回溯的方法结合起来,才能克服总体化的片面性。正如张康之所指出:"前进—逆溯的方法与实践的辩证法是统一的,也是总体化的路径。"②正因为有了回溯的方法,个人的行为就不再被看作无意义的和偶然的行为。在现实生活中,辩证法就是辩证运动本身,它本质上就是实践主体在实践中展示自己的方法。

由于个人实践是历史发展的原动力,因而历史的总体化就是个体总体化的对象化。但历史通常以群体的运动表现出来,任何历史的剧烈变化都表现为不同群体之间的斗争,似乎是不同群体之间的力量对比决定着历史发展的方向。萨特将这些不同的群体称为集团,他认为集团从表面上看是历史的总体,其实不然,因为集团并不是脱离个人的纯粹的抽象物,集团本质上是个人创造历史的工具,是个人的创造物。集团在历史的发展过程中,往往会从个人本质的表现转变为吞食个人的东西。萨特以法国大革命为例来说明集团的堕落过程:最初的革命者出于对国王暴政的危险意识而组成一种融合集团,这种集团本身不是目的,它只是实现共同活动的手段,体现出了较强的个人特点,惰性因素很少;后来在融合集团内部又产生了誓愿集团,这种集团是一种有组织的、分工的集团,已经模糊了个人的特征,具有较强的惰性;到最后誓愿集团发展为制度集团,组织变成了等级制度,个人实践完全变成了惰性的,个人沦为集团的工具。也就是说,从融合集团到誓愿集团,最后到制度集团,集团的个人特质不断弱化,个人的活动也日益演变为一种惰性的实践。整个历史就是这样不断地从融合集团到誓愿集团再到制度集团的循环发展,每个循环过程伴随着人的实践惰性不断增加的趋势,个人自由不断弱化。萨特认为,在历史的总体化的过程当中,个人不断地沉沦和异化,因此,个人解放日益成为一个空想。

历史总体化是一个双重总体化的过程,包括主体客体化和客体主体化两个方面。其中主体客体化的过程使得总体化的实践呈现惰性的特点,而

---

① 让—保尔·萨特:《辩证理性批判》,林骧华等译,安徽文艺出版社,合肥,1998年版,第108页。

② 张康之:《总体性与乌托邦》,吉林出版集团有限责任公司,长春,2007年版,第193页。

客体主体化的过程又使总体化的实践表现出能动性和创造性的特点。因此,在总体化的历史过程中,惰性和能动性是并存的。只是具体实践到底是表现为惰性的还是创造性的,则是取决于哪一个方面在实践中占主导地位。萨特认为,个人的实践更加能够表现出人的创造性和主体性,因为这种实践仅仅受外在对象的制约,具有的惰性因素最少,因此,最能体现实践活动的主体性。而社会的实践,除了要受外在对象的制约,还要受其内部不同的实践主体的制约,因而,具有更大的惰性,缺乏个人实践的主动性与灵活性。在萨特看来,惰性的因素由于制约了人的主动性和创造性,因此,是对总体化的辩证法的否定。由于个人实践中惰性最少,因此,思维与存在、理论与实践在这里是直接同一的。而在社会实践中,由于含有较多的惰性因素,思维与存在、理论与实践不能直接同一,它们之间达成的同一是变了形的、外在的"统一",由这种实践构成的辩证法,仅仅是一种外在的辩证法。我们由此可以发现,萨特所说的辩证法实际上就是主体能动性的展现。由于个人实践最能展现主体性,因而是辩证法的最好体现。社会实践则随着惰性因素的增加而具有比较弱的主体性,因而体现的辩证法不是非常清晰的。而超出了人的自然界,则没有任何主体性,因而也就不存在辩证法。这也是他反对自然辩证法的根本原因。

四、个人的总体化

萨特认为,总体化与异化是一种对立统一的关系。实践既是人的异化过程,又是人的总体化过程,实践的这两重属性是不可偏废的。缺少了总体化,实践就没有任何目的,社会历史也就谈不上任何进步和发展;缺少了异化,总体化就没有存在的必要,历史也就无所谓进步与后退之分。因此,异化是总体化的必要环节,它促使人不断追求总体化。一旦异化的人的本质得到重新总体化,人的本质就获得了更加丰富的内容,人也就越是朝着总体的人的方向前进。尽管如此,萨特认为,总体化还不是总体本身,它只是一个无止境的实践过程,是一种真实的行动。"这种行动勾勒出一个实践的场域,这种实践场域作为实践未分化的关联,是那些需要聚合的整体的形式的统一;在这个实践场域内部,这种行动企图对分化最大的多元复合性进行最严密的综合。"①由于总体化是人类的永恒状况,任何形式的总体都是对总体化的窒息,都是僵死的、束缚个人自由的东西,它只能存在于人们的观念当中。然而,一切总体化的实践,又必然导致异化的结果。因此,萨特实际上取消了异化和对象化的区别,重新陷入黑格尔哲学的泥潭。异化不仅是资本主义生产劳动的结果,也是一切对象化实践活动的产物。要想真正克服异化,唯一的办法就是放弃一切对象化的活动,包括能动性和创造性的实践活动,这显然是荒谬的。这个结论同时意味着,异化是人类永远无法克服的一种状态。

萨特坚持个人对集体的优先地位,他认为个人实践是总体化的唯一基础。在他看来,历史过程应该被理解为一个个人总体化的过程,这是一个"不起整体作用的整体化"②。资产阶级这个集体只是聚合体,而不是融合集团,因为使他们结合在一起的,是对工人的隐性排斥。至于它能否为社会主义人道主义所取代,萨特没有明确回答。但从他的总体化理论中,我们还是可以看出,人类作为一个集体解放的主体——我们主体,仍然是一个无法实现的目标。

但是,如果实际上不存在真正普遍的人类主体,那么,如何能够将历史看作一个统一的可理解的整体呢?萨特认为,这种历史的总体实际上就是历史的总体化。"历史含义的多样性就其自身只能在一个未来总体化的基础上才能被发现与给出——根据那个未来的总体化并与之相矛盾。我们的理论和实践的责任就是使这个总体化日益接近……我们的历史任务(在这个多元世界的核心处)就是趋近那一时刻,那时,历史将只有一种含义。"③从这里我们可以看出,萨特既不同于卢卡奇坚持一种表现的历史总体,也不同于海德格尔怀念一个失去的存在总体,而是非常接近布洛赫的未来的总体观念。萨特用非常谨慎的语言来表达他的这种总体化观念:"如果最后这个

---

① 让—保尔·萨特:《辩证理性批判》,林骧华等译,安徽文艺出版社,合肥,1998年版,第180页。

② 让—保尔·萨特:《辩证理性批判》,林骧华等译,安徽文艺出版社,合肥,1998年版,第998页。

③ Sartre: *Search for a Method*, trans. Hazel E. Barnes, Knopf, New York, 1963, p.90;转引自 Martin Jay: *Marxism and Totality: The Adventures of a Concept from Lukács to Habermas*, University of California Press, California, 1984, p.353.

问题确实必须在事实上是对所有实践多元性及其所有斗争的整体化,那么,这些如此不同的多元性的冲突和合作的复杂产物,本身就必须在它们的综合实在中是可理解的,亦即,它们必须能够被理解为一种整体实践的综合产物。这又等于在说,如果人们能够在历史暂时化的一段时间内发现和确定,所有不同的实践最终通过一种可理解的整体化,并且无可挽回地在它们的对立本身中,在它们的多样性中,表现为部分整体化,表现为连接和融合,那么历史就是可理解的。"①尽管萨特反对那种完全的总体状态,但他的总体化观念又表现出了一种对于这种完全的总体的渴望。在他的内心里,萨特潜在地认为一个可理解的历史总体是可以实现的。然而,斯大林的暴政通过强权将苏联的历史总体化,使得萨特对这种历史总体化的信心也显得不足。除了对未来的一种渴望,萨特从来没有真正感觉到传统马克思主义能够将历史带到一个理想的境地。

与多数西方马克思主义者一样,萨特对现代资本主义社会的单向度特征进行了严厉的批判。但与他们不同的是,他对人类的进步抱一个非常冷漠的态度:"对我们而言,集体主体的现实依靠再现。它证明总体化永远无法达到,总体至多只是在去总体的形式中存在。"②在萨特看来,集体的总体只是总体化的暂时表现。集体的总体特征只是在同时性的基础上,它的总体特征只是一种抽象的结果,在现实当中,真正的状况就是总体化。因此,集体总体是虚妄的,"在实践—惰性场域中,神化的工具和整体化的群体是相等的"③。在他看来,群体由集体主体的总体化的实践所产生,这种总体化可以消除个体思想上的分裂,从而形成一个共同的实践场域。从这里可以看出,萨特的总体化实践所构造出来的"总体",与早期西方马克思主义所倡导的规范的总体相距甚远。

萨特坚决反对将历史看作一个集体人类实践可以认识的产物。因此,

---

① 让—保尔·萨特:《辩证理性批判》,林骧华等译,安徽文艺出版社,合肥,1998年版,第1014页。

② Sartre, *Search for a Method*, trans. Hazel E. Barnes, Knopf, New York, 1963, p.98; 转引自 Martin Jay, *Marxism and Totality: The Adventures of a Concept from Lukács to Habermas*, University of California Press, California, 1984, p.355.

③ 让—保尔·萨特:《辩证理性批判》,林骧华等译,安徽文艺出版社,合肥,1998年版,第688页。

当他被问到是否相信无产阶级可以成为集体行动完整的和有效的主体时，他坦率地回答说，这是一个不可能的事情。实际上，《辩证理性批判》对人类相互作用的一般分析表明，萨特已经意识到，群众的团结在很大程度上是强制、害怕，甚至是恐惧的结果。在他看来，人类历史中真正的交互主体性是不可能的。他宣称，理性存在于匮乏当中，它是对人类合作的限制，同时也是暴力的源泉。无论是否将匮乏看作本体论的事实，它都将在社会主义实现后仍然存在。萨特的立场表现出了一种深刻的乌托邦矛盾，因为根据萨特的《辩证理性批判》，匮乏是无法完全消除的，因此，总体只能是一个遥不可及的梦想。

萨特关于总体的悲观主义思想，也可以从他对语言问题的探讨中揭示出来。在语言问题上，萨特坚决反对20世纪的语言学转向，特别是反对海德格尔的语言观。海德格尔认为，语言是先于主客分离的通达存在的特权场所，因此，语言拥有本体的地位。在他看来，本质上是语言在说人，而不是人在说语言。萨特坚决反对这种语言观，在他看来，语言是人类总体化的工具。因此，语言应该被理解为实践—惰性的总体化的部分——"人在言语中表示自己，因为它是人的客体"①。因此，语言必须被理解为一个不断发展的有机总体化过程才有意义，否则，就会陷入语言哲学的泥潭。

实际上，在《辩证理性批判》的第二卷流产后，萨特重新返回到他早期的个人主义关切当中。在《寻找一种方法》中，萨特自责地说："我们在很长的时间里混淆了总体和个人，多元论被我们很好地利用来反对贝尔纳特的唯心主义，防止我们理解辩证的总体化。"②萨特再次倾向于关注个人的总体化，蔑视社会团体的总体化。这个思想倾向与后期的法兰克福学派，特别是与阿多尔诺的思想非常相近。他甚至通过一种批判的术语，来表达总体概念本身的去总体化，并由此认为卢卡奇的总体图式必然失败。

詹姆逊认为，也许可以将《辩证理性批判》看作一个与新左派相关，而不是与卢卡奇的政治实践相关的理论。因为在他看来，《辩证理性批判》写于

---

① 让—保尔·萨特：《辩证理性批判》，林骧华等译，安徽文艺出版社，合肥，1998年版，第137页。
② Sartre, *Search for a Method*, trans. Hazel E. Barnes, Knopf, New York, 1963, p.20；转引自 Martin Jay, *Marxism and Totality: The Adventures of a Concept from Lukács to Habermas*, University of California Press, California, 1984, p.358.

20世纪60年代初期,这个时期世界上刚好发生了一系列重大事件,如阿尔及利亚革命、古巴革命、美国公民权利运动、越南战争、世界学生运动的高潮等,因此,《辩证理性批判》是一个与当时的革命相适应的酵母。尤其是在1968年,这个理论在法国得到了典型地表达,詹姆逊因此把法国1968年的学生运动称为萨特理论的证实。但随后的历史却告诉我们,萨特理论被证实的部分不是希望,而是悲哀。事实上的确如此,萨特自己后来也意识到了这一点。以至于他在一次接受访谈时也承认:不存在一个全人类的总体目标,个人才是奋斗的目标。尽管如此,萨特仍然没有完全放弃希望,他认为存在主义的马克思主义就是这个希望的基础。

小　结

法兰克福学派强调人是哲学研究的核心问题,他们从人本主义的角度,对卢卡奇的总体观进行了批判。霍克海默认为,哲学应该关注人的解放和自由,因此,它不应该仅仅是为社会现实作肯定性辩护的理论,而是要寻找人类社会不公正的根源,对它们提出批判,并探索克服这些不公正的社会现象的途径,霍克海默由此将自己的理论称为批判理论。在他看来,批判理论的根本目的,就是要批判现实的社会问题,而不是建构任何意义上的理论体系,任何总体性的理论体系都是权威人格的产物。霍克海默从德国的现实条件出发,将精神分析方法与社会学融合起来,认为精神分析可以弥补历史唯物主义所欠缺的人性分析。在他看来,建立在现实基础上的总体,不是一个肯定的概念,而是一个批判和否定意义的概念。传统关于现实社会总体性的观点,都是理性主义意识形态的表现。在《启蒙的辩证法》中,霍克海默和阿多尔诺进一步批判了理性的这种意识形态特征,认为理性的启蒙导致了理性的绝对统治,理性蜕变成为新的神话。但是,由于他局限于资产阶级的社会框架内来批判理性的独裁,因此,他无法从根本上恢复理性的本来面貌。

阿多尔诺在霍克海默开创的批判理论的基础上,坚决反对传统哲学的总体性概念。在他看来,传统哲学的总体观是建立在同一性原则的基础上的,这种同一性原则是根据逻辑的同质性来建构的,它只是关注了那些逻辑同质的要素,而舍弃了那些逻辑非同质的要素,由此建构的总体必然是一种抽象的理论总体。这种抽象的理论总体用一种同一性的模型掩盖了理论与现实之间的矛盾,并没有真正实现理论与现实之间的和解。与传统的同一性总体观相反,阿多尔诺更加关注非同一性和异质性,他用"中介"、"星丛"等来表示他的这种非同一哲学。在阿多尔诺看来,哲学要想与现实联系起来,就必须放弃对传统上那种同一性总体的追求。由此出发,阿多尔诺将任何关于人类解放的历史总体性观点都看作是一种理性的空想,甚至连艺术的总体性在现代工业社会也是不可能的。在阿多尔诺看来,辩证的同一性是黑格尔把思想的同一性和现实的状态混淆起来的结果,黑格尔试图用思想的同一性来掩饰现实的非同一性和异质性,这是极端错误的。辩证法本质上是否定的,它是一种建立在非同一性基础上的理性自主的运动,其目的不是要消除矛盾,而是要矛盾地思考矛盾,它不会服从任何形式的既定的同一性总体。真实的总体应该是现实的、包含矛盾和对抗的总体,是由非同一性的中介构成的星丛。在工具理性占统治地位的资本主义社会当中,应该捍卫作为历史碎片的经验个人,而不是去捍卫虚假的历史元主体。社会的星丛只有在否定的意义上,才使人类历史向着未来开放。但它仅仅停留在人们的思维当中,缺乏实践的意义。

马尔库塞将黑格尔的总体概念扩展到精神分析以及美学的范围,认为记忆是人类解放的潜在力量,通过记忆可以恢复已经丧失的总体。他在继承法兰克福学派关于理性蜕变成工具理性的观点的基础上,指出现代资本主义社会已经完全被技术理性所物化了,社会已经变成一个单向度的压抑的总体。他吸收了海德格尔关于存在遗忘的理论,认为现代社会异化的总根源就在于遗忘了其最基本的本质。而记忆使得恢复一个最根本的本质成为可能,这个本质既与过去联系起来,也与将来存在某种联系。因此,记忆是克服异化社会的本质力量。另一方面,马尔库塞也将精神分析与记忆理论联系起来。在他看来,遗忘的根源主要是社会压抑,其次才是心灵压抑。在现代资本主义社会,社会压抑的根本原因就在于理性的工具化,因此,解放的主要途径就是废除工具理性,恢复理性的辩证本性,使理性成为解放的真正动力。在马尔库塞看来,如果将来真正出现那种人类解放了的总体社会,那么,当前的记忆就是它的一个征兆。局限于纯粹的形而上学假设和纯粹的精神分析,马尔库塞通过回忆来恢复总体性的理想,只能陷入一种空想。

萨特将存在主义和马克思主义结合起来,形成了独具特色的存在主义的马克思主义总体观。这种总体观认为,传统马克思主义的总体观是虚假的,只是理论家的一种幻觉。无论是辩证的总体性还是历史的总体性,都是非真实的,人类永远处于碎片的和矛盾的状态,那种同一性的总体从来就不存在,也无法在未来社会中实现。萨特认为,无论是海德格尔试图通过记忆来恢复先于异化的总体,还是马尔库塞试图通过记忆在未来实现这个先于异化的总体,都只能是一种虚假的哲学慰藉。在这个基础上,萨特指出匮乏是人类生存的永恒状况,是人类异化的根源,人类的目的就是要通过实践来消除匮乏和异化状态,因此,历史的真实状况就是总体化的实践,这是人类的一种永恒状态。总体化分为社会历史的总体化和个人的总体化,无论哪一种总体化,都无法使人类得到真正的解放。

第三编
后马克思主义的总体观

随着后现代主义思潮的兴起，传统形而上学[①]面临着崩溃的危机。作为传统形而上学核心范畴的总体，遭到了后现代主义的激烈批评。在这种背景下，我们究竟是坚持还是抛弃总体的观念呢？这是摆在我们面前的一个选择。在这一编当中，笔者就后马克思主义的总体观作一个考察，并在此基础上，尝试提出一种新的实践总体观。

[①] 站在本书的立场上，传统形而上学以追求一种总体性的哲学原理为基本特征，因此，马克思主义总体观也属于传统形而上学的总体观范围。

第六章
总体的崩溃与重建

长期以来,总体性作为一个基本的哲学观念,几乎没有受到批判和质疑。然而,随着后现代主义思潮的兴起,总体性观念立刻成为批判的焦点。海德格尔将传统哲学统统称为形而上学,并认为这种形而上学是建立在理性这个根基之上的,是在对各种非理性的因素扼杀的基础上建立起来的,它压制了一切异质性和差别性。因此,海德格尔认为,必须对传统形而上学进行彻底的批判,包括其内容和思维方式,用一种更加源始的思来取代理性形而上学的总体性思维。维特根斯坦则比海德格尔更加激进,他主张不仅要放弃哲学的总体性理论体系建构,而且强调要多看而不是多说。在他们的启发和影响下,后现代主义思潮不断发出了消灭哲学、瓦解总体的呼声。利奥塔、福柯、德里达等强烈要求废除传统哲学的总体观,主张取消传统哲学中基础、本质、中心等范畴的特权地位。詹姆逊则是后现代主义的一个例外,他主张建立一种差异的总体性。与后现代主义的主张相反,哈贝马斯认为,尽管传统哲学的总体观存在重大缺陷,但我们不应该因此而取消总体性,而是要寻找新的途径来重建一种全面的总体性,以使理论与实践达到真正的统一。在他看来,这种重建的总体不应该仅仅停留在自我反思中,而应该通过一种交往的理性,使社会、经济、政治、文化等方面相互联系起来,使总体性原则能够真正达到改善人的现实生活的目标。本章就后现代主义对总体的批判以及哈贝马斯对总体的重建作一个论述。

第一节 后现代主义的总体观

后现代主义(postmodernism)是当今世界具有广泛影响的一种思潮,也是一种非常不确定的、具有广泛争议的社会思潮。正如法国的安托瓦纳·贡巴尼翁所指出的:"若现代是现今与现时,那么'post'这个前缀到底是什么意思? 不是矛盾的吗? 如果现代性是不断的创新,是时间的运动本身,那么'post'这个前缀所指的现代性'之后'到底是什么含义?"① 在他看来,我们只能将后现代看作是反对现代性意识形态的一个概念,它同时也是一个充满歧义的概念。事实上,"后现代"最初是用来指一种背离和抛弃现代特征的建筑风格,后来被广泛引用来讨论文学、艺术、社会学、历史学、政治学、哲学等方面内容对传统主流理论的背离。因此,如果说后现代主义存在一个总体性的特征的话,那么这个总体性的特征就是对传统主流理论的否定。

由于传统哲学的主流理论是一种整体主义,因此,后现代主义在哲学方面表现出来,就是反对传统形而上学的整体主义。在后现代主义思想家看来,传统形而上学的整体主义表现为各种形式的基础主义和本质主义,其实质是用一种总体性的基础和本质,来吞噬一切差别和异质性,从而制造出一种虚假的同一性总体,来掩盖各种实际存在的矛盾和对立。因此,传统形而上学的这种整体主义是对世界的歪曲反映,它无法使人们认识到世界的本来面目。也正因为如此,后现代主义思想家主张要彻底否定传统形而上学的整体主义,以拯救被传统哲学吞噬的差别性和异质性。因此,在某种意义上,后现代主义的出现与风靡,意味着传统西方的形而上学总体观的破产。

一、利奥塔:向总体性开战

利奥塔率先在哲学领域掀起了后现代运动,其标志性著作是《后现代状

---

① 安托瓦纳·贡巴尼翁:《现代性的五个悖论》,许钧译,商务印书馆,北京,2005年版,第122页。

况》。在该著中,利奥塔主要论述了人类知识在后现代的状况。在他看来,随着社会进入后工业时代,文化和科学知识的状况也发生了巨大变化,他决定用"后现代"一词来描述这种知识的状况。利奥塔认为,在后现代状况下,"知识的传播不再是为了培养能够指导民族走向解放的精英,而是为这个系统提供一些能在其体制所要求的实际岗位上合格地完成他们的角色的扮演者"[①]。也就是说,知识分子已经不再是关心人类命运和解放的社会精英,他们已经技术化和职业化,知识已经变成了一种实用的工具。在利奥塔看来,知识本来不仅仅是一个认识论的问题,它还与人的价值判断与选择相关。但在现代资本主义社会,知识却蜕变成为科学知识。利奥塔认为,适合表达知识的形式不是科学,而是叙事(narrative),"在表达传统知识时,叙事形式是非常重要而突出的……传统知识的主张是叙事性的显证。从各方面来看,叙事是传统知识主张的典型。"[②]由此可见,叙事与科学是两种不同的话语体系,相对于科学而言,叙事具有更加始源性的意义。

利奥塔将叙事分为原始叙事和宏大叙事,前者指具有开创意义的叙事,其合法性是自然形成的,是习惯的产物;而后者指的是具有最高意义的政治和哲学叙事,这是建立在现代社会普遍理性基础上的叙事,是一种包罗万象的总体性叙事。利奥塔认为,黑格尔哲学就是现代社会最典型的宏大叙事,"黑格尔的哲学把所有这些叙事一体化了,在这个意义上,它本身就是思辨的现代性的凝聚"[③]。在他看来,后现代就是要反对这些宏大叙事,后现代是对启蒙理想的质疑,也是对人类解放与进步的反思。在《重写现代性》一文中,利奥塔宣称,后现代"是对现代性将合法性建立在通过科学和技术解放整个人类的事业的基础之上的宣言的重写"[④]。后现代就是要与现代彻底决裂,它是对现代性总体思维的全面否定。利奥塔认为,尽管后现代是对现代性思维方式的完全否定,但它无意提供一种新的总体性理想,而只是想通过

[①] 转引自江怡主编:《走向新世纪的西方哲学》,中国社会科学文献出版社,北京,2004年版,第510页。

[②] 让—弗·利奥塔:《后现代状况》,岛子译,湖南美术出版社,长沙,1996年版,第76—77页。

[③] 让—弗·利奥塔:《后现代与公正游戏》,谈瀛洲译,上海人民出版社,上海,1997年版,第167页。

[④] 让—弗·利奥塔:《后现代与公正游戏》,谈瀛洲译,上海人民出版社,上海,1997年版,第165页。

论证现代性总体的虚妄本质,来拒绝总体性对个别和差异的吞噬。正因为如此,他在《后现代状况》中指出:"后现代知识并非为权威者所役使的工具,它够使我们形形色色的事物获致更细微的感知能力,获致更坚忍的承受力宽容异质标准。后现代知识的法则,不是专家式的一致性;而是属于创造者的悖论推理或矛盾论。"①后现代主义抛弃了传统哲学对普遍的、一致的、确定的总体性目标的追求,代之以多元的、差别的、特殊的知识。利奥塔由此走向了语言游戏说。他认为语言游戏并不存在一套普遍有效的规则,人们可以在游戏中最大限度地发挥自己的想象力和创造力,来实现游戏的目的。这种游戏方式的知识,目的在于突出差异性和特殊性,强调它们之间的不可通约性,这是对传统形而上学总体观的一种颠覆。

利奥塔认为,传统形而上学总体性意味着一种话语对另一种话语的压迫,后现代主义的目的就在于摆脱这种总体性。在他看来,总体性是西方哲学的典型特征,突出地表现在黑格尔的哲学当中,后者用一种绝对精神总体吞并了一切差异的要素。而后现代主义就是要在一种不确定性当中,突破总休性的束缚,从而达到拯救差异性的目的。利奥塔指出,西方哲学发展的历史,就是一条理性追求总体的道路,它表达了对一种完整的总体性理想的追求,这种总体性理想,将不同的要素纳入同一个总体,从而完全掩盖了社会现实中的矛盾,因此,它不是趋向于公正,而是背离公正。也正是因为这个缘故,利奥塔认为,必须放弃用理性来统合各种社会矛盾的理想,"普遍性思想的衰退,也许是没落,可以把思想从整体化的强迫观念那里解放出来"②。人作为社会主体,其功能是多样的和差异的。所谓普遍意义上的主体,仅仅是一种理性的设定,它以一个假设的普遍价值作为基础。因此,从本质上看,总体性只是一个理念,"人们一旦把理念派上规定的用途,那么必定产生恐怖"③。要想真正实现社会公正,必须向总体性宣战。

利奥塔批评哈贝马斯的"交往共识"理论,认为"追随哈贝马斯,通过他所谓的商谈(Diskurs),换言之,论点的对话,将对合法性问题的讨论引向探

---

① 让—弗·利奥塔:《后现代状况》,岛子译,湖南美术出版社,长沙,1996年版,第30—31页。
② 让—弗·利奥塔:《后现代与公正游戏》,谈瀛洲译,上海人民出版社,上海,1997年版,第122页。
③ 让—弗·利奥塔:《后现代与公正游戏》,谈瀛洲译,上海人民出版社,上海,1997年版,第79页。

求普遍的共识,这似乎是不可能的,也是不谨慎的"①。因此,"交往共识"是一个永远无法达到的目标。利奥塔认为,后现代知识是建立在差异的基础上,它的任务就是提出与现存的知识相反的内容,这是一个不断开放的对象。他在《什么是后现代主义》中说道:"后现代并不是现代主义的末期,而是现代主义的初始状态,而这种状态是川流不息的。"②在利奥塔看来,现代艺术体现了后现代精神的实质,即传统总体观念的危机与解体。在现代艺术当中,"交流根本就不存在,因为标准体系不够稳定,作品无法找到它指定的位置,确保得到受公众赏鉴的机会"③。因此,对于现代艺术而言,什么都行,这是拯救差异的唯一出路。艺术不再追求差异性之间的通约,它无法成为综合的工具。艺术不是以一种总体性的理想为目的,而是永远处于不确定的探索当中。由此可见,利奥塔所主张的后现代主义并不是要放弃任何的社会理想,他只是不愿意让总体性的理想来吞噬差异性而已。事实上,他的理想就是要在差异性当中,在事件的特性当中寻求实现人类公正的途径。

利奥塔认为,传统哲学的总体观就是用普遍性来压制差别性。应该说,他已经洞察到了传统哲学总体观的独裁性和垄断性特征,这是比较合理的见解。但是,他由此完全否定总体性思维方式的价值,进而主张完全的差异性,则是走向了另外一个极端。而且,他的这种差异性的观点,也根本没有任何实现的可能性。

二、福柯:权力—知识的历史形态

福柯从历史的角度,对现代性的总体观念进行了批判,这种批判体现在他的一系列探讨现代人本主义科学的著作中,如他对精神病学、犯罪学和社会学的研究中。他认为人本主义科学在现代已经堕落为理性的工具,成为社会的控制力量,因此,他着重批判了人本主义科学的工具理性特征。在《事物的秩序》中,他建立了对总体批判的方法论基础。在他看来,人本主义是18世纪末期出现的,也是康德哲学的基本图式,它标志着传统认识论哲学

---

① 转引自江怡主编:《走向新世纪的西方哲学》,中国社会科学文献出版社,北京,2004年版,第519—520页。
② 让—弗·利奥塔:《后现代状况》,岛子译,湖南美术出版社,长沙,1996年版,第207页。
③ 让—弗·利奥塔:《后现代与公正游戏》,谈瀛洲译,上海人民出版社,上海,1997年版,第19页。

（预设了语言与外在对象的完全相符）的消亡，并体现了知识最终取决于主体的综合。康德对传统认识论的批判，标志着他拒绝承认一种知识必须与事物相符的形而上学秩序。他通过对这种有限主体的改造，来调和主客体之间的同一，即从人的认识能力的先天性方面，来保证知识的普遍有效性。但康德依然无法将这种知识的普遍性扩大到一切范围，他只能将这种知识的范围限定在经验的现象世界。福柯继承了康德的这种知识观，他也认为有限的人类主体，无法实现一种无限的知识目标。因此，福柯看到了人本主义的实质，即"人类主义批判的核心是反对康德修改过的批判形式的、作为调节性理念的现代总体概念"①。人本主义赖以建立的基础——人的存在的普遍必然性，只是理性的虚构，必须对它进行批判。

在《事物的秩序》和《知识考古学》中，福柯通过对历史总体化的批判，展开了对总体概念全面的批判。他认为历史学在过去主要是记载重大事件的知识，并使这些事件转化为文献，现在却相反，历史学是一种将文献转化为遗迹，并试图通过理性的区分和组合，从中建立起总体序列的知识。在他看来，要想使历史具有真正的意义，就必须对它进行考古学研究。历史哲学中的整体性序列完全是理性作用的结果，但在思想史、观念史和科学史当中，理性却产生了完全不同的结果——"这种变化分解了由意识的进步，或者理性的目的论，或者人类思想的渐进所构成的漫长序列，它对聚合和完成的主题提出了疑问，也对创造总体的可能性表示怀疑"②。福柯对历史总体化的否定，标志着他对黑格尔总体观念的否定，也意味着他的思想走向成熟。在他看来，历史的总体化只是一种意识形态虚构。历史本身是没有目的的一个不连续的过程，它也没有方向，也没有累积的意义。所谓的历史的总体性，不过是历史哲学家们运用抽象的原则，制造出超历史的总体的一种技巧。例如黑格尔就是把"精神"，马克思就是把"无产阶级"制造为一种主客体统一的历史总体。

福柯详细地批判了历史上的纵向总体观，他认为以往的历史哲学都是将一种文化的整体性强加给历史，因此，当它们看见别人使用差异、不连续、

---

① John E. Grumley, *History and Totality*, Routledge, New York, 1989, p.185.
② 米歇尔·福柯：《知识考古学》，谢强、马月译，三联书店，北京，2003年版，第7页。

断裂等范畴来描述历史时,它们就认为历史被抹杀了。在福柯看来,这是一种极端的理性主义历史学,是一种历史本质主义。真实的历史是非总体的、非连续的,因而他主张一种形式散漫、缺乏辩证构成的总体性。他在《知识考古学》的序言中指出:"我的研究正是基于这一点,其中《疯狂史》、《临床医学的诞生》、《词与物》勾画出了这种研究的轮廓,只是十分不尽人意。"[1]福柯认为,黑格尔主义的马克思主义和科学的马克思主义试图在现象背后寻找某个共同的原则的做法是错误的。

在福柯看来,人类对总体知识的渴望,包含了一个可怕的代价,即以理性对人类的奴役为代价。为此,福柯论证了理性逐渐的胜利就是一个暴力不断增加的过程。在他看来,现代性的总体观念是一种理性的构造物,它试图用一种虚妄的同一来掩盖和压制多元性和差异性。因此,抵制这种总体性压抑的有效办法,就是进行知识的考古,即通过对历史上各种知识的考古,来探究它们得以形成的各种条件。在福柯看来,历史上的各种知识形态,都是建立在理性的基础之上的,理性自身成了合理与不合理的标准,这是一种理性的内部逻辑,其实是难以达到真正合理的目标的。真正合理的知识形态,一定要有外部事件的介入。

在《疯狂与文明》中,福柯认为疯狂与理性密切相关。在他看来,疯狂本质上不是一种病态,而是一种知识的建构。只是到了近代社会,由于理性蜕变为一种社会的压抑与约束力量,它才表现为一种病态。因此,他认为,要揭示这种病理,首先应该考察疯癫的历史。福柯认为,现代社会之所以会出现疯癫,根本的原因就是理性对非理性的压抑。在他看来,由于非理性被剥夺了与真理的关系,它逐渐被现代社会所抛弃,社会仅仅按照理性的方式运行,理性成为疯癫的原因。他在1972年与德吕兹(Gilles Deleuze)的谈话中说道:"我们也应该研究权力运作受到的限制——权力运作的中介及其对控制、监视、禁止和限制的等级网络的许多微不足道方面的影响程度。"[2]在他看来,知识本质上就是一种权力,而"任何权力的行使,都离不开对知识的汲取、占有、分配和保留"[3]。福柯这种知识—权力的观点与传统的知识观存在

---

[1] 米歇尔·福柯:《知识考古学》,谢强、马月译,三联书店,北京,2003年版,第16页。
[2] 转引自刘北成编著:《福柯思想肖像》,北京师范大学出版社,北京,1995年版,第218页。
[3] 转引自刘北成编著:《福柯思想肖像》,北京师范大学出版社,北京,1995年版,第219页。

根本区别,因为后者将知识说成是一条通往自由的必经之路。而在福柯看来,现代社会就是一种典型的知识—权力型社会,权力是知识产生的前提,知识则是权力的表现,监狱就是这种知识—权力观的具体表现。不仅如此,这种知识—权力的观点,已经渗入到了当代资本主义社会生活的一切方面,整个社会已经演化成为一个规训的社会。

福柯通过疯癫、诊所、监狱、知识和权力等的考古学研究和系谱学研究,建构了一种新的历史观念。在他看来,现代理性主义一直以来都是将历史看作一个包罗万象的连续的统一总体,这是对历史本来面目的歪曲。事实上,历史从来就没有受一个总体性的目的牵引,当然也就不存在那种理性主义关于历史进步的臆想。正如他在文章中所指出:"关于统一的历史假想,试图建立一种文化的总体形式,一种社会的物质和精神原则,一个时代一切现象的综合,而这些现象又具有某种统一的意义,即人们所称之为'时代面貌'。这样一种无视每个时代的多重异质性,而将其纳入单一封闭的整体的历史写作应该被彻底否定。"[①]历史本身不是一个理性的东西,它是各种差异性要素不断无意识斗争的结果。因此,要想真正认识历史,必须抛弃传统历史哲学的总体性观念。

三、德里达:对逻各斯中心主义的解构

德里达则是从结构的角度,对哲学的总体观进行了彻底的批判。他认为西方传统哲学的总体观,起源于古希腊的"逻各斯"(logos)这个总的根源,整个西方哲学就是由"逻各斯"这个"根"衍生出来的一个总体系,他称之为"逻各斯中心主义"。在他看来,西方哲学自始至终都在追求着"逻各斯"这个终极的价值目标。

德里达认为,"逻各斯中心主义"是在场的形而上学和语音中心主义的结合体,它意味着语言能够完整地把握思想和"存在"。在传统哲学当中,"存在"总是被预设为一种在场的东西、一个最高的原因。海德格尔将这种传统哲学称为"在场的形而上学",德里达继承了海德格尔的这种说法。语音中心主义指的是将言语当作语言的本质的观点,根据这种观点,言语能够

---

① 转引自王治河主编:《全球化与后现代性》,广西师范大学出版社,桂林,2003年版,第354页。

在短暂的时间内与思想保持完美的一致,言语一旦被书写成文字,它就远离了说话者的本意。在德里达看来,"逻各斯中心主义"是理性主义总体观的表现,它预设了"逻各斯"的在场和中心地位,这是一个永远无法实现的梦想。因为世界根本就不存在一个绝对的最高真理,以往形而上学所假设的最高原理,只是理性主义的产物,是"逻各斯中心主义"的表现。因此,必须解构"逻各斯中心主义"。

对"逻各斯中心主义"进行解构,也就是对形而上学的总体观进行解构。德里达指出:"解构一直都是对非正当的教条、权威与霸权的对抗。"[①]在他看来,"逻各斯中心主义"以二元对立为基础,它总是预设一种二元对立的言说方式,如主观与客观、真理与谬误、在场与不在场、语言与文字、中心与边缘等二元对立。这种二元对立的言说方式,表面上是平等的,实质上却是前者对后者的支配和统治。德里达认为,这是西方形而上学最深刻的内在本质,即理性的霸权。为了消除这种理性的霸权,德里达以语音中心论为突破口,来解构"逻各斯中心主义"。在他看来,西方传统形而上学就是一种"在场的形而上学",它主张言语高于书写,认为言语是意义"在场"的表达,与意义具有一致性,只有依赖于言语的表达,意义才能直接呈现出来,语言才具有真实性和可靠性,而书写则必须经过"符号"这一中介,才能表达意义,而且,由于作者"不在场",书写出来的意义只有经过解释,才有可能接近真实意义。因此,"在场的形而上学"本质上就是一种语音中心论,它意味着只有言语才是真实意义的有效的表达者和传播者。

在德里达看来,语音中心论的这种意义的垄断地位,实际上是一种话语的暴政,要想消除这种暴政,必须颠覆语音中心论的主张,即赋予不在场的书写以应有的地位。因为在他看来,尽管书写并不"在场",但书写比言语具有更加永久的意义,因为书写以确定的形式保留了人们的思想,可以使人们在每一次阅读中,都能感受到作者的"出场",从而获得新的意义。当然,德里达强调书写的重要性,他并不是要废除言语的意义,他只是想以此来反对赋予言语以特权,从而达到瓦解"逻各斯中心主义"根基的目的。

为了彻底消除传统形而上学的总体性神话,德里达自己创造了"延异"、

---

① 雅克·德里达:《书写与差异》,张宁译,三联书店,北京,2001年版,第16页。

"撒播"、"踪印"、"增替"等概念(按照德里达的说法,这些概念不能称为概念,否则就会重新坠入传统形而上学当中),来作为解构策略。"延异"(*différance*)是德里达解构意义确定性的一个关键概念,这个词起源于拉丁文 *differre*，*differre* 包含两层意义:一是不同或相异;一是推迟或延期。德里达在生造这个词时,"一方面改造了现代哲学家们的现代用法,另一方面继承了拉丁文 *differre* 的传统用法,赋予 *différance* 双重使命:差异与延宕"[①]。可见,"延异"这个概念主要有两层意思:第一层意思是差异,主要诉诸空间;第二层意思是延缓,主要诉诸时间。德里达认为,"延异这个概念既不能简单地被看作是结构主义的,也不能被看成是发生论的,相反,这样一种两者择其一的本身就是延异的'结果'"[②]。通过"延异"这个概念,德里达摧毁了结构主义的同时性的神话。在德里达看来,"延异"是一种存在与语言背后或语言中的力量,它产生着构成语言差异的效果,并意味着对语音中心主义的彻底消除。语言就是"延异"的无止境的游戏,永远也无法得出最后的结论。

"撒播"(dissemination)是德里达对"延异"一词意义的空间扩展。"撒播意味着空无,它不能被定义。"[③]在德里达看来,撒播是一切文字固有的功能。由于"延异"所造成的差别和延迟,文字的意义既不可能是直线传递的,也不可能像在场的形而上学那样,从中心向四周散开,而是像种子一样,将不断分延的意义不规则地向四面八方散布。因此,不存在任何中心。任何语言和文本的意义都是不确定的、开放的,不存在任何永恒不变的意义和真理,德里达以此来解构传统形而上学的绝对真理的总体观。

"踪印"(trace)是德里达"延异"观念的进一步拓展,这是他对"本源"的解构策略。在德里达看来,"踪印"不是一个实体,它没有本己,它是在场中的不在场,是存在的某种影子。因此,"踪印"意味着根本不存在任何形式的"本源"。此时不存在的存在的不断出现和消失,在一个没有对等替代物的链条中,呈现并延搁自身,并使那种试图通过"踪印"来寻求"本源"的企图永

[①] 佟立:《西方后现代主义哲学思潮研究》,天津人民出版社,天津,2003年版,第231页。
[②] 雅克·德里达:《多重立场》,佘碧平译,生活·读书·新知三联书店,北京,2006年版,第10页。
[③] 雅克·德里达:《多重立场》,佘碧平译,生活·读书·新知三联书店,北京,2006年版,第51页。

远落空。因此,真正存在的,"只有差别和踪印的踪印"①。由此,德里达揭示了在场的形而上学的在场的"本源"的虚假性。

"增替"(supplement)是德里达对黑格尔扬弃概念的修正。在他看来,黑格尔的"扬弃"将差别局限在自身的在场当中,其目的就在于寻求关于精神总体的绝对真理。而事实上,这种绝对真理只是理性的虚构,因此,必须对它进行修正。"增替是一种补充、增加……又是为了替代。"②"增替"由此被赋予了两层含义:一是增加和补充;一是替代。因此,"增替"不是"简单地对已经确立的存在的补充,而是以替代者的方式出现"③。"增替"是对存在不完整的证明,是对传统在场的形而上学绝对真理观的揭露。

德里达认为,解构不是一种虚无主义的理论,"解构不是拆毁或破坏,我不知道解构是否是某东西,但如果它是某种东西,那它也是对于存在的一种思考,是对形而上学的一种思考,因而表现为一种对存在的权威或本质的权威的讨论,而这样一种讨论或解释不可能简单地是一种否定性的破坏。认为解构就是否定,其实是在一个内在的形而上学过程中简单地重新铭写。"④德里达认为,解构不是一种纯粹的否定,而是一种对文本进行创造性阅读的策略。正如他在《书写与差异》中进一步所阐明的:"我常强调解构不是'否定'这样一个事实。它是一种肯定,一种投入,也是一种承诺。"⑤他到底要肯定什么呢? 德里达认为,这是一个无穷的答案,它可以是思想、生活、未来等一切东西,因而"对思想、生活与未来来说,并不存在终极目标,只存在无条件的肯定"⑥。

德里达认为,解构是为了避免盲目地服从于形而上学的整体主义。他通过对马克思主义的解构,将马克思主义理解为复数意义上的"幽灵们"。这意味着马克思主义不只是一种,而是存在多个变种。而且,作为幽灵,马

---

① 转引自佟立:《西方后现代主义哲学思潮研究》,天津人民出版社,天津,2003年版,第236页。
② 转引自佟立:《西方后现代主义哲学思潮研究》,天津人民出版社,天津,2003年版,第237页。
③ 转引自佟立:《西方后现代主义哲学思潮研究》,天津人民出版社,天津,2003年版,第240页。
④ 包亚明:《一种疯狂守护着思想——德里达访谈录》,上海人民出版社,上海,1997年版,第18页。
⑤ 雅克·德里达:《书写与差异》,张宁译,生活·读书·新知三联书店,北京,2001年版,第16页。
⑥ 雅克·德里达:《书写与差异》,张宁译,生活·读书·新知三联书店,北京,2001年版,第16页。

克思主义并不一定非要实际在场,只需要在其具体化的形式中,幽灵般地留下痕迹就行。在德里达看来,我们永远无法摆脱马克思主义幽灵的纠缠,它"一直是而且将仍然是幽灵的:它总是处于来临的状况;而且像民主本身一样,它区别于被理解为一种自身在场的丰富性,理解为一种实际与自身同一的在场的总体性的所有活着的在场者"①。马克思的精神作为幽灵,不是一个在场的东西,但又无处不在。

从上面的论述中,我们可以发现,无论是利奥塔对宏大叙事的反对,还是福柯对不同知识型的权力的攻击,抑或是德里达对结构的瓦解,尽管这些观点在形式上存在相当大的差别,但它们在反对总体这个根本方向上是一致的。在他们看来,总体性是一种压制性的同一性观念,它把复杂的差异性的世界还原为某种基本范畴,从而以虚幻的同一,抹煞了真实的差异。实际上,并不存在一种隐藏在特殊性背后的普遍的本质,任何总体性的本质都是虚假的意识形态。后现代主义的这种态度,自然也就否定了马克思主义所强调的集体解放的政治实践。

四、詹姆逊:差异的总体性

在后现代思想家当中,也有一位肯定总体观念的积极意义的思想家,他就是弗雷德里克·詹姆逊。詹姆逊在《马克思主义与后现代主义》一文中指出:"马克思主义与后现代主义:人们往往感到这是一种罕见的或悖论的结合,是缺乏稳固基础的,以致有些人认为,当我现在'成为'后现代主义者时,必须不再做任何含义(即用其他一些传统字眼)上的马克思主义者了。"②在传统哲学的视野中,马克思主义是一种整体主义,而后现代主义则是一种反整体主义的思潮,因而两者是不能共存的。也就是说,它们无法结合为一个整体,而詹姆逊却认为:"引人注目的是我对后现代主义的研究所采用的总体化方式,今天令人感兴趣的问题不是我为什么采用这一视角,而是为什么激起了这么多人的反感(听说很反感)。"③詹姆逊认为后现代主义是能够和整体主义结合在一起的,只是人们没有看到二者结合的契机,因而把它们的

---

① 雅克·德里达:《马克思的幽灵》,何一译,中国人民大学出版社,北京,1999年版,第141页。
② 《詹姆逊文集》第4卷,王逢振主编,中国人民大学出版社,北京,2004年版,第202页。
③ 《詹姆逊文集》第4卷,王逢振主编,中国人民大学出版社,北京,2004年版,第204页。

结合看作一个悖论罢了。

在詹姆逊看来,后现代主义之所以对总体性概念进行攻击,是因为他们没有弄清楚总体性概念的真正含义。"我们不能把构成产生差异的系统设想为完全类同于它试图理论化的客体的那种系统的概念,即不能像狗的概念使人联想到吠叫,糖的概念使人感觉到甜味一样。"[1]后现代主义之所以反对总体性思想,是因为他们混淆了现实的对象与关于现实对象的观念。总体性只是关于现实的观念,真实的差异并不会因为概念的总体化而被消除。因此,借维护差异性的地位而抵制总体性是没有根据的。在他看来,总体性不仅仅是一个抽象的概念,而且还指历史和社会的总体性,这种总体性是一个由许多彼此联系的异质的部分所组成的系统。因此,总体范畴不是一个逻辑同质的概念,而是一个异质要素的聚合体。由此,詹姆逊将差异的视角纳入总体范畴当中。

由于这种差异的视角,使得总体性在后现代仍然具有自身的价值和意义。在詹姆逊看来,后现代主义把差异性的视角纳入我们的思维之中,因此,我们需要的是一种差异的总体性。差异的总体性只有被理解为一种开放的、流动的东西,才能避免坠入独裁主义的危险。由此,詹姆逊指出,"统一性并不一定意味着整齐划一,总体性不必是集权专制,系统性观点不等于体系哲学"[2]。差异的总体性是各种不同的要素的联系起来的背景,而不是将一切不同要素消融于自身的宰制性的总体,差异的总体性不会牺牲任何要素的个性。

詹姆逊差异的总体观明显汲取了阿尔都塞结构性总体的有关思想。在阿尔都塞那里,社会被看作一个结构的总体,这个结构的总体由多个发展不均衡的、相对自治的、彼此联系的区域所构成,其中的每个区域都与其他的区域相互决定。因此,詹姆逊认为,结构并不与总体性范畴相互排斥,阿尔都塞的这种结构是一种真正的总体,因为它非但不排斥差异,而且还能够将差异结合在自身当中。

詹姆逊运用这种差异的总体观来考察资本主义的社会历史。在他看

---

[1] 《詹姆逊文集》第4卷,王逢振主编,中国人民大学出版社,北京,2004年版,第206页。
[2] 转引自邢立军:《差异时代的总体性》,载《江西社会科学》,2007年第10期。

来,后现代不过是资本主义的最新变异,其实质是资本主义总体化逻辑的继续。因此,后现代主义就是一种总体化研究。资本的逻辑并不意味着资本主义现实生产的同一化,也不意味着资本主义生产方式本身矛盾的消除,正如邢立军指出:"把晚期资本主义林林总总的文化总体化为后现代主义文化,并不意味着抹去晚期资本主义文化的差异性。"①只有依靠辩证的思维方式,才能把握总体性与差异性、现实的差异与概念的统一之间的关系。在詹姆逊那里,差异的总体性思想与后现代性并不冲突,它们能够共存。詹姆逊认为,在晚期资本主义社会,随着资本的不断扩张,资本主义社会的一切方面都呈现出一种总体化的趋势。尽管后现代主义看到了差异性和异质性,但由于它缺乏一种总体化的视角,因此,它无法真正认识资本主义的本质,从而阻碍了社会的真正觉醒。

詹姆逊赞同阿尔都塞结构的总体观,并认为总体性就是每个时代的生产方式。"另外某些东西通称'生产方式'。阿尔都塞的'结构'就是如此,也就是'总体性',至少在我使用时是这样。"②把总体性诠释为生产方式,也就意味着总体性思想是无法逃避的,因为我们无论如何都无法逃避一个时代的生产方式。为了清楚地阐释这个生产方式总体,詹姆逊将卢卡奇的总体观念和阿尔都塞的结构总体结合起来。他认为卢卡奇的总体性思想使得人们不再用单纯的经济因素来解释社会历史,而是坚持从总体上,即从主客体相互运动的基础上,来对社会生活进行全面的理解。同时,他也意识到了阿尔都塞结构总体的优越性,因为结构的总体主张多元决定。为此,詹姆逊指出:"就总体性的概念而论,我感兴趣的是我曾经谈到的阿尔都塞的结构概念。"③通过把卢卡奇的总体性范畴和阿尔都塞的结构概念结合起来,历史就能够很好地被理解为一个总体化的过程。

不仅如此,詹姆逊还运用总体化的视角,来研究后现代主义文化。他宣称:"我觉得任何个别的、孤立的文化分析都无法逃离历史,都必定能够在历史分期的论述里得到诠释——无论那历史的论述如何受到压抑,如何被人

---

① 邢立军:《差异时代的总体性》,载《江西社会科学》,2007年第10期。
② 王逢振主编:《詹姆逊文集》第4卷,中国人民大学出版社,北京,2004年版,第209页。
③ 王逢振主编:《詹姆逊文集》第4卷,中国人民大学出版社,北京,2004年版,第209页。

漠视。"①因此,我们不应该简单地否定后现代主义,而是必须"辩证地思考晚期资本主义的文化演变,既视之为灾难,又视之为进步"②。我们要辩证地看待后现代资本主义文化,从中找出有价值的东西,来进行重建。在他看来,资本主义文化一方面承担了维护资本主义秩序的意识形态功能;另一方面,它也潜藏着反对和抵制资本主义秩序的乌托邦冲动。其实,不仅是资本主义文化,所有的文化都带有政治性。一切文化作品中都包含着"乌托邦冲动",即对现实制度的不满,以及对理想社会的期待。这种乌托邦冲动隐藏在作品的深层,构成了作品的"政治无意识"。正如他在文章中所指出:"这就是我的总的理论框架,我要在其中辩明我的方法论主张:在具体的文本解读中,必须同时把马克思主义的否定的解释学,即正统的马克思主义的具体的意识形态分析,与肯定的马克思主义解释学,即对相同的文本中蕴涵的乌托邦寓意的发掘相结合。"③在詹姆逊的视野中,马克思主义的文本中兼具批判和乌托邦两种品质。

在物化现象愈演愈烈的情势下,社会历史的总体性思想,以及变革旧的社会秩序的乌托邦愿望仍然存在于文化作品的无意识之中。文化作品能够"抵抗消费社会的物化力量,并重新发现今天已经被各层次的生活和现存的社会组织的碎片化系统性地削弱了的总体性范畴"④。什么样的文化作品能够承担挽救总体性视角的重任呢?詹姆逊认为,是诗歌。尽管诗歌具有朦胧含糊的特征,但是,它们却能使我们领略语言的深邃和厚重,从而达到帮助我们超越物化视角,进而帮助我们形成总体性的思维方式。

总而言之,面对后现代主义的批判,詹姆逊有力地捍卫了总体性的概念,这是对后现代完全碎片化的世界的一种积极的回应。尽管其中不无矛盾,但这种理论已经看到了后现代完全碎片化的危险,并在探索克服这种危险的途径。因此,詹姆逊的总体性理论,同时具有重要的理论意义和实践意义。

---

① 詹明信:《晚期资本主义的文化逻辑》,陈清侨等译,生活·读书·新知三联书店,北京,1997年版,第426页。(詹明信,又译为詹姆逊,本书为了上下行文的一致,统一使用詹姆逊译名。——引者注)
② 王岳川、尚水编:《后现代主义文化与美学》,北京大学出版社,北京,1992年版,第81页。
③ 弗雷德里克·詹姆逊:《政治无意识》,王逢振、陈永国译,中国社会科学文献出版社,北京,1999年版,第282页。
④ 转引自邢立军:《物化幻影背后的抵抗》,载《河南师范大学学报》(哲学社会科学版),2007年第9期。

第二节　哈贝马斯：重建一种交往理性的总体

作为法兰克福学派批判理论的继承者，哈贝马斯对早期批判理论那种悲观的乌托邦色彩非常不满。在他看来，哲学不应该仅仅停留在空洞的自我反思当中，而是要与现实社会的政治、经济、文化等一切因素结合起来。因此，批判理论应该通过揭示概念的危机来重新捕获概念与现实之间的联系，由此来揭露并化解资本主义社会的现实矛盾和危机，以达到建设一个美好社会理想的目标。

一、黑格尔主义总体图式的影响

哈贝马斯认为，早期批判理论家信奉的是一种否定的独裁主义理论，它必然导致历史悲观主义，这已经被霍克海默、阿多尔诺、马尔库塞等人的理论所证明。在他看来，要想使批判理论真正达到批判现实、改造现实社会的目的，就必须使它具有肯定的维度，而不应该仅仅具有批判和否定的维度，甚至肯定的维度还要占据批判理论的主导地位。带着这个目的，哈贝马斯开始重建他的总体范畴。

在《交往行为理论》的第一版序言当中，哈贝马斯指出了现代社会的病根："现代病就病在具有交往结构的生活领域听任具有形式结构的独立的系统的摆布。"① 可见，哈贝马斯把现代社会病的根源归结为歪曲了具有交往结构的生活世界与系统的关系，即让更加本原的生活世界听命于由它派生出来的系统。因此，拯救现代社会唯一行之有效的办法，就是用一种交往的理性来重建被歪曲的生活世界。为此，哈贝马斯指出："交往行为理论要尽可能地勾画出现代发生悖论的社会生活关系。"② 在他看来，马克思的历史唯物主义没有处理好哲学与社会科学的关系，而交往理论则可以重新协调二者之间的关系。"尽管交往理论决定了它所解决的问题首先带有哲学的性质，即这些问题涉及的是社会科学的基础，但我仍然注意到了交往理论同社会

---

① 尤尔根·哈贝马斯：《交往行为理论》，曹卫东译，上海人民出版社，上海，2004年版，第4页。
② 尤尔根·哈贝马斯：《交往行为理论》，曹卫东译，上海人民出版社，上海，2004年版，第4页。

进化理论问题的密切联系。"① 由此可见，交往理论就是在一种全新的意义上对历史发展理论的重建。

在《重建历史唯物主义》中，哈贝马斯借用系统这个概念来重建历史唯物主义。在他看来，系统是以主客关系为特征的、由工具理性所建构的世界；而生活世界则是以主体间关系为取向的、由交往理性所形成的世界。因此，建构生活世界的目的，就是对交往的普遍性前提作出论证，即超越工具理性层面，在交往理性层面来论述道德观念、文化价值与社会规范等上层建筑现象及其发展逻辑，从而将交往理论发展成新的历史唯物主义。在哈贝马斯看来，黑格尔主义的总体图式虽然陷入了困境，但它仍然具有自身的价值——解放的潜力。因此，他试图求助于一些非马克思主义的理论来拯救其中所具有的解放的潜力。当然，他这样做的目的无非是要证明传统马克思主义的总体观是无效的，并由此来建立一种具有真正实践意义的总体范畴。

由于哈贝马斯是在二战以后的历史背景下建构他的整体主义，因此，他的整体主义比早期西方马克思主义的整体主义具有更多的现实主义色彩。哈贝马斯在1955年阅读了《启蒙辩证法》，这对他具有深刻的影响。他后来在回忆中谈到自己迷上霍克海默和阿多尔诺思想的原因——他们对马克思的运用而不是接受。对批判理论的迷恋，使得他在1956年成为法兰克福研究所的成员，这时刚好是研究所走向衰败的时候。法兰克福研究所的这段经历使哈贝马斯加深了对批判理论的理解。他认为早期批判理论为马克思主义"隐藏的正统派"提供了避难所，因为他们含蓄地接受了他所质疑的劳动价值论。同时，他批判了早期批判理论关于理论和实践之间关系的观点，认为理论不仅能够，而且应该与实践达到一致。

与早期的批判理论家相比，哈贝马斯更加肯定资本主义社会的民主，这与他生活在二战以后非独裁主义的环境有关。也正因为如此，他虽然接受了早期批判理论关于文化工业的某些批判结论，却从来没有采用他们"总体操纵的大众意识"和"管理的社会"等观点。在内心上，哈贝马斯从来没有失

---

① 尤尔根·哈贝马斯：《重建历史唯物主义》，郭官义译，社会科学文献出版社，北京，2000年版，第4页。

去对资本主义作为未来社会政治模式的信心。正如马丁·杰所指出:"他(哈贝马斯——引者注)为总体寻求一个新的规范性基础的企图,在很大程度上依赖于那样一种模式。"①

尽管哈贝马斯非常严厉地谴责工具理性对自然的统治,并在有时看起来似乎是在谴责科学。其实并非如此,他只是在批判工具理性的越界使用。在哈贝马斯看来,不存在一种与统治完全无关的科学,工具理性只要不是冒充理性本身,它就是合法的。尽管他非常迷恋于《启蒙的辩证法》,但他仍然倾向于坚持理性启蒙的解放作用。因此,在他同实证主义、系统论以及解释学的论战中,哈贝马斯坚决捍卫理性的合法地位。哈贝马斯反对理性的过度工具化,并提出了一种交往行动的理性,认为这是一种前理论的世界观的理性维度。由此可见,哈贝马斯基本上倾向于对理性持一种肯定态度。正如马丁·杰所指出:"哈贝马斯所谓对理性的'偏爱',是他整个计划的核心特征,并因此处于他重建的历史唯物主义整体论的核心地位。"②由此可见,哈贝马斯对历史唯物主义的重建,是一种理性的重建,理性是他重建历史总体观的一个基本工具。

尽管哈贝马斯早期深受卢卡奇、柯尔施等人的总体观的影响,但他们的总体观之间存在着本质的区别。哈贝马斯不仅将黑格尔的总体概念看作马克思主义的基础,他还将维科的真理—事实原则当作历史唯物主义的基本前提。在他看来,"维科寄希望于人的[依托]是,在人类创造了历史之后,能够认识历史,人应该能够想到历史是他的产物。人应该把自己的精神理解为历史的产物,并且把历史理解为自己的产物。"③哈贝马斯把维科看作历史上第一个认识到人类是一个集体主体的人。历史理性与神的理性的分野,意味着历史作为一个总体性的研究对象成为可能,由此开始产生了真正的历史哲学。

哈贝马斯认为,维科的真理—事实原理,使得康德的进步观念看起来显

---

① Martin Jay: *Marxism and Totality: The Adventures of a Concept from Lukács to Habermas*, University of California Press, California, 1984, p.467.

② Martin Jay: *Marxism and Totality: The Adventures of a Concept from Lukács to Habermas*, University of California Press, California, 1984, p.468.

③ 尤尔根·哈贝马斯:《理论与实践》,郭官义、李黎译,社会科学文献出版社,北京,2004年版,第290页。

得更加合理,因为后者用具有预见性的历史哲学的需要去衡量维柯的真理—事实原理。"历史的主体,从知性和现象(noumenale und phänomenale)的方面看,仿佛是分裂的;他们是自己历史的创造者,同时还不是集因果决定论的自然存在物和道德自由的个体于一身的主体。"①在哈贝马斯看来,黑格尔对康德二元论的辩证解决,对于马克思来说,是一个必要的准备,因为他将维科与康德巧妙地结合起来。显然,哈贝马斯认可了黑格尔表现的总体作为元主体的对象化结果。然而,这种元主体却是非常成问题的。正如约瑟夫·内维尔(Josef Revai)指出,假设无产阶级同时是历史的主客体,又是唯一普遍的阶级,那么怎么可以解释过去历史的创造者呢?对此,哈贝马斯的解释是:"维柯的历史哲学始终是向后看(retrospektiv)。在精神创造了历史之后,精神能够认识历史,也就是说,只要历史的进程是循环的,尽管它尚未结束,精神就能从整体上和有规律地去把握它。Corso 和 Ricorso 循环过程的最终突破和实现,一个时代的结束,严格说来,并不遵循'新科学'的规律。甚至,如果历史的循环模式被直线模式(lineares Schema)所代替,历史哲学后瞻性(Retrospektive)这种认识批判的可靠性就会落空。历史哲学的艰巨任务,就是按照进步的规律构建未来;在未来的社会状况里,过去的状况不能再现;历史哲学将要预见未来,并且要求对它的预见性的成就作出认识批判的解释。"②哈贝马斯认为,维柯循环的历史观可以合理地解释一个历史的创造者的问题,但它却无法解释历史的进步。而康德的直线历史观能够解释历史的进步,却无法解释一个历史的元主体问题。黑格尔将历史看作精神的表现,则可以同时从两个方面解释社会历史。因此,哈贝马斯指出:"历史哲学只有在黑格尔从人类既是历史的主体,又不是历史的主体这一矛盾中发现人类正在摆脱历史哲学的种种表象,并且正在创造自身的前进力量,并在这种矛盾中看到了自身运动着的历史的辩证法之后,才能够做到这一点。"③尽管表现的总体概念作为一个描述普遍的社会历史的概念是虚假

---

① 尤尔根·哈贝马斯:《理论与实践》,郭官义、李黎译,社会科学文献出版社,北京,2004 年版,第 293—294 页。
② 尤尔根·哈贝马斯:《理论与实践》,郭官义、李黎译,社会科学文献出版社,北京,2004 年版,第 292—293 页。
③ 尤尔根·哈贝马斯:《理论与实践》,郭官义、李黎译,社会科学文献出版社,北京,2004 年版,第 294 页。

的,但它作为一个未来社会总体化的模型,能够使主体和客体在其中达到完全的同一。

但是,在哈贝马斯看来,黑格尔"虽然辩证地把历史哲学纳入历史,但却把历史哲学作为一种精神史,用哲学的绝对意识来概括历史哲学"[1]。因此,黑格尔的历史哲学是一种颠倒的历史观。"随着历史的辩证法转变为唯物主义辩证法,历史哲学才丢掉了历史作为总体性赖以进行哲学的自我反思的绝对观点。"[2]在哈贝马斯看来,辩证的总体概念已经认识到了整体与部分之间的相互作用,因而可以用它来反对一种完全反分析的、假定的格式塔整体论。这种格式塔的整体论与作为功能系统的、经验的总体概念存在根本区别:"系统与总体的区别,在上述意义上,不能直接区分,因为在形式逻辑的语言中,它势必被消解,而在辩证法的语言中,它必须被超越。"[3]

除了引用黑格尔主义关于形式逻辑和辩证逻辑的区分,哈贝马斯还引入了解释学来论证他的整体论。在他看来,辩证整体论的最终来源是前科学的和前反思的体验,也就是胡塞尔和舒茨(Schutz)所称的生活世界。胡塞尔在《论欧洲科学危机》中,率先引入了"生活世界"的概念,他认为"生活世界"是一个能够被主体体验的多元世界,面向无限的可能性,其目的是想提醒人们别遗忘了科学的根基。舒茨则将"生活世界"作为一个社会学概念加以运用。哈贝马斯将他们的观点结合起来,把"生活世界"概念看作其理论背景。他认为"生活世界"是语言性的,人们通过它来确立、维持和修复与他人的社会关系。由此可见,"生活世界"对于哈贝马斯而言,是所有参与者共有的一个视域。正如他自己指出:"这个生活世界始终都是参与者的背景,这是一个完整而不可分割的背景,参与者凭着直觉就可以把握住它。言说情境就是各个主题涉及到生活世界的组成部分;对于理解过程而言,生活世界既构成了一个语境,又提供了资源。生活世界构成了一个视域,同时预先提供了文化自明性,由此,交往参与者在解释过程中可以获得共识的解释

---

[1] 尤尔根·哈贝马斯:《理论与实践》,郭官义、李黎译,社会科学文献出版社,北京,2004 年,第 294 页。

[2] 尤尔根·哈贝马斯:《理论与实践》,郭官义、李黎译,社会科学文献出版社,北京,2004 年版,第 294—295 页。

[3] 转引自 Martin Jay: *Marxism and Totality*: *The Adventures of a Concept from Lukács to Habermas*, University of California Press, California, 1984, p.472.

模式。价值共同体的团结以及社会化个体的能力,同文化上根深蒂固的背景假设一样,都属于生活世界的组成部分。"①在哈贝马斯看来,交往行为和"生活世界"是相互依赖、相互作用的两个概念,"生活世界是交往行为培育的结果,而交往行为反过来又依赖于生活世界的资源"②。"生活世界"作为资源,它依靠交往行为而进行符号的再生产,以确保新出现的语境与现有世界状态可以很好地结合起来。

哈贝马斯指出:"理论的方法与总的社会过程必须达成一致性,这是社会学研究所属的范围,同样也指向经验。但在最终意义上,这类洞察力起源于前科学积累的经验的基础,作为唯一的主观因素,仍然没有排斥一个生活历史中心的社会环境的基本的共鸣,即通过人类主体获得的教育。这种先验的社会经验作为总体,形成了理论的轮廓,它在其中述说自己,并通过其结构来检查更新,反对经验。"③解释学预期的总体必须在理论和对象辩证的相互作用中证明自己,它们之间的相对一致性,只能通过实践来证明。由此可见,哈贝马斯仍然没有超越黑格尔主义的总体图式。

二、理论与实践的统一

理论与实践的统一,也是哈贝马斯在建构自己的整体主义的过程中关注的一个重点问题。哈贝马斯认为,"在纯理论当中,实践的需求是无法满足的"④。在现实的意义上,实践高于理论,因此,哲学最终的意义应该是实证的,而不是否定的,"应该通过实证哲学(Positive Philosophie)来为拯救世界,来为把头足倒置的世界颠倒过来做准备"⑤。但哈贝马斯同时认为,"把

---

① 于尔根·哈贝马斯:《现代性的哲学话语》,曹卫东译,译林出版社,南京,2004年版,第349页。
② 于尔根·哈贝马斯:《现代性的哲学话语》,曹卫东译,译林出版社,南京,2004年版,第386页。
③ Habermas, *The Analytical Theory of Science and Dialectics*, in *The Positivist Dispute in German Sociology*, translated by Glyn Adey and David Frisby, Heinemann, London, 1976, p.132; 转引自 Martin Jay: *Marxism and Totality: The Adventures of a Concept from Lukács to Habermas*, University of California Press, California, 1984, p.472.
④ 尤尔根·哈贝马斯:《理论与实践》,郭官义、李黎译,社会科学文献出版社,北京,2004年版,第228页。
⑤ 尤尔根·哈贝马斯:《理论与实践》,郭官义、李黎译,社会科学文献出版社,北京,2004年版,第228页。

理论变为实践,不同于科学结论的单纯的技术运用;理论变成实践的任务就在于使理论成为准备行动的市民的意识和信念:用理论解决实际问题,即实践上必须解决问题,必须证实它满足了客观要求,即使理论也不一定从一开始就是从行动者的认识水平上设想的。"① 显然,哈贝马斯在寻找一种超越黑格尔的总体模式,他试图将经验的因素融入他的总体概念当中。

哈贝马斯认为,马克思虽然揭示了被黑格尔掩盖在反思中的进步机制,即生产力的发展,但他却忽视了反思本身。而且,他还把反思纳入工具活动的层次,从而导致了马克思主义哲学的实证化倾向。哈贝马斯为此批判地指出:"在这种观念下发展起来的人学,似乎必然把类的历史构想成为通过劳动(并且仅仅通过劳动)的综合。"② 马克思将生产劳动看作人类解放的过程是不科学的,这是"自然科学"对"人的科学"的僭越,反思的知识由此变成了生产的知识。哈贝马斯由此得出结论:"在范畴的层面上,他(马克思——引者注)把通过劳动的类的自我产生理解为生产过程工具活动,即生产活动意义上的劳动,标志着自然史赖以发展的维度。相反,在具体研究的层面上,他始终考虑的是包括劳动和相互作用的社会实践。"③ 哈贝马斯不赞同马克思理论中劳动与相互作用的含混关系。他认为应该将相互作用这一维度置于生产劳动的维度之外,成为一条独立的线索,只有这样才能彰显理论的反思维度。

在哈贝马斯看来,马克思自己实际上没有阐述相互作用与劳动的关系。马克思是从死劳动对活劳动的统治中发现了历史主体无法成为真正的主体的根本原因:"推动历史的是被理解为异己的劳动(als entfremdet begriffene Arbeit),而不是概念的劳动(Arbeit des Begriffs)。'贯穿于'物化关系的不是重新寻找的意识(sich wiederfindendes Bewusstsein),而是实际的占有本身(tätige Aneignung selbst)。这种实践以理论活动为媒介,或者说,通过理论活动来进行。但是理论本身,甚至理论活动,即从历史哲学的角度或者用辩证法观点洞察历史运动规律的理论和理论活动,则始终先于理论上仅仅是先

---

① 尤尔根·哈贝马斯:《理论与实践》,郭官义、李黎译,社会科学文献出版社,北京,2004年版,第131—132页。
② 尤尔根·哈贝马斯:《认识与兴趣》,郭官义、李黎译,学林出版社,上海,1999年版,第44页。
③ 尤尔根·哈贝马斯:《认识与兴趣》,郭官义、李黎译,学林出版社,上海,1999年版,第46页。

导和向导的实践。"①哈贝马斯认为,马克思在考察历史时,把主要精力放在社会实践和革命实践上,而把沉思当作了批判。因为在马克思看来,只有当人们准备从实践上真正把握历史的思想时,人们才能从理论上认识历史的思想。

哈贝马斯认为,同一性理论就是这种纯粹理论的目的,它导致的就是异质性要素的被遮蔽。因此,他重新强调非同一性要素的重要性。但他与阿多尔诺不同,后者反对任何形式的肯定的辩证法,而哈贝马斯则求助于相互作用的双方来达到肯定的辩证法。这种肯定形式的辩证法的基础,已经表达在他早期的思想中,尤其是在他关于公共领域的交往行为理论当中。这种肯定性的辩证法遭到众多的批评,如阿多尔诺将它看作是一种"意识形态"。但哈贝马斯不以为然,为了证明它的合理性,哈贝马斯甚至从不同的方面来寻求支持,尤其是解释学方面的支持。尽管他不同意伽达默尔非批判的,甚至是非理性主义的理论,但他非常认同他反对将政治还原为技术管理的观点。他与伽达默尔一样,将实践智慧的概念看作一个适合政治领域的范畴,并把它作为重建总体的一个重要环节。

在《知识和人类旨趣》②中,哈贝马斯指出了人类知识与旨趣的关系。在他看来,不同的知识对应于不同的人类旨趣。概括地说,存在三种人类旨趣,相应地也就可以将人类知识分为三种。第一种旨趣是人类的技术旨趣,它对应于人类的技术性劳动,由此,构造出一种经验—分析的知识。第二种旨趣是实践的旨趣,它与个人和集体之间的价值评估活动相联系,由此创造了社会共同的价值体系,并构造出一种历史—解释的知识。第三种是解放的旨趣,由于"解放"意味着没有控制的交往,因此,解放的旨趣对应于交往的知识。在哈贝马斯看来,传统理论将知识孤立地看作目的本身,因而导致了与实践无涉的结果。但是,哈贝马斯在具体解释这三种人类旨趣的时候,也遇到了困难。在他看来,尽管这些旨趣是由人的本质所派生的,但它们也与文化密切相关。这三种旨趣一方面是先验的,是一切知识的先决条件;另

---

① 尤尔根·哈贝马斯:《理论与实践》,郭官义、李黎译,社会科学文献出版社,北京,2004年版,第295页。
② 也就是由郭官义、李黎翻译的,由学林出版社出版的《认识与兴趣》一书,笔者认为将 Knowledge and Human Interest 翻译为《知识与人类旨趣》更加合适,因为 Interest 在哈贝马斯这里不仅指"兴趣",还有"利益"的含义,因此,译为"旨趣"更加符合原文。

一方面,它们只能在具体的历史形式中发展,因而又是经验的。其中,与解放的旨趣相对应的交往理论,最终只能起源于技术的旨趣和实践的旨趣,它是人类最重要的旨趣。在哈贝马斯看来,如果没有这种解放的旨趣,就无法走出纯粹解释学的相对主义。通过强调解放的可能性是建立在具体的历史条件之上的,就可以避免唯心主义虚构的解放这个困境。

有人认为,哈贝马斯所提供的这种解放的事例是建立在弗洛伊德的精神分析法的基础之上的,因而站不住脚。其实,这种理解本身是非批判的,因为哈贝马斯对弗洛伊德的引用,只是继承了早期法兰克福学派的一个传统而已。只是他既不像阿多尔诺一样,将精神分析看作社会和哲学非同一性的一个判断,也不像马尔库塞那样将它看作回忆总体的乌托邦;他把它当作人格意识形态批判的方法论模式,并由此来推知整个社会。因此,哈贝马斯不是在科学的意义上引用弗洛伊德的精神分析方法,他仅仅想通过它来揭示当代社会病症的原因。在他看来,精神病的根源在于内部交流的障碍,这个障碍阻止了个人将他的情感、冲动和欲望与理性结合起来思考问题。哈贝马斯认为,单纯的解释过程不足以消除这些精神症状。要想消除这种症状,必须引用深度的解释学,这种解释学通过移情的过程来再现最初的冲突。由于这种深度的解释可以对个人内部交流的不充足解释进行补充,因此,真正的总体就是一种由交往所建构的总体。在哈贝马斯看来,要想实现这种模式并消除精神病人的病症,必须同时运用解释学的自我反思和理论解释。

哈贝马斯将这种交往障碍的精神分析推广到社会学当中,认为当代社会病的真正原因,就是交往的障碍,它必须通过这种精神分析的办法,来减轻或消除。但是,这样一种类比的分析缺乏真正的现实意义,因为尽管患者和分析者拥有共同的目标——消除或减轻病症,但在现实社会中却无法实现这种一致性。正如马丁·杰所说:"实际上,如果某个人或某个阶级从这种意识形态的剥削和扭曲中获得了利益,他(它)肯定不会自愿接受这种精神分析的,更不会产生克服这种状况的愿望。"[1]事实上的确如此,在一个真

---

[1] Martin Jay: *Marxism and Totality: The Adventures of a Concept from Lukács to Habermas*, University of California Press, California, 1984, pp.480-481.

正民主的社会中,这种分析的方法也无法真正推动社会发生变化,它只能停留在理论当中。

为了使理论与实践达到统一,哈贝马斯将解放的知识旨趣进一步分为理性重建的知识旨趣、自我反思的知识旨趣和战略行动的知识旨趣。在他看来,自我反思知识不仅与理性的重建知识不同,它也与战略行动的知识区分开来。理性重建的知识旨趣在于"从认识上来研究经验"①,目的在于指导实践。自我反思的知识旨趣在于"能使那些从意识形态上决定当前的实践行动的形成过程和观察世界的形成过程的决定者们的醒悟"②。因此,反思的理论没有直接的实践意义,它仅仅是无意识地渗入到生活当中。战略行动的知识旨趣在于获得理想的实践结果。哈贝马斯认为,传统哲学就是没有区分这些不同的解放的知识的旨趣,因而常常将它们混为一谈,结果造成了实践与理论的严重脱节。

在哈贝马斯看来,理论与实践之间保持一定的距离是合理的,也是正常的,卢卡奇试图通过中介的组织,来达到理论与实践完全的同一,是根本无法实现的。因为在哈贝马斯看来,"组织问题并不是第一位的东西(Erstes)。卢卡奇在组织问题与客观主义的历史哲学之间建立了一种直接的关系。斯大林主义的实践灾难性地证明,当作工具来使用的党组织和退化为合法的科学的马克思主义,只是相互补充。"③如果能够清楚地区分这些不同的知识旨趣,那么,理论与实践的统一就有可能,但这种统一不会是那种完全的一致,而是一种相对的统一。应该说,哈贝马斯关于知识的这种区分,在一定意义上,洞察到了理论与实践脱节的真正原因,即不同旨趣的理论的僭越使用。但它试图以此来寻求达到理论与实践的真正统一,则是不可取的。因为事实上,他非但没有实现这个目标,反而加大了理论与实践之间的鸿沟,这是与他的初衷相背的。

---

① 尤尔根·哈贝马斯:《理论与实践》,郭官义、李黎译,社会科学文献出版社,北京,2004年版,第24页。
② 尤尔根·哈贝马斯:《理论与实践》,郭官义、李黎译,社会科学文献出版社,北京,2004年版,第24页。
③ 尤尔根·哈贝马斯:《理论与实践》,郭官义、李黎译,社会科学文献出版社,北京,2004年版,第38页。

三、交往理性对总体的重建

正是通过对知识旨趣的区分,哈贝马斯瓦解了早期西方马克思主义表现的总体的认识论基础,即认为真理与事实是相通的原则。尽管哈贝马斯没有否认自我反思知识的力量,但他现在明显将它与其他认识形式区别开来。他承认这种反思的知识基本上是由过去引导的,但它同时启发了一种由未来所引导的解放旨趣的知识。《知识和人类旨趣》是哈贝马斯试图重建马克思主义总体观的一种尝试,但它不是想要重建卢卡奇式的总体观。哈贝马斯在建构其成熟的总体范畴时,还引进了社会学系统理论来补充其横向的总体,引用了康德的世界历史观念来改造其纵向的总体观念,引用语言哲学来建构其交往的理性总体。

在建构关于发达资本主义社会的横向总体观念时,哈贝马斯引入了卢曼的系统理论。哈贝马斯认为:"卢曼对进化理论的成就所作的阐述十分有限,因此正像大家所看到的那样,他对进化论和历史著述之间的协作的可能性的论述,令人吃惊。首先他不同意把进化设想为一个按照规律发展的因果过程。我认为,他的看法是正确的。因为被解释为人的行为的自然规律的规律性的(nomologisch)假想,如果被应用在复杂的历史材料上,有时会得出一些陈腐的说明。"[①]也就是说,"卢曼没有使用历时态的发展规律,而是使用了偶然因果性的概念"[②]。因此,卢曼的理论无法有效地解释整个历史发展过程的进化规律,即不具有纵向的解释效果。但卢曼的理论的目的不在于追问这种纵向的历史原因,"他的目的是对系统上相互依赖的时间结构的变化,即促进进化的速度等作出全面的陈述"[③]。这种系统的理论,"只相信自己对当时存在的系统状况来说结构上受到限制的偶然发生的事件的活动领域内,有可能对最后的状况(Folgezustande)作出'有联系的选择'"[④]。因此,卢曼的系统理论能够比较合理地解释共时态的社会系统的普遍联系,具

---

① 尤尔根·哈贝马斯:《重建历史唯物主义》,郭官义译,社会科学文献出版社,北京,2000年版,第222页。
② 尤尔根·哈贝马斯:《重建历史唯物主义》,郭官义译,社会科学文献出版社,北京,2000年版,第222页。
③ 尤尔根·哈贝马斯:《重建历史唯物主义》,郭官义译,社会科学文献出版社,北京,2000年版,第222—223页。
④ 尤尔根·哈贝马斯:《重建历史唯物主义》,郭官义译,社会科学文献出版社,北京,2000年版,第223页。

有横向的总体理论特征。但哈贝马斯同时认为,卢曼的系统理论,由于忽视了系统理论和行为理论在概念上的不一致性,从而产生了方法论上的困境。哈贝马斯认为,"一种供交往理论使用的语言范式在很大程度上能够抵制这种自然主义"①。

与此同时,哈贝马斯对西方马克思主义的纵向总体也进行了改造。在他看来,尽管早期西方马克思主义的纵向总体观是站不住脚的,但它至少避免了历史没有任何方向的历史虚无主义,尤其是避免了本雅明和阿多尔诺等人将历史看作一种倒退的观点。哈贝马斯非常谨慎地将历史理解为有差别的进步,这种进步没有压抑人的勇气,而是可以保证政治行动与其目标达到准确地一致。为了论证这种差别进步的可能性,他引用了康德的世界历史的观念来论证:"康德哲学把理性作为自然,是人类发展的基础;现在,这种理性已经同历史地把人类的独立自主变为现实的理性有了区别。"②只有将社会历史理解为一个多层次的、变化的总体,历史进步的观念才能得到真正理解,而康德的世界历史就是这种多层次的总体。在哈贝马斯看来,传统马克思主义无法真正理解历史的进步,是因为他们仅仅将历史进步的原因归结于生产领域的经济因素。而实际上,生产和社会化,劳动和相互交往,是人类社会发展的根基,它们应该要被理解为既相互关联的,又具有某种自律的历史因素。由于不是把历史设想为一个统一的总体的表现,因而,哈贝马斯是在一个新的基础上建构一种非教条的历史总体。

哈贝马斯试图将当代语言哲学整合到他的体系中,来建构他的规范总体观念。他在《后形而上学思想》中指出:"语言学转向进一步把哲学研究放到了一个更加可靠的方法论基础上,并将它带出了意识理论的困境。但在此过程中也形成了一种本体论的语言观,使语言阐释世界的功能相对独立于内在的学习过程,并把语言图景的变换神化为一种充满诗意的原始事件(Ursprungsgeschehen)。"③语言学转向为建构一种本体论的语言观奠定了方

---

① 于尔根·哈贝马斯:《后形而上学思想》,曹卫东、付德根译,译林出版社,南京,2001年版,第23页。
② 尤尔根·哈贝马斯:《理论与实践》,郭官义、李黎译,社会科学文献出版社,北京,2004年版,第293页。
③ 于尔根·哈贝马斯:《后形而上学思想》,曹卫东、付德根译,译林出版社,南京,2001年版,第16页。

法论基础,它使语言由一种工具变成了世界的本体。因此,他将这种语言学转向引进到自己的理论当中。在哈贝马斯看来,"语用学转向为走出结构主义抽象开辟了道路。先验能力绝对不会回到语法规则系统本身中去,相反,语言综合是建构在中断了的主体性中的交往活动的结果。"[1]在这种转向后的语言学当中,真理不再是主客体之间的相互一致,而是说话者通过交往达成的共识。为此,他还批评了伽达默尔的解释学循环理论,认为这是建立在对理性公然藐视的基础之上,实际上只是一种偏见,从中无法得出任何先验的理论前提,只能陷入到非理性当中。哈贝马斯强调对话发生的外在语言学背景,因此,并不像有的评论家所说——他只是将权力还原为单纯的交往行为。正如他在与伽达默尔的争论中指出:"语言的这种元制度作为传统,明显要依赖于不消耗在标准关系中的社会过程。语言也是统治和社会权力的中介。"[2]因此,交往行为不仅是权力的表现,还是权力的运用。即使是歪曲的交流,也不仅仅是一种误解,它还是一种限制总体观念形成的建构环境。哈贝马斯从来没有把完美的对话看作主客体同一的规范性总体,他只是运用它来重建他的交往理性概念。因此,总体在他那里仍然是一个调节性的概念,而不是完全表达了生活的经验形式。

在《合法性危机》中,哈贝马斯提出"整合"这个重要概念,并将整合区分为社会整合和系统整合。他认为社会整合是生活世界内部的制度和体制的整合,这是一种象征性的整合,它通过主体之间的语言和行为的社会化来实现;而系统整合是通过具体的平台所达成的自动调节。在哈贝马斯看来,系统整合和社会整合是相互作用的,这两种整合都非常重要。但相比之下,与生活世界对应的社会整合更加重要,因为它关涉的是人类的生存状况。这种重要性也体现在现代社会的矛盾当中——"通过媒介而形成的互动性形式在侵入生活领域时,不会不带来病理性的负面后果,因为生活领域在功能

---

[1] 于尔根·哈贝马斯:《后形而上学思想》,曹卫东、付德根译,译林出版社,南京,2001年版,第46页。

[2] Habermas, *Zur Logik der Sozialwissenschaften*, Suhrkamp Verlag, Frankfurt/Main, 1970, p.287; 转引自 Martin Jay, *Marxism and Totality: The Adventures of a Concept from Lukács to Habermas*, University of California Press, California, 1984, pp.497-498.

上依赖于以沟通为取向的行为"①。在发达资本主义社会,系统整合的作用在不断增强,而社会整合的作用在不断弱化,从而造成了人类生存的严重异化。在哈贝马斯看来,要想拯救这种病态的社会,唯一办法就是转换视角,重新突出社会整合的作用。只要哲学"关注纷繁复杂的生活世界,就能从逻各斯中心主义中解脱出来"②。由于生活世界奉行的是交往理性,而交往理性又是通过语言和行为表现出来的,因此,通过这种交往理性,就可以使人们意识到生活世界的异化状况。哲学在这里所起的作用是批判性的,它充当了沟通专家知识和有待深究的日常实践之间的解释者。在哈贝马斯看来,在后形而上学时代,"具体的生活世界只是作为背景而存在,其非对象性的整体性避免了被理论作为对象加以把握"③。在生活世界中,理性表现为一种意识的综合,它对具体的经验生活进行综合,与各种自成总体性的社会传统、社会实践以及切身的复杂经验保持紧密的联系。生活世界的这种特殊结构,使得生活世界自身的合理化成为可能。

在《重建历史唯物主义》中,哈贝马斯指出:"晚期资本主义社会的飞速发展,使这个世界性的社会制度面临着一些问题;不能把这些问题理解成为这个制度所特有的危机现象,尽管排除这些危机的可能性,从制度的特殊性上讲受到了限制。"④资本主义社会所产生的危机,在合理化的资本主义制度下,也呈现出一种普遍的"合法性",由此而产生出一种资本主义特有的"合法性"危机。在哈贝马斯看来:"合法性就是承认一个政治制度的尊严性。合法性要求用社会一体化力量来维护社会的由规范所决定的统一性相关联。"⑤在资本主义社会的晚期,国家一方面通过社会整合作用,来控制经济过程的破坏性作用;另一方面,它又必须保障整个经济系统的稳定运行,以

---

① 于尔根·哈贝马斯:《现代性的哲学话语》,曹卫东译,译林出版社,南京,2004年版,第399页。
② 尤尔根·哈贝马斯:《后形而上学思想》,曹卫东、付德根译,译林出版社,南京,2001年版,第49页。
③ 尤尔根·哈贝马斯:《后形而上学思想》,曹卫东、付德根译,译林出版社,南京,2001年版,第49页。
④ 尤尔根·哈贝马斯:《重建历史唯物主义》,郭官义译,社会科学文献出版社,北京,2000年版,第302页。
⑤ 尤尔根·哈贝马斯:《重建历史唯物主义》,郭官义译,社会科学文献出版社,北京,2000年版,第268页。

实现普通民众的最大利益。因此,资本主义国家的"合法性"危机,是资本主义本身无法消除的一种危机。

综上所述,哈贝马斯结合了精神分析哲学、现象学、西方马克思主义和结构主义等不同的理论资源,来重建他的交往总体概念。但是,由于他坚决排斥生活世界中的目的理性,认为只要奉行交往理性,就可以使生活世界走向合理化。这是一种过于经验化的做法,它使得这些理论之间的连接显得非常僵硬,并且无法真正达到克服资本主义危机的目的。因此,哈贝马斯交往理论无法真正地将交往与社会进化融合为一个统一的理论。严格地说,哈贝马斯的交往总体永远不能指向人类自由的终极价值。因为在现代社会当中,资本的逻辑成为人们生活、思想、行为的最高原则。人们是被抛到这个世界当中的,其交往行为无法使他超越资本的逻辑。从某种意义上来说,哈贝马斯的交往行为理论不是一种真正的批判理论,而是在承认资本逻辑下的一种理论调整。

但是,在工具理性泛滥的时代,哈贝马斯看到了理性通过一种"合法"的工具形式侵入人们的生活世界,以及非理性的消费和大众文化在控制和引导着人们的审美和价值情趣,这无疑是一种深刻的见解。哈贝马斯将语言,更具体地说,是交往行为,看作人类克服非理性的根本手段,以及他对工具理性的批判,在许多方面还是具有一定的积极意义的。总的来看,哈贝马斯比早期批判理论家更少乌托邦色彩,他从一开始就表示出了对与自然之间任何完全和解的怀疑。在他看来,完全和谐的规范总体无法真正实现。由此可见,哈贝马斯不是沿着西方马克思主义的总体观念进行重建的。他将横向的总体设想为一个非中心的总体,而不是一个表现的总体。系统与社会的一体化、功能与交往的合理化是相关的,但它们无法融合为一个更高的统一整体。纵向的总体意味着不同领域学习技能的进化过程的重建,但它只能通过一个非常不确定的意志形式的推论过程来重建。规范的总体意味着理想对话的公共气氛的结合,但它否认了人与自然的完全总体化。总而言之,哈贝马斯的总体虽然具有一定的新意,但它仍然存在诸多问题。这也意味着我们仍然行进在探索总体的道路上。

小 结

后现代主义的基调是反对总体(詹姆逊例外)。利奥塔率先在哲学领域掀起了反对总体的运动,在他看来,传统哲学的总体观是一种建立在普遍理性上的宏大叙事,是一种包罗万象的总体性叙事,它意味着一种话语对另一种话语的压迫,后现代主义的目的就在于摆脱这种总体性。因此,为了摆脱这种总体性叙事的压迫,必须废除理性的普遍权威,代之以差别性和异质性。为此,他提出了向总体开战的响亮口号。

福柯则从历史的角度对现代性的总体观念进行了激烈的批判。他通过对精神病学、犯罪学和社会学的研究,发现人本主义科学在现代已经堕落为理性的工具,成为社会的控制力量,因此,他着重批判人本主义科学的工具理性特征。在他看来,人类社会的各种病态特征与现代社会的知识的建构密切相关。在现代社会当中,由于理性成为一切的标准,它压倒了非理性的各种要素,使得它成为现代社会权力的基础,由它建构的知识也因此具有权力的特征。在福柯看来,历史上的各种知识形态,都是建立在理性的基础之上的,理性由于自身的权力特征,而成为合理性的标准,这是一种理性的内部逻辑,并不能真正达到合理的目标。在这个基础上,福柯认为,历史的总体性只是一种理性主义的哲学虚构,必须抛弃这种哲学虚构的历史总体性。

德里达从结构的角度也对哲学的总体观进行了彻底的批判。在他看来,西方传统哲学的总体观,起源于古希腊的"逻各斯"这个总的根源,他称之为"逻各斯中心主义"。"逻各斯中心主义"就是"语音中心主义"和"在场的形而上学"的结合体,这是理性主义形而上学虚构的东西,必须对它进行解构。为了彻底消除传统理性主义形而上学的总体性神话,德里达自己创造了"延异"、"撒播"、"踪印"、"增替"等概念,来作为解构策略。"延异"是一种存在于语言背后或语言中的力量,它产生着构成语言差异的效果,它意味着对语音中心主义的彻底消除。语言就是"延异"的无止境的游戏,永远也无法得出最后的结论。"撒播"是德里达对"延异"一词意义的空间扩展,它意味着中心的消失。"踪印"是德里达"延异"观念的进一步拓展,它意味着根本不存在任何形式的"本源"。"增替"是对存在不完整的证明,是对传统在场的形而上学绝对真理观的揭露。在德里达看来,通过这些解构策略,就可以避免传统形而上学虚构的总体观念的神话。

詹姆逊是后现代思想家中唯一坚持总体性观念的肯定意义的人。詹姆逊认为,后现代主义思想家之所以对总体性概念进行攻击,是因为他们没有弄清楚总体性的真正含义。在他看来,总体性只是关于现实的观念,真实的差异并不会因为概念的总体化而被消除。因此,借维护差异性的地位,而抵制总体性是没有根据的。詹姆逊认为,总体性不仅仅是一个抽象的概念,而且还指历史和社会的总体性,这种总体性是由许多彼此联系的异质性部分所组成的。在他看来,后现代主义把差异性的视角注入我们的思维之中,这是与总体性的观念相一致的,因为总体并不排斥差异,真正的总体就是由差异性所构成的,我们建构的是一种差异性的总体性。这种差异的总体必须被理解为一种开放的、流动的东西,才能避免独裁主义的危险。詹姆逊运用这种差异的总体性来考察资本主义的社会历史,并认为后现代主义不过是资本主义的最新变异,实质上是资本主义总体化逻辑的继续。詹姆逊将差异的总体性等同于每个时代的生产方式,为了清楚地阐释这个生产方式总体,詹姆逊将卢卡奇的总体观念和阿尔都塞的结构总体结合起来,由此来克服经济主义单纯地用经济因素来解释社会历史的局限性。詹姆逊认为,在物化现象愈演愈烈的情势下,社会历史的总体性思想,以及变革旧的社会秩序的乌托邦愿望仍然存在,它存在于文化作品(尤其是诗歌)的无意识之中。文化作品能够使我们领略语言的深邃和厚重,从而达到帮助我们超越物化视角,进而形成总体性的思维方式。

哈贝马斯在批判继承早期法兰克福学派批判理论的基础上,对总体性理论进行了改进和拓展。他不满早期批判理论的悲观主义和乌托邦色彩,认为哲学应该要与社会的、政治的、经济的分析结合起来,批判理论应该通过概念的危机,来重新捕获概念与现实之间的联系。在他看来,传统哲学的总体观是工具理性的产物,它以主体对客体的支配为主要特征,是一种异化的总体观。这种总体观异化的根源,就在于具有交往特征的生活领域被工具理性所支配。因此,为了重建一种健全的生活世界,必须以交往理性作为基础,在交往理性层面来论述道德观念、文化价值与社会规范等上层建筑现象及其发展逻辑,从而将交往理论发展成新的历史唯物主义总体观。

哈贝马斯认为,传统哲学的总体观,包括马克思主义的总体观,都是运用一种辩证的方法,来达成理论与实践的同一。在他看来,这是一种纯粹的理论设想,它导致的结果就是异质性要素的被排除。哈贝马斯重新强调非同一性要素的重要性,他求助于相互作用的双方来达到一种肯定的总体性。为此,哈贝马斯考察了人类知识与利益的关系。在他看来,人类不同的知识对应于不同的利益,他将人类利益概括为三种,相应地也就存在三种对应的人类知识,即对应于技术利益的经验—分析的知识,对应于实践利益的历史—解释的知识,对应于解放利益的交往的知识。在哈贝马斯看来,这种利益与知识的对应,就实现了理论与实践的同一。可是,哈贝马斯这种利益与知识的对应关系,其实并没有突破传统理论的思维模式,以致遭到很多人的批评。

此外,哈贝马斯试图将当代语言哲学整合到他的体系当中,以建构规范的总体概念。在他看来,真理不是主客体之间的一致,而是说话者共同体感觉的一致。因此,通过语言的交流,就能够形成一种总体的观念。由于生活世界奉行的是交往理性,而交往理性又是通过语言和行为表现出来的,因此,参与者通过这种理性,就可以达到自己真正要追求的目的。哈贝马斯认为,在生活世界中,理性表现为一种意识的综合,它对具体的经验生活进行综合,与各种自成总体性的社会传统、社会实践以及切身的复杂经验保持紧密的联系。生活世界的这种特殊结构,使得生活世界自身的合理化成为可能。在《重建历史唯物主义》中,哈贝马斯指出,晚期资本主义社会在合理化的资本主义制度下,也呈现出一种普遍的危机状态,这是一种"合法性"危机,它是资本主义无法消除的东西。

总的来看,哈贝马斯结合各种不同的理论资源,来重建他的交往总体概念。但是,由于他坚决排斥生活世界中的目的理性,认为只要奉行交往理性,就可以使生活世界走向合理化。这是一种过于经验化的做法,它使得这些理论之间的连接显得非常僵硬,并且无法真正达到克服资本主义危机的目的。因此,哈贝马斯交往理论无法真正地将交往与社会进化融合为一个统一的理论。严格地说,哈贝马斯的交往总体永远不能指向人类自由的终极价值。因为在现代社会当中,资本的逻辑成为人们生活、思想、行为的最高原则。人们是被抛到这个世界当中的,其交往行为无法使他超越资本的逻辑。因此,哈贝马斯的交往行为理论,是在承认资本的逻辑下的一种理论调整,而不是真正的批判理论。

第七章
一条关于实践总体观的新思路

纵观总体范畴的整个演化历史过程,我们可以发现,尽管哲学史上关于总体问题的话语层出不穷,但至今尚未形成一种真正能够实践的总体。究其原因,我们会发现,各种传统的总体观虽然具有实践的目的指向,但它们都是运用传统哲学的思维方式——理论思维的方式来建构自己的总体的[①],从而使得总体范畴缺乏真正的可实践性。基于此,笔者在本章尝试提出一条透视总体问题的新思路,即通过对理论和实践的异质性的区分来重新审视总体范畴,并探讨总体范畴在什么意义上具有可实践性。

第一节 一个关于实践总体观的新平台

总体范畴作为一个基本的哲学范畴,其内涵会随着时代的变化而不断变化发展,每个时代的总体观都体现了它们各自时代的哲学精神。在古希腊时期,由于自然主义的宇宙总体观念占据了统治地位,日常变化的经验生活没有对永恒不变的宇宙总体观造成真正的冲击。尽管历史学在当时已经形成,但由于它只是为了记载社会中的不朽事件,因而它在哲学上没有地位。因此,古希腊时期的总体观是一种非历史的总体观。这种非历史的总体观追求的是一个永远不变的总体性理想,它与现实中变化的经验生活不相符,因而,这种总体观本质上是非实践的。到了罗马时期,尤其是随着基

---

① 在本书中,理论思维指一种服从逻辑同质性约束的认知性思维,它与筹划实践的、非逻辑推导的思维——工程思维以及更宽泛的实践思维相对应,这里所引用的是徐长福的观点。

督教的形成与发展，原本静态的哲学总体观念逐渐与上帝观念结合起来，并开始显现出一些动态的特征。例如，基督教把世界理解为一个有秩序的过程，即从订立圣约→背叛圣约→上帝的惩罚→救世主的降临→原罪→疏远→末日审判的过程，尽管使用的是一种神学的话语，但表达的却是一种前后变化的历史秩序，这是一种动态总体观的萌芽，它标志着总体观念动态特征的起源。基督教这种具有动态特征的神学总体观采用一种类比的方法，把有限的经验生活与"不朽"的上帝统一了起来，使有限的经验生活具有了一个永恒的基础。尽管基督教这种总体观与真实的历史之间存在一种微弱的关联，但从整体上看，基督教这种总体观仍然是静态的，仍然远离了人的现实生活。

随着近代理性主义的兴起，传统哲学那种静态的总体观开始遭遇严重的挑战。新兴的资本主义生产关系及其所构成的社会生活日新月异的变化客观上促进了历史总体观念的形成。当维科提出总体的历史，以及伏尔泰创造"历史哲学"等这些关于历史的总体性范畴时，传统哲学静态的总体观迅速被一种动态的总体观所取代，人们日益意识到社会历史的动态特征。法国大革命更是以一种直观的经验事实，直接颠覆了传统哲学那种永恒静止的总体观，历史被描述成一个朝向未来的社会总体。在这个过程中，康德的贡献是巨大的。尽管康德没有赋予历史举足轻重的理论地位，但他仍然为后来历史哲学的发展铺平了道路。在康德看来，人类历史既不符合宗教神圣的救赎计划，也不是对其过去的邪恶的重复，而是一个实践的调节性原则，人们可以根据它来判断自己在世界中的地位和行动方向。黑格尔不赞同康德的观点，他认为人类社会的历史不过是精神的展现而已，真正的总体就是绝对精神本身，历史围绕绝对精神这个永恒的目的而展开。尽管黑格尔赋予了精神以能动性和主体性，但这种能动性和主体性只是一种理性的主观设定，它本质上是远离社会现实的。因此，黑格尔的这种绝对精神总体实际上也与真正的实践无涉。

正是在这种背景下，马克思提出了改变世界的哲学观念。但在"如何改变世界"这个问题上，马克思还是不可避免地陷入到传统哲学的话语当中。尽管他赋予总体以历史的特征，认为总体就是历史的总体，未来的共产主义社会就是历史总体的具体形式。但局限于传统的思维方式，他仍然无法真正走出传统总体观的实践困境。尤其是他把共产主义这个历史总体目标理解为一个能够在未来某个时间完全实现的东西,并用一种理论思维的形式去解读它——一个必然实现的社会理想。实际上,他是用一种认知性的思维来筹划一个具体的实践目标,这是一种思维方式的僭越,因而不可避免地要陷入空想。后来的马克思主义者也纷纷从传统哲学的观念中来寻求重建马克思总体观的道路,但由于他们都没有能够从思维方式的差别来考察总体,因此,他们都无法真正超越传统哲学的总体观,无法建构一种真正能够实践的总体。后现代主义则走向了另外一个极端,他们普遍地抵制总体(詹姆逊除外),因而无法理解到总体问题的真正实质,更无法认识到总体与实践之间的关系问题。哈贝马斯似乎看到了传统总体观的工具理性缺陷,他试图运用交往理性来重建一种理性的总体。但由于他这种交往理性建构的总体必须建立在一种公平对话的环境中,而这种公平的对话环境仅仅是一种理想的设定,因此,哈贝马斯的交往理性总体同样无法得到真正的实现。总而言之,传统哲学关于总体的各种争论,并没有真正解决总体的实践困境,总体在他们那里仍然是一个无法实践的东西。

总体范畴的这种发展历程,是否意味着它真的就是一个与实践无涉的概念呢?其实不然。笔者认为,总体范畴的实践特性与思维方式密切相关。传统哲学的各种总体观都是运用理论思维的方式在建构自己的总体,都是把理论与实践混为一谈,从而造成了理论思维和实践思维的越界运用。例如,柏拉图、黑格尔、马克思等都是从某个理性设定的最高"总体"出发,运用以"是"为判断形式的逻辑规则来推导出自己的一整套理论体系。当然,如果他们仅仅将这种整套的理论停留在思想当中的话,这些理论也就不会产生什么不良后果。但是,这些思想家并不满足于这些真理仅仅停留在思想当中,他们的目的还在于实践,即把这些理论理解为实践的指南,以使这些作为理想的"总体"能够在现实中得到实现。如柏拉图根据"理念论"所建构的"理想国",基督教根据神学原理建构的"上帝之城",马克思根据实践原则建构的共产主义社会等理论,它们本质上都是建构在理性设定基础上的理论思维的产物。对于实践而言,它们仅仅具有调节和范导的作用。但人们却把它们理解为直接的实践目标,因而不可避免地要陷入空想当中。

要想真正透视总体的实践困境,一种可行的办法就是对思维方式进行划界处理。在这个方面,徐长福进行了重要的探索,迄今已经形成了比较成熟的思想,集中体现在他的《理论思维和工程思维》《走向实践智慧》《拯救实践》(第一卷)等著作中。徐长福在亚里士多德知识分类的基础上,明确地区分了理论思维和实践思维及其不同的功能。在他看来,两种思维方式分别服务于不同的目的,即理论思维的目的在于获得逻辑一贯的理论体系,实践思维的目的在于筹划最佳实践效果的实践,两者各自只能在自己的有效范围内运用,否则,就会造成理论与实践中的种种问题和困境。这种思维方式划界的理论为我们解决总体的实践困境提供了一条新思路。就理论思维而言,由于它必须服从逻辑同质性的约束,这就要求其对象必须是普遍性的,其目的仅仅在于获得一种普遍性的理论原理。就实践思维而言,由于它主要服从直观的约束,其对象是具体的、特殊的个别,其目的在于尽可能筹划出能够付诸实践的最佳实践方案。

在各种传统的总体观当中,思想家们没有能够对理论思维和实践思维的有效性进行区分,他们往往是在运用理论思维建构出各种总体之后,便直接将它们当作了实践的蓝图,认为它们必然能够在现实当中得到实现。殊不知,他们犯了一个严重的错误,即用理论思维取代了实践思维,将实践仅仅看作是理论设计的执行程序而已,这种"总体性"的思维模式几乎贯穿了整个西方哲学。事实上,并不存在一条适用于一切人的实践的最高准则。正如徐长福所指出的,"理论所把握的原因和原理是自然中的普遍性,如果足够真实的话可以适用于相关领域的一切对象。但关于人的行为的认识却不然,没有任何一条政治、法律和伦理规定可以普适于人的一切行为。"[1]

就马克思而言,尽管他明确提出了改变世界的实践哲学口号,但他在构筑自己的总体理论时,仍然没有超越传统哲学的视角,而是把亚里士多德的实践观念和康德的实践观念结合起来,形成了一种集目的性和普适性于一体的实践哲学。正如徐长福所指出:"马克思把'实践'确定为人和世界的归根到底的'应该',以此去说明人和世界的归根到底的'是',最后得出一套关于无产阶级如何'做'的结论,并且将这三个方面逻辑地统一起来,这也是对西方思想史上由柏拉图开创到黑格尔集其大成的主流思维方式的继承和发

---

[1] 徐长福:《走向实践智慧》,社会科学文献出版社,北京,2008年版,第92页。

展。他的实践学说的提出不管给人类思维方式的变革带来了多少新的东西,也没有改变那种试图在一套逻辑化的理论系统中通盘解决'解释世界'、'规范世界'和'改变世界'诸问题的传统做法。"① 从理论与实践相区分的角度看,马克思的实践哲学本质上仍然是一种理论思维的产物,马克思却把它理解为理论与实践相统一的最高原则。他实际上是把一种逻辑一贯的理论总体既用来解释世界,又用它来规范世界和改造世界。因而不可避免地要陷入实践的困境。

笔者认为,根据理论思维和实践思维的不同特质来划分它们的有效范围,就能够使它们各自自觉地服务于自己的目的。理论的目的在于获取逻辑一致的理论体系,它根据逻辑同质化的方式对事物的属性进行认识,必然要舍弃大量逻辑异质的属性,由此得到的理论是关于对象不完整的抽象认识。而实践思维的目的在于获得可能的最佳实践方案,它要求尽可能周全地兼顾到与实践相关的各种要素及其属性,因此,它得出的不是一个逻辑一贯的理论体系,而是众多理论因素在特定实践个案中的非逻辑推导的统合。理论思维与实践思维的这种区分,同时也赋予了理论和实践之间一种根本的张力,即理论与实践之间根本就无法达成那种彼此对应的一致。如果这个问题不能得到透彻的理解,我们就无法真正走出理论与实践脱节的困境。传统哲学解决这个问题的方法,往往是一种"总体性"的解决方法,即往往是用一种思维方式一统理论和实践。结果,不是导致实践走样,就是使理论沦为空想,这不是解决问题真正有效的方法。

其实,所有的实践都要同时涉及理论思维和实践思维。因此,理论与实践的统一,即化解理论与实践之间的张力,不是简单地偏执于某一种思维方式,而是要正确处理好两者的关系,使两者能够在实践的筹划中发挥它们各自的作用和功能,只有这样,才能避免哲学史上那种一套理论一统天下的局面。徐长福对此作过一个划界,即"理论思维和工程思维必须划界——理论思维用来认知客观规律,工程思维用来筹划人类生活,二者应实现一种结构性互补"②。因此,解决理论与实践之间矛盾的有效方法是划界。相应地,划

---

① 徐长福:《走向实践智慧》,社会科学文献出版社,北京,2008年版,第122页。
② 徐长福:《走向实践智慧》,社会科学文献出版社,北京,2008年版,第4页。

界也就意味着理论与实践的统一只能是一种相对的统一。就理论思维而言,它合适的使用范围是在纯粹理论的领域,它要求得出的是一种一以贯之的理论体系,此即理论方面的总体性观念,这种理论的总体性观念,服从的是逻辑的约束,不具有直接的实践性,但它并非全然与实践无关,它仍然可以充当实践的调节性原理,即从方向上规范和引导实践。就实践思维而言,它追求的是好的实践效果,表现出来就是尽量使实践取得成功。因此,它不是仅仅局限于逻辑的约束,而是在逻辑约束的基础上,进行一种非逻辑推导的统合,这种非逻辑推导的统合,就是要尽量周全地考虑实践当中的异质性要素,以筹划出能够取得最好实践效果的实践方案。由于任何一个具体的实践都是统合了各种异质性要素而成的,它相对于各个要素而言,就是一个整体。笔者在这里将它们称为实践总体。

根据理论总体和实践总体的这种划分,我们就能够对总体进行分类考察。理论总体对应于理论智慧,追求的是一以贯之的总体性理论,这种总体仅仅是理性抽象的产物,无法直接运用于实践当中,它们仅仅可以充当实践的调节性理想。实践总体对应于实践的智慧,它追求的是实践的效果,是一种可以直接用来指导实践的操作方案。传统哲学的总体性观念,包括马克思主义的实践哲学总体观,都忽视了"实践智慧",都用一种理论的智慧来筹划实践,因而,最终都无一例外地使实践或者停留在空想状态,或者被歪曲地执行。对于实践总体而言,"实践哲学只有走上实践智慧之路,才能真正通达实践本身的问题,即实践之为'做'的问题"①。只有根据实践智慧,才有可能形成真正的实践总体。

因此,真正的实践哲学就是研究实践智慧的哲学,只有讲出实践智慧当中的道理,我们才能够更好地筹划实践。实践智慧是一种追求实践效果的智慧,它是为了达到某个实践目标,而将不同的要素结合起来的一种智慧。在实践智慧的把握下,不同的要素都充当了具体实践的一个环节,它们共同构成了一个完整的实践。在具体的实践当中,作为实践主体的人与作为实践客体的对象之间必然发生一种相互作用,由于主体和客体都包含着无数的异质性要素,因此,这些异质性要素都要以各种方式参与到实践当中,都

---

① 徐长福:《走向实践智慧》,社会科学文献出版社,北京,2008年版,第37页。

会对实践的结果产生这样或那样的影响,实践智慧就要对每一种要素进行周全的考虑,然后再权衡它们综合在一起能够发挥的最好功效。徐长福将实践智慧的这种综合称为"对异质性因素的非逻辑统合"①。在这种非逻辑推导的统合中,被统合的各种要素必然根据理论的规定参与到实践当中,因此,实践智慧的筹划既针对实践个案的具体情况,又遵循各种相关的理论原理。

总而言之,对理论思维和实践思维进行划界,一方面为我们考察哲学总体观提供了一个新的平台,另一方面也为我们构想一种具有真正实践意义的总体提供了理论依据。

第二节 作为范导性理念的总体观念

总体观念作为人类的终极理念,自古以来就与人类的生存和发展形影相随,是人类安身立命的重要依据。然而,时至今日,人类仍然没有实现其所期盼的那种理想的总体。究其原因,主要在于这种终极的总体理念源于理性的设定。这是一个抽象的理性范畴,是一个范导性的理念。对于实践而言,这种总体观念仅仅具有范导和调节作用,而不具有建构性,它只是为人类实践提供一个终极意义的方向而已。在这一节,笔者就哲学史上出现过的总体人和总体社会的观念来阐明这种总体观念的范导性作用。

一、作为范导性理念的总体之人

作为万物之灵和宇宙的精华,人的高贵之处就在于他不仅能够适应不断变化的外部环境,他还能够运用自己的聪明才智,创造出一种自己想要的生活,使自己变成自己所设想的样子,这就是广泛意义上的自由和解放。自告别史前生活以来,人类一直在努力追求这种自由和解放的理想目标。然而,人类历史的真实情况是:在人类社会向前发展的过程中,人类在获得某

---

① 这里的"非逻辑统合"就是以非逻辑推导的方式所进行的综合。参见徐长福:《走向实践智慧》,社会科学文献出版社,北京,2008年版,第39页。

些方面解放的同时,也产生了一些新的束缚和异化。因而,直到今天,人类仍然没有完全实现这种自由和解放的总体目标,我们仍然在为实现这个总体理想而奋斗。人类社会发展的这种状况,不由得引起了人们对人类关于解放和自由的总体理想的质疑,即人类自由和解放的目标到底能不能够实现呢?在笔者看来,完全实现解放和自由的人,即总体之人,仅仅是我们理性所设想的一个完满之人。这种总体之人完全出自于理性的设定,是理性对现实之人进行抽象思维的结果,没有任何现实性,因而也是一个永远无法完全实现的目标。尽管如此,这个总体之人的理念却能够指引人的发展方向,即它是一个范导性的理想。

在西方哲学史上,对于总体之人的追求,最早可以追溯到柏拉图。柏拉图在《理想国》中,根据理念是万物的本原的理论,提出了他自己心目中的总体之人——哲学王。在柏拉图看来,理想的国家应该由一个集一切优点于一身的"哲学王"来统治。例如,他在《理想国》第五卷曾经说道:"除非哲学家成为我们这些国家的国王,或者我们目前称之为国王和统治者的那些人物,能严肃认真地追求智慧,使政治权力与聪明才智合而为一;那些得此失彼,不能兼有的庸庸碌碌之徒,必须排除出去。否则的话,我亲爱的格劳孔,对国家甚至我想对人类都将祸害无穷,永无宁日。"①在他看来,哲学王是人类当中的极品——他不仅拥有理念的知识,也拥有理性的灵魂,因此,真正的"哲学家在无论神还是人的事情上总是追求完整和完全的"②。哲学王既是真正知识的拥有者,又是理想目标的实践者,是一个全知全能的人,即本书所探讨的总体之人。不仅如此,柏拉图一生不遗余力地实践这个总体之人的目标,然而,这个目标最终却沦为空想。究其原因,我们不难发现,柏拉图这个总体之人的理想,仅仅是一种理性思维抽象的设定。他试图将人的一切优良品质和美德全部加在一个抽象的人身上,由此来建构一个完美无缺的总体之人。柏拉图的政治实践表明,他是把理性设定的抽象的总体之人理解为一种能够付诸实践的目标来进行实践,从而混淆了理论思维和实践思维的异质性,错误地运用理论思维来建构自己的实践目标,其最终的结

---

① 柏拉图:《理想国》,郭斌和、张竹明译,商务印书馆,北京,1986年版,第214—215页。
② 柏拉图:《理想国》,郭斌和、张竹明译,商务印书馆,北京,1986年版,第231页。

果注定是要失败的。尽管如此,柏拉图这种总体之人并非毫无意义,其意义在于为人的发展提供了一个方向,即"哲学王"为人的全面发展提供了一个最初的模型,它引导人类不断向前发展。

在基督教哲学中,由于上帝处于一种至高无上的地位,人仅仅是上帝的造物,人的价值与尊严完全被忽视,人充其量不过是上帝的产物和表现,因此,总体之人的理想长期被淹没在信仰的氛围中。文艺复兴和宗教改革等人文主义运动的兴起,重新发现了人的价值和意义。这个时候,总体之人的理想被许多思想家重新提出并阐发,如文艺复兴时期伟大的思想家但丁、莎士比亚、达·芬奇、拉伯雷等,他们试图通过自己的文艺作品,重新恢复人在宇宙中独一无二的高贵地位。如莎士比亚在《哈姆雷特》中称赞人是宇宙的精华,万物的灵长。拉伯雷在《巨人传》指出理想的教育目标就是培养全知全能的人。他甚至在该著中通过一个父亲给儿子的信,流露出对那种完满的总体之人的期盼:"我拿你当作我在世界上的珍宝来教导你,一心一意只想在我有生之年能够有一天看到你成为一个十全十美、毫无缺陷的人,不管在品行、道德、才智方面,还是在丰富的实际知识方面。"[①]在拉伯雷心目中,巨人不仅是思想和智慧的超人,他在实际知识和行为方面也超越了所有人,这是一种完美无缺的人,即总体之人。当然,拉伯雷的总体之人的理想主要是针对当时的基督教神学对人性的压抑而提出来的,其根本目标不在于实践这个总体之人,而是要对神学压抑下的异化的人进行启蒙,即唤醒他们被遮蔽的真实的人性。应该说,拉伯雷的这种理想人的目标,指出了真正本质的人的发展方向。正如恩格斯后来所指出的,文艺复兴"是人类以往从来没有经历过的一次最伟大的、进步的变革,是一个需要巨人而且产生了巨人——在思维能力、激情和性格方面,在多才多艺和学识渊博方面的巨人的时代"[②]。当然,局限于时代的缺陷,文艺复兴的这种总体之人的观念,不可能完全摆脱神学的痕迹。如在谈到人的认识时,拉伯雷认为,有两个因素是必不可少的,即神的指引和人的协助。尽管这样,总体之人的理想在追求人的自由和解放的过程中还是发挥了非常重要的引导和规范作用,正是通过

---

① 拉伯雷:《巨人传》上卷,成钰亭译,上海译文出版社,上海,1981年版,第269—270页。
② 《马克思恩格斯选集》第4卷,人民出版社,北京,1995年版,第261—262页。

这种总体之人的洗礼,人的发展才有了一个明确的方向——全面的发展,人的价值和尊严也才因此得到了普遍的重视和肯定。

人文主义运动的一个直接成果,就是理性的启蒙。在启蒙思想家的普遍观念中,人是理性的动物,他不仅可以运用自己的理性来认识世界,他还可以运用自己的理性来创造属于自己的世界。人也由此被抬高到一个过去只有上帝才具有的地位。例如,康德曾经提出:"给我物质,我就用它造出一个宇宙来。"[1]康德这种观念代表了启蒙运动关于人的典型观念。在启蒙思想家的心目中,能够创造出另外一个宇宙的人,就是抛弃了宗教观念、用理性来武装自己的人,是总体之人。因为在他们看来,理性可以帮助人消除人的宗教异化,恢复人的本来面貌。因此,他们将总体之人等同于理性之人。应该说,启蒙运动的这种总体之人的观点,在当时还是具有十分积极的意义的,它清除了上帝至高无上的特权,将人的命运归还给了人自己。但是,站在今天的角度来看,启蒙运动将总体之人等同于理性人的做法是非常片面的,它只是看到了人的理性因素的作用,忽视了人的情感、意志等非理性的因素对于人的意义,这种理性人实际上是一种片面的、抽象的人,而不是任何意义上的总体之人。当然,这种总体之人的模型也遭到了许多思想家的激烈批评,其中就包括启蒙运动的杰出代表卢梭。

作为启蒙运动的思想家,卢梭提出了一个独具特色的总体之人的观念。他从抽象的人性论出发,将人类历史划分为"自然状态"和"社会状态"。他认为"自然状态"是人的存在与本质相统一的状态,是人的总体性状态;"社会状态"是对"自然状态"的背叛和疏远,是总体之人的异化状态。在《论人类不平等的起源和基础》中,卢梭指出:"人类在社会的环境中,由于继续发生的千百种原因;由于获得了无数的知识和谬见;……它的灵魂已经变了质,甚至可以说灵魂的样子,早已改变到几乎不可认识的程度。"[2]人类在"社会状态"下,尽管获得了诸多的文明成果,但这些都是以丧失总体的人性为代价的,因此,社会进步的过程同时也是人性堕落的过程。在《爱弥儿》当中,卢梭进一步阐释了这个观点。他认为人作为大自然的产物,应该符合自

---

[1] 伊曼努尔·康德:《宇宙发展史概论》,全增嘏译,上海译文出版社,上海,2001年版,第10页。
[2] 卢梭:《论人类不平等的起源和基础》,李常山译,商务印书馆,北京,1962年版,第73页。

然的成长规律,而不应该违背人的自然本性。因此,理想的教育形式是自然的教育,教育的目的就是要使人成为自然的人,而不是社会状态的人,爱弥儿就是卢梭心目中的总体之人。应该说,卢梭在一定程度上认识到了理性主义的片面发展对总体人格所造成的瓦解。这也是现代西方人文主义思想家所关注的焦点。在卢梭所处的时代,这种见解是非常独到的,也在一定程度上反映出卢梭具有很强的思想洞察力。然而,卢梭把理性所设想的"自然状态"看作人类的理想状态,将生活在这种环境中的人看作总体之人,这是将一种理性设想的抽象的理想看作了现实的理想,是将一种范导性的理念当作了现实性的理想。事实上的确如此,卢梭关于总体之人的理想与人类历史的发展的情况是完全相脱离的,甚至是完全反历史的,并最终沦为一个无法实现的空想。

空想社会主义者在他们设想的未来理想社会中,对总体之人也作过一些探讨。圣西门认为,未来理想社会中的人应该是全面发展的人,人的全面发展体现在,他实现了肉体与精神、智慧与知识、理论与实践等不同的要素的统一,"每个人在社会上所占的地位不决定于偶然的家庭出身,而决定于他的才能"①。这种全面发展的人,是在德、智、体、美等方面,完全展示了自己潜能的人。应该说,圣西门关于人的这个理想作为一种调节性的理想,还是具有一定的意义的,因为它"提供了启发工人觉悟的极为宝贵的材料"②,即为人的发展指明了一个方向——全面发展。但是,由于圣西门这种总体人是从理性而不是从历史发展的客观规律方面来考察人的发展,因此,他无法认识到这种总体人的理想只是一个范导性的理想,而是将它付诸实践,结果只能陷入空想。

黑格尔从绝对精神出发,来论证他关于总体人的观点。在他看来,世界就是绝对精神实现自身的一个过程,在这个过程中,个人的发展必须建立在精神外化的产物——国家的基础之上,完全发展了的个人必然是现实的个人,是把握了时代精神,并能够将时代精神付诸现实的人。在黑格尔看来,拿破仑就是这种个人的典范,是现实当中的总体人。其实,黑格尔关于总体人的构想,

---

① 圣西门:《圣西门选集》第3卷,董果良、赵鸣远译,商务印书馆,北京,1985年版,第226页。
② 《马克思恩格斯选集》第1卷,人民出版社,北京,1995年版,第304页。

还是建立在神秘的绝对精神的基础之上,它仅仅是一种理性的构造,是绝对精神为了实现自身的过程中的一个环节,实际上没有任何的现实性。

在对资本主义社会进行政治经济学批判的基础上,马克思揭露了资本主义社会中人异化的根源,并开始寻求克服异化的途径。马克思认为,在资本主义社会里,一切提高社会劳动生产力的方法,都是以牺牲工人完整的人格为前提的。在马克思看来,人的能力是人唯一的原始财富,因此,"任何人的职责、使命、任务就是全面地发展自己的一切能力"①。但是,随着资本主义机器化生产的到来,个人完整的人格被机器所肢解,"个体本身也被分割开来,成为某种局部劳动的自动的工具"②。人的行为、思想和劳动必须根据商品的等价交换原则来决定。个人与他自己的劳动产品以及自己的劳动能力等相分离,个人完全失去了自己的总体人格。马克思认为,资本主义社会总体人格异化的根源,就在于不合理的资本主义制度。

马克思认为,克服资本主义社会这种个人异化,就是要"把人的世界和人的关系还给人自己"③。而要把人的世界和人的关系还给人自己,就必须消灭产生这种异化的资本主义私有制,并用一种更加合理的社会制度来取代它。他和恩格斯在《德意志意识形态》中提出了共产主义社会作为克服了人的异化状况的理想社会:"只有在这个阶段上(共产主义阶段——引者注),自主活动才同物质生活一致起来,而这又是同各个人向完全的个人的发展以及一切自发性的消除相适应的。同样,劳动向自主活动的转化,同过去受制约的交往向个人本身的交往的转化,也是相互适应的。随着联合起来的个人对全部生产力的占有,私有制也就终结了。"④只有在共产主义社会中,个人才是真正的主体,其存在与本质才能真正达到统一。在《共产党宣言》中,马克思进一步对这个理想的共产主义社会进行了描述:"代替那存在着阶级和阶级对立的资产阶级旧社会的,将是这样一个联合体,在那里每个人的自由发展是一切人的自由发展的条件。"⑤只有在未来的共产主义社会里,所有人才能够得到全面发展,每个人都成为没有异化的总体人。马克思

---

① 《马克思恩格斯全集》第3卷,人民出版社,北京,1960年版,第330页。
② 《马克思恩格斯全集》第23卷,人民出版社,北京,1972年版,第399页。
③ 《马克思恩格斯全集》第1卷,人民出版社,北京,1956年版,第443页。
④ 《马克思恩格斯选集》第1卷,人民出版社,北京,1995年版,第130页。
⑤ 《马克思恩格斯选集》第1卷,人民出版社,北京,1995年版,第294页。

这种总体人的设计,是根据资本主义异化的人的对立面来设想的,是一种理性设定"应该"如此之人,因此,它仅仅是一个范导性的理想。然而,后来的马克思主义,尤其是号称正统的苏联马克思主义,将马克思的这种总体人看作一个经验的预言,并试图在既定的社会现实中将它实现出来,结果,造成了社会主义事业的许多重大挫折。苏联的共产主义实践就是将这种理性设定的、作为范导性理想的总体人,当作了一个现实的实践目标来建设,其结果不言而喻。其实,只要我们将总体人看作一个范导性理想,马克思的这种总体人的理想还是具有自己的价值的,它标示了人的发展方向和目标。

但是,传统马克思主义没有能够意识到马克思的总体人是一个范导性的理想,尽管他们也针对这种总体人在实践中的困境进行了反思。如卢卡奇将这种总体人实践的困境根源归结为实证主义的舛误。在他看来,资产阶级秉承了近代理性主义的实证主义精神,用一种商品形式的合理性来衡量一切。人和一切商品一样,只要符合这种形式的合理性,就可以和任何事物之间进行等值交换,人由此被商品(物)化了,人与人之间的关系被一种僵硬的物(商品)的关系所取代,社会生活被这种商品等值形式的合理性弄得支离破碎。作为社会生活总体性的人,也被分解了。这种商品形式的等值交换,唯一的目的就是摄取最大的经济利益。正如卢卡奇在《历史与阶级意识》当中指出:"随着商品范畴的普遍化,这种情况彻底地发生了质变。工人的命运成了整个社会的普遍命运……资本主义生产的'自然规律'遍及社会生活的所有表现;在人类历史上第一次使整个社会(至少按照趋势)隶属于一个统一的经济过程;社会所有成员的命运都由一些统一的规律来决定。"[①]在卢卡奇看来,资产阶级这种实证主义的本质,使得马克思主义总体人的观念被遮蔽,总体的人由此被物化为仅仅是一个技术合理性的工具和对象。应该说,卢卡奇对资本主义社会人的异化状况的分析是深刻而合理的,尤其是他在马克思的1844年手稿还没有出版以前,就洞见到了这一点,这是非常了不起。但是,卢卡奇在克服这种物化方面,却没有选择合适的方法。他将黑格尔主义的总体性方法看作克服这种异化的灵丹妙药,认为只要运用总体性的辩证法,就能够实现理论上的总体人和现实中总体人的统一,从而

---

① 卢卡奇:《历史与阶级意识》,杜智章等译,商务印书馆,北京,1992年版,第152—154页。

实现人的解放,达到真正的总体人的目的。其实,卢卡奇的这种总体人的理想,与黑格尔的总体人的理想一样,都是将一种范导性理想当作了一种建构性的目标。尤其是他将无产阶级当作历史统一的主客体,更是直接违背了他反对实证主义的初衷。其实,总体的人作为异化之人的对立面,它先于任何特定阶级,是一个先验的规范性目标,是一个理想,而不是一个具体的实践目标,任何试图将它理解为具体实践目标的理论,都歪曲了它的本来含义。卢卡奇试图通过无产阶级自己的实践来实现这种总体人的目标,就是犯了上述错误。

法兰克福学派的思想家们,在很大程度上发现了卢卡奇的总体性辩证法的错误之所在,他们纷纷从黑格尔主义的总体性辩证法撤退到现实当中。但是,由于他们在考察资本主义社会的时候,都是着重于批判资本主义社会的现实,因而,他们基本上是将这种总体人的理想看作一个乌托邦。如阿多尔诺坚决反对同一性的总体,认为任何形式的同一性总体,都仅仅是理性的构造,总体人也不例外。马尔库塞则是将当代资本主义社会看作一个由技术理性统治的社会,技术理性成为规范社会的唯一原则,因此,在这个社会当中,一切事物,包括人,都得接受技术理性的支配,人因此失去了他的批判能力,变成只有肯定性维度的人。而且技术越是向前发展,人的总体性越是被充分瓦解。在他看来,要想克服这种技术理性异化的人,只有通过总体的革命,即在经济、政治、文化等方面进行变革,革除过去那种由单一的技术理性所引导的社会力量,使人恢复自己的批判能力,并最终实现自身的解放。当然,马尔库塞的构想在一定意义上来说,是美好的。但是,他仍然没有将总体人看作一个调节性的理想,没有意识到总体人的实现只是一个永远在进行的过程,因此,其总体人的目标注定要以失败而告终。

列斐伏尔从日常生活出发,认为通过日常生活的革命,可以引发社会的政治革命和经济革命,从而引起社会的整体变革和个人的完全解放,实现社会解放与人的解放的统一,最终实现真正的总体人。应该说,列斐伏尔这个总体人的理想,与马克思所强调的"人以一种全面的方式,也就是说,作为一个总体的人,占有自己的全面的本质"①的理想是比较接近的。在列斐伏尔

---

① 马克思:《1844年经济学哲学手稿》,人民出版社,北京,2000年版,第85页。

看来,这种总体人彻底摆脱了异化和人格分裂,是主体和客体、肉体和精神的高度同一,是在各个方面达到了和谐统一的人。但是,列斐伏尔认为,这种总体人的理想,对于我们来说,仅仅是一个长远的理想,是一个永远要努力的方向,而不是一个具体的历史事实。从这个角度来看,列斐伏尔对总体人的理解是比较合理的,他超越了以往那些将总体人看作一个历史事实的观点。正因为如此,马丁·杰在《马克思主义与总体》当中,高度评价了他:"列斐伏尔作为法国最早阅读并欣赏《1844 巴黎手稿》的法国人之一,他能够看到青年马克思与黑格尔(特别是《精神现象学》而非《逻辑学》中的黑格尔)之间的诸多联系。他对辩证思想的把握远远超过了那些超现实主义者,并将他们那种并置性总体的概念抛在后面。"[1]事实上也的确如此,他将总体概念作为经济主义的解毒剂,并坚持总体向未来开放,这使得他的总体超出了卢卡奇等人的观点。同时,列斐伏尔认为,总体人从本质上来说,是一个唯心主义的理念,他甚至认为马克思主义的总体人也是如此。在 1955 年出版的《社会科学的总体》中,列斐伏尔强调了总体的开放特征。在他看来,社会科学的总体只能是能动的、开放的、非决定的,任何封闭形式的总体都是虚假的。由此,他主张社会历史过程的开放性。在列斐伏尔看来,总体人是一种规范的概念,它具有丰富的含义,并潜存在社会发展过程当中。同时,列斐伏尔也认为总体人是可能实现的,异化可以得到克服。尽管他承认无产阶级无法实现自己的目的——克服自身的异化状况,但他从来没有对通过人们在日常生活中的交流来重新达到"总体人"的目标完全失去希望。由此可见,尽管列斐伏尔看到了总体人的先验特征,但由于他局限于传统哲学的话语,他仍然无法将总体人明确理解为一个调节性理念。

总而言之,总体人作为人类历史上长期追求的目标,对于人类社会发展的方向起着决定性的指引作用。但是,我们不能简单地将它理解为一个具体的历史事实,或实际的历史状态,因为它的作用是范导性的,是一种永远激励人们去实现的终极理想,但它同时又是永远无法完全实现的目标。任何试图将它当作现实的目标来实践的观点,都是对它的歪曲。当然,其最终

---

[1] Martin Jay, *Marxism and Totality: The Adventures of a Concept from Lukács to Habermas*, University of California Press, California, 1984, p.294.

的结果也往往是事与愿违。

二、作为范导性理念的理想性总体社会

自摆脱史前野蛮生活状态以来,人类一直在不断追求适合自己生存和发展的理想社会目标。尽管这个理想的社会目标在不同的时代和不同的地区有不同的表现形式,但其本质却是相同的,即它们共同的本质就是要实现人类社会的大同。也就是说,无论古今中外,人们都把实现人类的大同看作社会发展的终极目标。然而,直到今天,这种人类大同的社会理念仍然无法实现,究竟是什么原因呢?

作为人类社会发展终极目标的大同世界究竟是一个什么样的社会呢?古今中外,可谓仁者见仁,智者见智。在西方,人类大同的社会理想最早可以追溯到柏拉图的"理想国",但其最终却以失败而告终。基督教在上帝的名义下强调人类的大同,但这种大同实际上只是一种虚幻的大同,远离了人的现实生活。空想社会主义者开始运用各种方式来构想人类大同的社会理想,但他们的构想也都以失败而告终。在此基础上,马克思通过对资本主义社会进行政治经济学批判,提出未来理想的社会状态是共产主义社会。然而,马克思的这种共产主义理想被后来的马克思主义者作了实证化的理解,甚至被苏联等社会主义国家当作直接的实践目标来实践,结果造成了这些国家社会主义实践中的重大失误。迄今为止,人类追求的大同社会理想无一例外地以失败而告终。原因何在呢? 在笔者看来,造成这种结果的原因可能是多方面的,但根本的原因就在于人类大同的理想是运用理论思维而形成的,它仅仅具有范导的作用,而不是一个具体的实践目标。因此,我们无法直接把它实现在现实社会当中。本书就这个问题作一个具体的分析,以期找出其中的根本原因。

在《理想国》中,柏拉图根据理念论,设计了一个"理想国"。他把这个"理想国"的全部公民分为三个层次,即统治者、军人和平民。统治者拥有理性的灵魂和智慧的德性,能够很好地治理国家。军人拥有激情的灵魂和勇敢的德性,他们能够保卫国家的安全。平民拥有欲望的灵魂和节制的德性,他们能够服从整个国家的利益。在柏拉图看来,只有"当一个国家最像一个

人的时候,它是管理得最好的国家"①。也就是说,理想的国家就像一个有机整体的人一样,它应该让理性来统治激情,让激情来限制欲望。柏拉图同时认为,这种理想的国家一定能够在现实社会当中得到实现。但其实现有一个重要前提,即"哲学王"的统治。也就是说,理想的社会统治者必须是政治家和哲学家的结合体,否则,人类的罪恶将永远无法消除。我们由此可以发现柏拉图"理想国"落空的根本原因,即"理想国"本质上是一种理性的构想,其具体的结构仅仅是理论思维的产物,但柏拉图却把它理解为一种现实的社会结构。例如,其中包括关于社会的等级划分、不同等级的具体德性,甚至还包括所有社会成员之间的相互关系——为了国家的利益,实行共产共妻优生优育等措施。由此可见,柏拉图的"理想国"之所以会以失败而告终,是因为他忽视了理想与现实的差别。他将理性设想本应如此的"理想国"看作了现实的"理想国",将一个范导性的理念国家形式当作了一个具体的建构目标,将"应该如此"理解为"一定如此",从而拿一个理论思维的结论进行实践。从具体的思路来看,柏拉图把理念的城邦看作理想社会的原型,认为通过一种"制作"的方式就能够把它在现实中实现出来,这种思路代表了一种从理论思维到实践思维方式的跃进。尽管柏拉图局限于理念世界和感性世界二分的立场,始终无法真正说明二者之间的关系。但他这种关于"是"与"应该"相同一的"制作"思维模式,对后来的实践哲学,尤其是对马克思的共产主义理想产生了深远的影响。后面还要论述到这一点。

在基督教一统天下的中世纪,上帝成为世界最高的原则。上帝既是世界万物的起源,也是世界万物的归宿,还是认识的最高原理。总而言之,离开了上帝,一切就是虚无。只有在上帝的恩宠下,人的生活才变得有意义。在基督教的教义中,人生在世的唯一目的就是信仰上帝,任何世俗的名利在基督教中都失去了意义。正因为如此,信徒们就不应该有任何私下的名利之争,所有信徒都是平等的,他们之间由神学的德性连接起来。神学德性是一种高于伦理德性的超验之德,它包括信仰上帝、把希望寄托于上帝以及爱上帝三个方面,也就是通常所说的"信、望、爱"三种德性。在《圣经·爱德的金科玉律》中,爱德被看作是最高的神学德性。例如,其中在论及人与人之

---

① 柏拉图:《理想国》,郭斌和、张竹明译,商务印书馆,北京,1986年版,第197页。

间的关系时谈道:"应爱你们的仇人,善待恼恨你们的人;应祝福诅咒你们的人,为毁谤你们的人祈祷。有人打你的面颊,也把另一面转给他;有人拿去你的外衣,也不要阻挡他拿你的内衣。凡求你的,就给他……"①在基督教哲学看来,爱他人胜过爱自己,这是爱上帝的一种表现。爱德能够使人的道德提升到一个最高的境界,从而使人获得最高的幸福。托马斯·阿奎那在《神学大全》中指出:"从完善性来说,爱比信仰和希望优越,因为它是一切德性的形式和根源。"②对上帝的爱是人生在世的最高幸福,人们正是在对上帝的爱当中,才形成了各种世俗的社会关系。因此,世俗社会中各种不同的社会关系,在上帝的爱面前,没有任何区别,信众之间应该是一种平等友爱的兄弟关系,大家生活在一个大同的世界当中。应该说,基督教的这种人类大同的社会理想,对人的德性修养产生了一定的积极调节作用。但是,这种调节作用仅仅局限于宗教的意义上,即它只是一种宗教意义上的大同理想。现实的世界是由各种因素交织而成的,其中现实的功名利禄更是人们行为的直接动机和目的,因而一旦回到现实当中,基督教那种最高的上帝总体就显得软弱无力,甚至完全失去自己的规范力量。在基督教哲学当中,上帝的规范作用仅仅是宗教意义的,它无法直接作用于现实生活,即无法被直接建构出来。

随着资本主义生产关系的产生和不断成熟,思想家们发现它带给人类的不仅仅是福音,同时也是一种更加残酷的剥削。如托马斯·莫尔将英国资产阶级为了发展纺织业而进行的圈地运动比喻为羊吃人,并认为新兴的资本主义社会制度是一种更加隐形的剥削制度。莫尔在对资本主义私有制进行批判的基础上,设计出了一个"乌托邦"岛国的公有制社会模式,即一个政治清明、社会平等、民众乐业、道德崇高的美好社会,这是现代共产主义社会理想的起源。莫尔的这个社会理想却被后来的空想社会主义者圣西门、傅立叶、欧文等,当作了一个具体的社会目标。他们在莫尔所设计的人类理想社会的基础上,积极筹划各自心目当中的理想社会,并试图将它们付诸实践。如欧文将共产主义看作一个受理性和良知指导的幸福社会,并宣称"我

---

① 《圣经》,思高圣经学会译,思高圣经学会出版社,香港,2006年12月版,第1601页。
② 转引自张志伟主编:《西方哲学史》,中国人民大学出版社,北京,2002年版,第267页。

（欧文——引者注）有充分的信心认为,这种制度纵使人们由于错误的个人利益而企图加以阻挡,纵使有各种各样的反对,也必然会实现并巩固地建立起来"①。圣西门更是将想象力看作是社会历史发展的最根本的原因:"想象力的发展,无论是从整个人类来说,还是从个体的人来说,都是先于判断力的发展。"②然而,由于他们没有能够理解他们所设想的美好社会理想只是一个范导性的终极目标,他们的实践也就只能以各种形式的失败而告终。

马克思和恩格斯在对资本主义社会进行批判的过程中指出:"私有制只有在个人得到全面发展的条件下才能消灭,因为现存的交往形式和生产力是全面的,所以只有全面发展的个人才能占有它们,即才可能使它们变成自己的自由的生活活动。"③资本主义私有制是与其全面的交往形式和全面的生产力不相适应的,只有未来的理想社会才能全面地占有这种全面的交往形式和全面的生产力。马克思和恩格斯把这种未来的理想社会称为共产主义社会。在他们看来,"共产主义的最重要的不同于一切反动的社会主义的原则之一就是下面这个以研究人的本性为基础的实际信念,即人们的头脑和智力的差别,根本不应引起胃和肉体需要的差别:由此可见,'按能力计报酬'这个以我们目前的制度为基础的不正确的原理应当——因为这个原理是仅就狭义的消费而言——变为'按需分配'这样一个原理,换句话说:活动上、劳动上的差别不会引起在占有和消费方面的任何不平等,任何特权。"④未来的共产主义社会是一个不以人的某种能力作为分配的基础的社会,它是以个人的全面发展作为前提的。只有在个人全面发展的前提下,私有制才失去存在的基础,共产主义社会才有可能真正得到实现。然而,历史发展的过程却表明,在作为共产主义社会准备阶段的社会主义到来之后较长的时间范围内,资本主义并没有完全腐朽,也没有最终被消灭,共产主义的美好理想也迟迟没有得到实现。这到底是什么原因呢?

通常的解释一般将这种共产主义理想落空的原因归结为:各个以马克思主义作为指导的国家,在具体建设自己的社会主义实践中,没有将马克思

---

① 欧文:《欧文选集》第1卷,柯象峰等译,商务印书馆,北京,1979年版,第209页。
② 圣西门:《圣西门选集》第1卷,王燕生等译,商务印书馆,北京,1979年版,第75页。
③ 《马克思恩格斯全集》第3卷,人民出版社,北京,1960年版,第516页。
④ 《马克思恩格斯全集》第3卷,人民出版社,北京,1960年版,第637—638页。

主义与本国的实际情况结合起来。例如,有人认为苏联的"战时共产主义政策",中国的"大跃进"和"人民公社"等,主要是没有将马克思主义与本国的实践情况结合起来,从而犯了冒进的错误。这的确是这些国家在实践共产主义社会过程中遭受挫折的重要原因,也被这些国家后来的历史发展所证明。但在笔者看来,之所以出现这种情况,还有另外一个更加根本的原因,即共产主义理想本身所蕴涵的内在矛盾。马克思和恩格斯在《德意志意识形态》中就曾指出:"共产主义对于我们来说不是应当确立的状况,不是现实应当与之相适应的理想。我们所称为共产主义的是那种消灭现存状况的现实的运动。这个运动的条件是由现有的前提产生的。"①因此,共产主义不是一种应该如此的理想,而是一个历史运动的结果,是在生产力的普遍发展和世界交往的基础上,各个占统治地位的民族同时在经验中实现的一种状态。由此可见,马克思和恩格斯的共产主义目标,既是一个价值规范,又是一个必将实现的事实,是"应该"与"是"的统一。事实上,"应该"与"是"之间是异质的,它们根本无法在现实中达成完全统一。正如徐长福所指出的:"马克思主义就其精神实质而言应当是一种调节性理想,但就其现实关怀而言却是一种建构性理想。马克思本人将他的经验和理念打造为一个理论系统,并且坚信其真理性,他没有理由放弃其中任何一点。"②马克思试图运用政治经济学的批判,把一种理性建构的范导性理想——共产主义,当作一个经验的建构目标。这样做的结果,必然产生一个误导实践的结果。正因为如此,徐长福又指出:"按马克思的推论,历史的终极目的是共产主义,这也是价值上最理想的状态。这种状态既是历史必然性的终点,又是人类普遍自由的起点,是历史本身的满全。它因为具有经验事实意义上的必然性,所以可以从物质生活现象的研究中推知与预言;同时又因为它是自由的起点,所以对必然性的追溯只能到此为止。尽管马克思仍然不得不把共产主义社会的物质生产领域保留为必然性的领域,但它所支撑的人类生活的主要舞台都是自由的天地。这样一来,马克思实际上就为我们勾勒出了作为经验现象之总体的历史的边界,而纯粹的自由就在边界的那一边。可是,按照康

---

① 《马克思恩格斯选集》第1卷,人民出版社,北京,1995年版,第87页。
② 徐长福:《马克思主义研究的学术化探索》,中国社会科学文献出版社,北京,2010年版,第195页。

德的看法,这样的总体无非是一个有条件者的诸条件的总汇,它本身不再是有条件的,而这样的概念并不真的对应着某种可以直观的对象,它只是纯粹理性的理念而已。至于纯粹自由的状态,由于没有经验必然性的内容,更是一个理念了。"①

马克思的共产主义目标,作为一个范导性理想的观点,也得到了外国著名马克思主义理论家的认可。如美国的威廉姆·L.迈克布莱德在重新阅读马克思的《资本论》时指出:"我经常追问的一个关于马克思著作的意义的问题就显得非常重要,即这本书究竟在多大程度上可以被认为是对未来的预言?我对这个问题有一个不那么经典的回答:一方面,关于未来的后资本主义社会,马克思确实是基本上没有说什么,虽然他始终以隐含的方式肯定了这种可能性的存在,正如他反复批评把资本主义当作人类社会最后阶段的那些人所显示的那样。另一方面,我们可以从他的通信看出,他深信,'联合生产者社会'即将到来,虽然关于这个革命将从何时何地开始,他在不同的时期有不同的期待。"②迈克布莱德不是将马克思关于共产主义的设想理解为一个必然的逻辑结论,而是理解为一个"应该"的信念。在他看来,"马克思《资本论》一书的内在逻辑,连同他在分析相对剩余价值和绝对剩余价值的过程中引入的各种变量,使得我们不可能以任何肯定的方式来预言,资本主义制度的彻底破产将在何时发生;而且,如果其中的某些变量,特别是技术的不断进步,以某种在马克思看来虽然很难、但毕竟不是不可能的方式发生变化,那么,资本主义制度在未来的破产,就永远地不可能了。"③根据《资本论》的内在逻辑和马克思在分析资本主义社会生产时所采用的技术分析,我们无法得出资本主义在某个确定的时间会灭亡的结论,自然,也就无法得出共产主义在什么时候能够确切得到实现的肯定性结论。因此,马克思的共产主义目标,作为一个总体性的社会理想,本质上就是一个范导性的理想。

---

① 徐长福:《马克思主义研究的学术化探索》,中国社会科学文献出版社,北京,2010年版,第192页。
② 吉林大学哲学基础理论研究中心编:《哲学基础理论研究》,中国社会科学出版社,北京,2008年版,第29—30页。
③ 吉林大学哲学基础理论研究中心编:《哲学基础理论研究》,中国社会科学出版社,北京,2008年版,第30页。

笔者认为,马克思主义的共产主义理想要想真正发挥它应有的作用,就必须把它限定为一个范导性的理想。只有这样,"它就不会自己跳到经验世界中去代替甚至强制经验认识与经验生活,而是在知识领域作为一个永远填不满的至大的括号,引导经验认识不断地去填充,在价值领域作为一个最为标准的规范,帮助经验生活作不断的反省和改进"①。作为历史总体的共产主义社会,只有被看作是一个引导性的、调节性的理想,才能够真正体现它的价值和意义,否则,只会引起实践的走样或落空。

第三节 作为建构性理想的实践总体

总体性作为人类的终极理念,本质上是一种范导性的理想。它对于我们的经验生活而言,仅仅具有引导和调节的作用。另一方面,历史发展的事实告诉我们,人类可以通过自己的实践不断扬善避恶,改善自己的生存处境,即不断趋向于那个范导性的理想。人类社会发展的这样一种良好态势既然不是理论思维及其所形成的范导性理想的直接结果,又是出自哪里呢?笔者认为,这种社会发展具体的良好态势就是实践思维筹划的结果。因此,在这一部分笔者将围绕实践思维对社会实践的筹划,来探索一种真正可以实践的总体,即根据非逻辑推导的实践思维统合而成的一种建构性总体。由于这种总体是根据实践智慧构造而成,是一种可以实践的总体,因而本书称之为实践总体。

前文已经论及,亚里士多德开始意识到理论和实践的区别,并对它们的原理和有效性等方面内容进行了详细探究。例如,在《形而上学》中,亚里士多德区分了感觉、记忆、经验、技术、智慧等各种不同的认识种类,并明确指出了各种知识的原理和适用范围。在他看来,感觉、记忆、经验都是个别性的知识,而技术与智慧则是属于普遍性的知识,个别性的知识只知其然而不知其所以然,普遍性的知识不仅知道其所然,也知道其所以然。因此,普遍

---

① 徐长福:《马克思主义研究的学术化探索》,中国社会科学文献出版社,北京,2010年版,第195页。

性的知识是一种比个别性知识更加高级的知识。但在知识的效用性上,它们的关系刚好相反。他以经验与技术的知识为例进行论证:"倘有理论而无经验,认识普遍事理而不知其中所涵个别事物,这样的医师常是治不好病的;因为他所要诊治的恰真是些'个别的人'。"①尽管个别的、经验性的知识只知其然而不知其所以然,属于比较低贱的知识,但它们却比高贵的普遍性的理论知识更加实用。为了更好地区分关于个别的实践知识和关于普遍的理论知识,亚里士多德在不同的著作中分别对它们进行了论述。他在《形而上学》中主要探讨了普遍性理论知识的原理及其适用范围,在《伦理学》中则系统地探讨了个别性实践知识的原理及其适用范围。遗憾的是,亚里士多德这种区分长期以来没有得到人们的重视和关注,理论和实践的建构长期以来被人们非批判地同一起来。即使理论和实践出现较大的反差,人们往往要么把原因单纯地归结为理论的错误,要么单纯地归结为实践的不合理,几乎没有人从理论和实践各自不同的特质方面找原因。

徐长福在亚里士多德关于思维方式区分的基础上,洞察到了理论与实践的异质性,他详细探索了理论和实践的区别与联系。在他看来,理论和实践分别形成于两种不同的思维方式,即理论思维和实践思维。两种思维都有自己特定的适用范围,"要完整理解这两种思维方式,还必须将逻辑性维度和价值性维度结合起来。如是,理论思维可称为内部非价值的逻辑化的思维方式,而工程思维则可称作价值化的非逻辑的思维方式。理论思维的价值功用在于分门别类地发现属性间的必然联系,工程思维的价值功用在于将位于不同联系系统中的属性复合为一个工程整体。前者力求有约束力的客观道理,后者力求有操作性的主观设计;前者服务于后者,后者服务于工程的实施,即实践。"②因此,要想真正设计出具有可实践性的目标,必须尽可能全面地权衡参与其中的每一个要素,即既要考虑参与其中的每一个要素关涉的理论的逻辑一贯性,又要考察众多要素组合在一起的可行性。

如何能够达到这个目标呢?亚里士多德认为,这样一种总体的建构需要运用"实践智慧"(phronesis)。"实践智慧在于深思熟虑,判断善恶以及生

---

① 亚里士多德:《形而上学》,吴彭寿译,商务印书馆,北京,1959年版,第2页。
② 徐长福:《理论思维与工程思维:两种思维方式的僭越与划界》,上海人民出版社,上海,2002年版,第95页。

活中一切应选择或该避免的东西,很好地运用存在于我们之中的一切善的事物,正确地进行社会交往,洞察良机,机敏地使用言辞和行为,拥有一切有用的经验。记忆、经验和机敏,它们全都或源于实践智慧,或伴随着实践智慧。或者,其中的有些兴许是实践智慧的辅助性原因,例如经验和记忆,但另一些却是实践智慧的部分,譬如深思熟虑和机敏。"① 由此可见,实践智慧的根本特点是深思熟虑和机敏。深思熟虑就是尽可能全面地兼顾每一个与实践相关的要素,机敏就是要善于见机行事。深思熟虑和机敏就作为实践领域的智慧,是一种不同于理论智慧的智慧,其所要解决的关键问题,就是"凑在一起的东西"②。实践智慧凭借机敏和深思熟虑,能够全面而又灵活地综合考虑各个不同的要素在实践当中的作用,以使实践达到一种整体的最大良善结果。因此,实践智慧既是一种多向的权衡,又是一种综合的考虑。实践智慧就是一种使人事变得更好的智慧,它能使人的伦理和政治行为更加符合整体善的原则。

由于伦理德性对应于人的灵魂中感觉欲望部分的善(agathon),而人生的总体的善(tagathon),则是德与福的结合,即幸福,这是人在现实生活中能够获得的最高的善。在亚里士多德看来,伦理德性就是通过实践智慧来实现的,实践智慧作为一种理智德性,其作用就在于为我们全面权衡达到某一个具体的目标的实现手段,这种考虑以生活的整体的善为基础。如我们通常所说的修身,表面上看是一个个人的事情,其实并非如此,任何一个个人在修身的过程中,都必须处理好与他相关的各种关系,否则,他就很难说真正达到了修身的效果。因此,个人的伦理修养离不开整体的权衡,否则,就无法得到善的结果。正如徐长福所指出的:"如果只有伦理德性而没有实践智慧,则良善的目标就会因为缺乏正确的手段而无法实现;如果只有实践智慧而没有伦理德性,则有效的手段就可能被错误的目的所利用,而服务于错误目标的聪明才智并不配称为实践智慧,因为它跟人生的总体的良善是背道而驰的。"③ 伦理德性作为一种具体的善,它必须以实践智慧作为前提和条

---

① 苗力田主编:《亚里士多德全集》第八卷,中国人民大学出版社,北京,1994年版,第460页。引用的时候,用"实践智慧"替换了"明智"。
② 苗力田主编:《亚里士多德全集》第八卷,中国人民大学出版社,北京,1994年版,第289页。
③ 徐长福:《走向实践智慧》,社会科学文献出版社,北京,2008年版,第184页。

件,而实践智慧作为一种整体之善的手段,又必须以具体的伦理德性作为基础,它们之间表现为一种互为目的和手段的关系。

从实践的意义上看,亚里士多德提出实践智慧是为了将属人的智慧(实践智慧)与属神的智慧(理论智慧)区别开来。属神的理论智慧是一种与实践不直接相关的智慧,它仅仅是一种形而上的终极智慧,给人以一种范导性作用;而属人的智慧,即实践智慧,其作用就是指导人的行为去获得最大的幸福。但是,理论智慧和实践智慧的这种区分,并不意味着两种智慧没有任何关联。实践智慧对于理论智慧而言,是一个管家,因为它通过处理好人世间纷杂的事情,可以使理论智慧不必关注于人世间的事情,从而更好地与神相通。尽管如此,亚里士多德还是认为,人性中的神性成分和人性成分是不可通约的,它们只能通过分类来解决,即理论智慧属于神性,而实践智慧属于人。人能够解决的问题,只能求助于实践智慧,否则就会走弯路和错路。

实践智慧的目的就在于获取实践中最大的善,这种最大的善只是相对于人有限的行为能力而言的。因此,人在实践中所能达到的目标总是低于理论所设想的理想的状态。在徐长福看来,这是实践及其特有的思维方式所决定的。因为实践智慧采取的是一种工程的思维方式,"工程因为包含着逻辑上绝对异质的因素而注定不能通过还原为理论加以解释和设计,所以它和理论之间永远也不可能逻辑地统一起来"①。因此,传统上那种思维与存在绝对同一的唯心主义观点,只是理性主义的幻想。任何单一的理论,相对于实践来说,都是片面的和有限的。只有意识到这一点的时候,理论才有可能真正地服务于实践。也正因为如此,"理论,不管是一般的工程理论还是关于工程的哲学理论,也不管是关于有形工程的理论还是关于无形工程的理论,只有在它意识到自己的限度并清楚地界定了自己的限度的情况下,才能仅仅作为对工程的特定视角或方面的描述而对工程具有价值,否则,这种理论就会因其逻辑化的理论思维方式去处理以逻辑异质性为特征的工程问题而贻害工程"②。任何具有实践特性的工程,都是由非逻辑同质性的要素构成的,它在总体上不受理论的逻辑思维的约束。一旦用逻辑同质性的

---

① 徐长福:《走向实践智慧》,社会科学文献出版社,北京,2008年版,第133页。
② 徐长福:《走向实践智慧》,社会科学文献出版社,北京,2008年版,第133页。

理论思维来设计实践,就是在用理论裁剪实践,必然遗漏实践当中众多非逻辑推导的异质性要素。当然,由此所设计的实践方案,必然存在各种各样的问题,有些甚至是决定性的问题。例如,柏拉图的"理想国"等,它们就是用理论思维直接筹划实践的典型案例。当然,这种思维方式的僭越,必然使美好的理想失去其本身应有的价值,而沦为空想。

对于那些总体性的社会理想,我们只有对它们进行分类或划界,即将它们区分为理论思维的构造和实践思维的构造,才能真正实现它们本身所具有的价值。理论思维的有效范围是逻辑同质性的领域,其目的就在于获取一个一以贯之的理论。工程思维的有效范围是非逻辑的异质性领域,其目的就在于获取可行的实践方案。尽管如此,工程思维并不排斥理论,相反,在一个工程的各个方面,还需要理论的论证。正如徐长福所指出:"工程也并非不再需要理论的指导,相反它更要自觉接受一切相关理论的指导。"①因此,划分理论思维和工程思维,并不是要使理论与实践彻底地分离,而是要认识清楚两种思维方式各自起作用的有效范围,从而更加有效地服务于理论和实践各自的目的。

根据思维方式的划界,理论思维主要服从逻辑的约束,其所建构的总体具有范导作用;实践思维主要服从直观约束,其所建构的总体具有实践的特质,是社会实践追求的目标。我国当前改革开放就是这样一个实践总体,它广泛地涵盖了社会的经济、政治、文化、科技、教育等所有方面的内容,目的在于从整体上推进社会达到一个良善的局面。改革开放作为一个实践总体,必然是根据实践思维筹划而成。实践思维如何才能有效地筹划改革开放,以使其获得良好的结果呢?

首先,实践思维在筹划改革开放的战略决策中要突出实践智慧的机敏性。众所周知,在改革开放之前,我国的经济社会发展陷入了一个非常困难的局面。经济上,长期束缚于一种高度集中的计划经济体制,完全排斥市场和价值规律的作用,使得社会经济的发展长期处于一种停滞不前的状况,国民经济处于崩溃的边沿。政治上,长期的阶级斗争扩大化以及高度集权的政治体制,使得整个社会的政治陷入一种混乱的局面。文化上,一味地强调

---

① 徐长福:《走向实践智慧》,社会科学文献出版社,北京,2008年版,第134页。

狭隘的革命文化，排斥传统文化和外国文化中的优秀成分，使社会文化失去了其精神动力和社会纽带的功能，变成了一种僵死的教条。科学技术方面，闭关锁国的政策使我国在科技和教育领域缺乏与世界各国的交流与合作，与发达国家之间的科技与教育差距不断加大。改革开放关键是要有主次、有层次地进行筹划，要运用实践智慧，针对我国社会发展的各种矛盾来筹划社会发展的整体规划。如我国实行的以经济建设为中心，同时兼顾社会的政治、文化、科技、教育等方面的发展战略，就突出了实践智慧在实践筹划中的机敏性，其目的是要从我国社会的实际情况出发，从整体上把我国的社会发展推向前进。

其次，实践思维在改革开放的战略中还要体现实践智慧的整全性。改革开放作为我国当前一项巨大的社会工程，包括对内改革和对外开放两个部分。就对内改革而言，实践智慧必须因时而异，针对不同时期的主要问题，把社会经济、政治、科技、教育、文化、卫生等各个方面因素全面地统合起来，力争使其达到一个最好的实践效果。就对外开放而言，实践思维必须坚持一种开放的态度，把一切利于我国经济社会发展的要素纳入我国社会发展的整体筹划中，同时规避那些不利于我国社会发展的因素，以促使社会发展到一个良好的局面。改革与开放作为我国社会当前的重大发展战略，又是相互影响、相互渗透的。二者的共同目的都是为了使社会在整体上趋于一种更好的状态。为了达到这种整体上的更好状态，必须运用实践智慧把社会的经济、政治、文化、科技、教育等方面的改良因素统合在一起，从整体上考量其最佳的实践效果。

综上所述，在社会实践中，我们一方面要运用实践智慧来筹划实践，而不是仅仅沉浸在理论的逻辑中筹划理想的社会蓝图；另一方面，我们也要认识到实践智慧毕竟是一种非逻辑推导的、有限的智慧，它依赖于人的理性、情感等各种要素，无法完全穷尽所有的道理。因此，实践智慧筹划的总体只能是一个开放的、相对的总体。它永远处于一个不断完善的过程中，而不可能是任何一种终极状态。真正的实践总体不是任何一个总体性的概念可以一网打尽的，而是一个包容了众多异质性要素的统一体。任何关于它的理论探讨都必然遗漏其中的异质性要素，都无法替代具体的实践个案。对它进行理论研究的目的，一方面在于防止以任何一种单一理论来独占实践；另一方面,也是为了更好地给实践筹划提供更多的理论要素,以使实践方案趋于周全。

小 结

纵观西方总体观的整个发展历史,无论是柏拉图所设想的"理想国",还是基督教所幻想的天国,抑或是黑格尔所提出的作为精神展现的国家,还是马克思所设想的共产主义社会等总体社会理想,它们都非批判地将理论与实践同一了起来,认为理论与实践服从同样的逻辑,实践不过是理论在现实当中的实现而已,其实质是将理论思维与实践思维混为一谈,从而使它们各自都僭越了自己的有效范围。这也是各种总体性社会理想无法真正实现的根本原因。

徐长福在亚里士多德知识分类的基础上,将思维方式明确地区分为理论思维和实践思维,并认为理论思维的对象是抽象的普遍性,它服从的是逻辑的约束,目的在于获得一种普遍性的理论原理;实践思维的对象是具体的、特殊的个别,它主要服从直观的约束,目的在于筹划出尽可能完善的实践方案。理论思维和实践思维的这种划界,为我们考察总体—实践的有效性提供了一个新的平台。根据这种划界,传统哲学的各种总体观,基本上都是理论思维的产物,它们无法直接充当实践的目标,对于实践而言,它们仅仅具有规范和引导的作用,即是一种范导性的理念。对于具体的实践而言,运用实践智慧对各种实践要素进行非逻辑推导的统合,则可以得到具有实践性的实践蓝图,这种非逻辑统合而成的实践蓝图,我们可以将它当作一种实践的总体,只不过这种总体是一种有限的、开放的总体,它作为总体仅仅具有相对的意义。

真正能够实践的总体,必须是实践思维筹划的总体。在实践思维中,实践智慧是一种非逻辑推导的统合性智慧,它能够对与实践有关的各个要素进行全面的综合权衡,使各个要素能够在这种非逻辑推导统合的实践中共同发挥出最好的作用,取得最好的实践效果。我国当前正在进行的改革开放,就是一项巨大的社会工程,是我国当前最重大的实践。它要求我们必须运用实践智慧,对人与自然、人与社会以及人与自身的各个方面的关系进行有效统合,既要使各个要素之间形成一种良好的和谐关系,又要使整个实践结果能够真正达到最好。但我们同时也要认识到,实践智慧毕竟是一种属人的智慧,它无法达到一种绝对完美的状态。因此,这种实践智慧所筹划的和谐社会,是一个开放的、相对的总体性理想。

结语:走在探讨总体问题的途中

在一个呼吁多元化的时代,重提总体问题似乎是一件不合时宜的事情。其实不然,如果我们反思一下人类当前的状况,我们肯定不能感到满意。在笔者看来,其中至关重要的一个原因,就是总体的失落。人的形而上学本性决定了我们无法真正舍弃总体,我们必须生活在这种总体的信念中,就像我们必须生活在空气当中一样。

从人类思想发展的历史来看,总体观念的确是一个不断引导人类前进的指南,它使人类不断超越自身,趋于完善。然而,随着理性主义的兴起,尤其是随着近代理性主义的兴起,总体观念不再是一个引导人类前进的终极理想,它堕落为一个无法真正关照人类生活世界的理性神话。总体变成了一个压抑人的情感和欲望的机器,理性成为一个至高无上的原则,完整统一的人格开始消解,人的身体与心灵严重对立起来。于是乎,尼采喊出了他那个时代反对理性主义神话的最强音——上帝死了,必须重估一切价值。在他看来,西方自柏拉图以来的一切主流价值,本质上无一例外地都是建立在理性主义的基础上的,都是以牺牲人更加本源的非理性本能为代价的,这是对原本和谐统一的完整生命的破坏,是人为建立起来的理性神话。应该说,尼采的这种立场代表了哲学史上对理性主义价值观的最严厉的批判,具有划时代的意义。但是,他的这种非理性主义的哲学立场,也彻底颠覆了传统的价值和意义,从而陷入一种历史虚无主义。事实上,真正有意义的哲学应该同时兼顾人的理性与非理性方面,即要从总体上去关注人类社会,关注生活世界。

马克思在批判传统哲学陷入空想的基础上,提出了改变世界的实践哲学,从而将哲学与改变世界真正地联系了起来。他通过对传统哲学的批判,通过对政治经济学的考察和批判，将哲学与现实联系了起来。例如，他在《德意志意识形态》中指出："我们开始要谈的前提并不是任意设想出来的，它们不是教条，而是一些只有在思想中才能加以抛弃的现实前提。这是一些现实的个人，是他们的活动和他们的物质生活条件，包括他们得到的现成的各由他们自己活动所创造出来的物质生活条件。因此，这些前提可以用纯粹经验的方法来确定。"[1]也就是说，只有现实的个人及其实践活动，才是我们改变世界的真正前提。只有在这个前提下，人们才有可能真正实现自己改变世界的目标。但是，在具体构想改变世界的蓝图时，马克思又不自觉地坠入黑格尔的思想当中，现实的个人及其活动成为最终实现自身总体性的一个环节和手段。因此，从这个意义来看，马克思仍然没有真正超越黑格尔，其总体观仍然是一种传统哲学的总体观。

后现代主义似乎从尼采的思想中找到了灵感，它们极力地批判传统，尤其是批判传统哲学的总体观。在它们看来，传统哲学的总体观是一种压抑形式，它以总体的形式压抑了部分，以本质压抑了现象，以中心压抑了边缘。因此，必须驱除这种以压抑为特征的总体，代之以独立的碎片。于是乎，碎片取代了总体，差异取代了同一，世界变成了一个绝对多元的世界。"怎样都行"，哲学变成了一种玩弄碎片、没有任何规则的游戏。然而，就是在这样一种碎片化的世界中，人们非但无法找回失落的价值和尊严，反而面临一种更加凄惨的局面：信仰缺失，道德滑坡，价值虚无，无家可归，一切陷入一种无意义的状态之中，人类面临一个失去生存根基的状况。

显然，破碎的现实与人的生存之道是背道而驰的，人类的形而上学本性决定了我们只能选择总体之路。只不过这种与人类生存相一致的总体，不可能是传统哲学所主张的那种总体，而是一种具有实践特质的有限总体。在这种总体中，同一性和差异性能够得到有限的统一，同一性作为一种范式，能够自觉地引导和规范各种差异性，以使各种差异性呈现出一种秩序性，同时，差异性也不排斥同一性，它是同一性成立的前提，只有这样，总体才能够真正与人的生存与发展密切联系起来。

本书通过对哲学史上各种具有代表性的总体性观念的考察，基本上阐

---

[1]《马克思恩格斯全集》第3卷，人民出版社，北京，1960年版，第23页。

明了传统哲学总体观在实践时所遭遇困境的原因,并在这个基础上提出了一种走出总体观的实践困境的出路。这是一种在真正实践("做")意义上对总体范畴的考察,其最终的理论依据是亚里士多德的实践智慧。但是,值得注意的是,这只是我们对总体范畴的实践意义的一种探讨,而不是一劳永逸的解决。事实上,总体问题作为一个哲学问题,是一个永远都无法完全解开的"谜",任何关于它的阐释,都只能是其中的一个相对有限的"谜底"。正如雅斯贝斯所指出:"关于我们能够认识总体之历史真相及当下真相的观点,是错误的。这个所谓的总体是否存在,本身是一个疑问。不管我把时代看作是一个精神原则,还是看作一种特定的生活感觉,或一种社会结构,或特殊的经济秩序,或特定的政治制度——不管取哪一种看法,那被我所把握的,都不是总体的最终根源,而仅仅是可以达到的诸考察面之一。"[①]因此,任何关于总体问题的探讨,都不可能有一个绝对肯定的答案,关于总体问题的探讨仍然在途中。

[①] 卡尔·雅斯贝斯:《时代的精神状况》,王德峰译,上海译文出版社,上海,1997年版,第24—25页。

参考文献

一、外文著作

Aristotle, *Metaphysics*, Columbia University Press, New York, 1952.

Beiser, **Frederick C.**, *German Idealism*, Harvard College Press, New York, 2002.

Grim, **Patrick**, *The Incomplete Universe*, The MIT Press, London, 1991.

Grumley, **John E.**, *History and Totality*, Routledge, New York, 1989.

Jay, **Martin**, *Marxism and Totality*: *The Adventures of a Concept from Lukács to Habermas*, University of California Press, California, 1984.

Wood, **Allen W.**, *Karl Marx*, Routledge, New York, 2004.

Yu, **Jiyuan**, *The Ethics of Confucius and Aristotle*, Routledge, New York, 2007.

二、汉译著作

阿多尔诺:《否定的辩证法》,张峰译,重庆出版社,重庆,1993年版。

阿尔森·古留加:《黑格尔小传》,刘半九、伯幼等译,商务印书馆,北京,1980年版。

安东尼·吉登斯:《现代性的后果》,田禾译,译林出版社,南京,2000年版。

安东尼奥·葛兰西:《狱中札记》,曹雨雷等译,中国社会科学文献出版社,北京,2000年版。

安·兰德:《客观主义认识论导论》,江怡等译,华夏出版社,北京,2007年版。

安托瓦纳·贡巴尼翁:《现代性的五个悖论》,许均译,商务印书馆,北京,2005年版。

奥古斯丁:《忏悔录》,周士良译,商务印书馆,北京,1963年版。

奥古斯丁:《上帝之城》下卷,王晓朝译,人民出版社,北京,2006年版。

奥托·柏格勒:《海德格尔的思想之路》,宋祖良译,仰哲出版社,台北,1994年版。

贝奈戴托·克罗齐:《历史学的理论和实际》,傅任敢译,商务印书馆,北京,1982年版。

柏拉图:《理想国》,郭斌和、张竹明译,商务印书馆,北京,1986年版。

布鲁诺:《论本原、原因与太一》,汤侠声译,商务印书馆,北京,1998年版。

戴维·多伊奇:《真实世界的脉络》,梁焰、黄维译,广西师范大学出版社,桂林,2002年版。

E.策勒尔:《古希腊哲学史纲》,翁绍军译,山东人民出版社,济南,1992年版。

恩斯特·卡西尔:《人论》,甘阳译,上海译文出版社,上海,1986年版。

费希特:《费希特著作选集》第1卷,梁志学译,商务印书馆,北京,1990年版。

弗朗西斯·福山:《历史的终结及最后之人》,黄胜强、许铭原译,中国社会科学出版社,北京,2003年版。

弗雷德里克·詹姆逊:《政治无意识》,王逢振、陈永国译,中国社会科学文献出版社,北京,1999年版。

康德:《纯粹理性批判》,李秋零译,中国人民大学出版社,北京,1960年版。

康德:《未来形而上学导论》,庞景仁译,商务印书馆,北京,1997年版。

康德:《历史理性批判文集》,何兆武译,商务印书馆,北京,1990年版。

海德格尔:《存在与时间》,陈嘉映等译,生活·读书·新知三联书店,北京,1999年版。

海德格尔:《路标》,孙周兴译,商务印书馆,北京,2001年版。

赫伯特·马尔库塞:《爱欲与文明》,黄勇、薛民译,上海译文出版社,上海,1987年版。

赫伯特·马尔库塞:《单向度的人》,张峰、吕世平译,重庆出版社,重庆,1988年版。

赫伯特·马尔库塞:《理性和革命》,程志民等译,重庆出版社,重庆,1993年版。

H.D.F.基托:《希腊人》,徐卫翔、黄韬译,上海世纪出版集团,上海,2006年版。

黑格尔:《法哲学原理》,范扬、张企泰译,商务印书馆,北京,1961年版。

黑格尔:《精神现象学》(上、下),贺麟、王玖兴译,商务印书馆,北京,1979年版。

黑格尔:《历史哲学》,王造时译,上海书店出版社,上海,1999年版。

黑格尔:《小逻辑》,贺麟译,商务印书馆,北京,1980年版。

黑格尔:《哲学史讲演录》第1卷,贺麟、王太庆译,商务印书馆,北京,1959年版。

黑格尔:《哲学史讲演录》第2卷,贺麟、王太庆译,商务印书馆,北京,1960年版。

黑格尔:《自然哲学》,梁志学等译,商务印书馆,北京,1980年版。

金德里希·泽勒尼:《马克思的逻辑》,中共中央党校科研办公室编译,中央党校出版社,北京,1986年版。

卡尔·洛维特:《从黑格尔到尼采》,李秋零译,生活·读书·新知三联书店,北京,2006年版。

卡尔·洛维特:《世界历史与救赎历史——历史哲学的神学前提》,李秋零、田薇译,生活·读书·新知三联书店,北京,2002年版。

卡尔·雅斯贝斯:《时代的精神状况》,王德峰译,上海译文出版社,上海,1997年版。

卡莱尔·科西克:《具体的辩证法》,傅小平译,社会科学文献出版社,北京,1989年版。

凯蒂·索珀:《人道主义与反人道主义》,廖申白、杨清荣译,华夏出版社,北京,1999年版。

孔狄亚克:《人类知识起源论》,洪洁求等译,商务印书馆,北京,1997年版。

拉伯雷:《巨人传》,成钰亭译,上海译文出版社,上海,1981年版。

理查德·J.伯恩斯坦:《超越客观主义和相对主义》,郭小平等译,光明日报出版社,北京,1992年版。

理查德·罗蒂:《后形而上学希望》,张国清译,上海译文出版社,上海,2003年版。

里夏德·克朗纳:《论康德与黑格尔》,关子尹译,同济大学出版社,上海,2004年版。

卢卡奇:《关于社会存在的本体论》上卷,白锡堃等译,重庆出版社,重庆,1993年版。

卢卡奇:《历史与阶级意识——关于马克思主义辩证法的研究》,杜智章等译,商务印书馆,北京,1992年版。

卢梭:《论人类不平等的起源和基础》,李常山译,商务印书馆,北京,1996年版。

马克思:《1844年经济学哲学手稿》,人民出版社,北京,2000年版。

马克思、恩格斯:《马克思恩格斯选集》(第1—4卷),人民出版社,北京,1995年版。

马克思、恩格斯:《马克思恩格斯全集》,第1、2、3、6、13、23、24、31、40、41、42、46卷(上),人民出版社,北京,1956—1982年版。

马克斯·霍克海默:《批判理论》,李小兵等译,重庆出版社,重庆,1989年版。

马克斯·霍克海默、特奥多·阿多尔诺:《启蒙辩证法》,洪佩郁、蔺月峰译,重庆出版社,重庆,1990年版。

马克斯·韦伯:《经济与社会》(上),林荣远译,商务印书馆,北京,1997年版。

迈克尔·达米特:《形而上学的逻辑基础》,任晓明、李国山译,中国人民大学出版社,北京,2004年版。

米歇尔·福柯:《疯癫与文明》,刘北成、杨远婴译,生活·读书·新知三联书店,北京,1999年版。

米歇尔·福柯:《规训与惩罚》,刘北成、杨远婴译,生活·读书·新知三联书店,北京,1999年版。

米歇尔·福柯:《知识考古学》,谢强、马月译,生活·读书·新知三联书店,北京,1999年版。

皮埃尔·布迪厄:《实践感》,蒋梓骅译,译林出版社,南京,2003年版。

齐格蒙特·鲍曼:《共同体》,欧阳景根译,江苏人民出版社,南京,2007年版。

R.霍伊卡:《宗教与现代科学的兴起》,丘仲辉等译,四川人民出版社,成都,1999年版。

让—保尔·萨特:《辩证理性批判》,林骧华等译,安徽文艺出版社,合肥,1998年版。

让—弗·利奥塔:《后现代与公正游戏》,包亚明主编,上海人民出版社,上海,1997年版。

让—弗·利奥塔:《后现代状况》,岛子译,湖南美术出版社,长沙,1996年版。

萨特:《存在与虚无》,陈宣良等译,生活·读书·新知三联书店,北京,2007年版。

上海社会科学院哲学所外国哲学研究室编:《法兰克福学派论著选辑》上卷,商务印书馆,北京,1998年版。

圣西门:《圣西门选集》第1卷,王燕生等译,商务印书馆,北京,1979年版。

圣西门:《圣西门选集》第3卷,董果良等译,商务印书馆,北京,1985年版。

思高圣经学会译:《圣经》,思高圣经学会出版社,香港,2006年12月版。

托马斯·库恩:《科学革命的结构》,金吾伦、胡新和译,北京大学出版社,北京,2003年版。

瓦尔特·本雅明:《德国悲剧的起源》,陈永国译,文化艺术出版社,北京,2001年版。

文德尔班:《哲学史教程》(上卷),罗达仁译,商务印书馆,北京,1996年版。

席勒:《审美教育书简》,冯至译,上海人民出版社,上海,2003年版。

西美尔:《金钱、性别、现代生活风格》,顾仁明译,学林出版社,上海,2000年版。

休谟:《人性论》,关文运译,商务印书馆,北京,1983年版。

雅克·德里达:《多重立场》,佘碧平译,生活·读书·新知三联书店,北京,2006年版。

雅克·德里达:《马克思的幽灵》,何一译,中国人民大学出版社,北京,1999年版。

雅克·德里达:《书写与差异》,张宁译,生活·读书·新知三联书店,北京,2001年版。

亚里士多德:《范畴篇》,方书春译,商务印书馆,北京,1959年版。

亚里士多德:《形而上学》,吴寿彭译,商务印书馆,北京,1997年版。

杨祖陶、邓晓芒编译:《康德三大批判精粹》,人民出版社,北京,2001年版。

伊曼努尔·康德:《宇宙发展史概论》,全增嘏译,上海译文出版社,上海,2001年版。

尤尔根·哈贝马斯:《重建历史唯物主义》,郭官义译,社会科学文献出版社,北京,2000年版。

尤尔根·哈贝马斯:《交往行为理论》,曹卫东译,上海人民出版社,上海,2004年版。

尤尔根·哈贝马斯:《理论与实践》,郭官义、李黎译,社会科学文献出版社,北京,2004年版。

尤尔根·哈贝马斯:《认识与兴趣》,郭官义、李黎译,学林出版社,上海,1999年版。

尤尔根·哈贝马斯:《现代性的哲学话语》,曹卫东译,译林出版社,南京,2004年版。

尤尔根·哈贝马斯:《在事实与规范之间》,童世骏译,生活·读书·新知三联书店,北京,2003年版。

于尔根·哈贝马斯:《后形而上学思想》,曹卫东、付德根译,译林出版社,南京,2001年版。

詹明信:《晚期资本主义的文化逻辑》,陈清侨等译,生活·读书·新知三联书店,北京,1997年版。

三、国内著作

安启念:《新编马克思主义哲学发展史》,中国人民大学出版社,北京,2004年版。

包亚明:《一种疯狂守护着思想——德里达访谈录》,上海人民出版社,上海,1997年版。

陈爱华:《法兰克福学派科学伦理思想的历史逻辑》,中国社会科学出版社,北京,2007年版。

陈慧平:《辩证法的当代意蕴》,中国社会科学出版社,北京,2007年版。

陈嘉明:《建构与范导》,社会科学文献出版社,北京,1992年版。

陈学明:《"西方马克思主义"命题辞典》,东方出版社,北京,2004年版。

陈学明、张志孚主编:《当代国外马克思主义研究名著提要》(上、中、下),重庆出版社,重庆,1996年版。

高清海:《"人"的哲学悟觉》,黑龙江教育出版社,哈尔滨,2004年版。

高清海:《思想解放与人的解放》,黑龙江教育出版社,哈尔滨,2004年版。

高清海:《新世纪:"人性革命"时代》,黑龙江教育出版社,哈尔滨,2004年版。

高宣扬:《新马克思主义导引》,台湾远流出版公司,台北,1995年版。

郝立新:《马克思主义哲学研究述评》,中国人民大学出版社,北京,2002年版。

贺来:《边界意识和人的解放》,上海人民出版社,上海,2007年版。

贺来:《辩证法的生存论基础》,中国人民大学出版社,北京,2004年版。

胡企林等编:《马克思主义来源研究论丛》第二十辑,商务印书馆,北京,2000年版。

吉林大学哲学基础理论研究中心编:《哲学基础理论研究》,中国社会科学出版社,北京,2008年版。

江怡主编:《走向新世纪的西方哲学》,中国社会科学文献出版社,北京,2004年版。

金生鈜:《德性与教化——从苏格拉底到尼采:西方道德教育哲学思想研究》,湖南大学出版社,长沙,2003年版。

李秋零、田薇:《神光沐浴下的文化再生》,华夏出版社,北京,2000年版。

刘北成编著:《福柯思想肖像》,北京师范大学出版社,北京,1995年版。

刘放桐等编:《新编现代西方哲学》,人民出版社,北京,2000年版。

刘森林:《辩证法的社会空间》,吉林人民出版社,长春,2005年版。

刘森林:《追寻主体》,社会科学文献出版社,北京,2008年版。

陆杰荣:《形而上学与境界》,中国社会科学出版社,北京,2006年版。

吕国忱:《整体性原则·方法及其应用》,辽宁大学出版社,沈阳,1989年版。

罗嘉昌:《从物质实体到关系实体》,中国社会科学出版社,北京,1996年版。

苗力田主编:《古希腊哲学》,中国人民大学出版社,北京,1989年版。

潘小慧:《德行与伦理》,闻道出版社,台南,2009年版。

潘小慧：《四德行论》，哲学与文化月刊杂志社出版，台北，2007年版。

宋继杰主编：《Being与西方哲学传统》（上、下），河北大学出版社，石家庄，2002年版。

孙伯鍨：《卢卡奇与马克思》，南京大学出版社，南京，1999年版。

孙正聿：《哲学通论》，辽宁人民出版社，沈阳，1998年版。

唐逸：《理性与信仰》，广西师范大学出版社，桂林，2005年版。

佟立：《西方后现代主义哲学思潮研究》，天津人民出版社，天津，2003年版。

王逢振主编：《詹姆逊文集》第4卷，中国人民大学出版社，北京，2004年版。

汪民安等编：《后现代性的哲学话语》，浙江人民出版社，杭州，2000年版。

王南湜：《从领域合一到领域分离》，山西教育出版社，太原，1998年版。

王晓升：《哈贝马斯的现代性社会理论》，社会科学文献出版社，北京，2006年版。

王晓升：《为个性自由而斗争》，社会科学文献出版社，北京，2009年版。

王永祥：《西方同一性思想史》，上海社会科学院出版社，上海，2002年版。

王岳川、尚水编：《后现代主义文化与美学》，北京大学出版社，北京，1992年版。

王治河主编：《全球化与后现代性》，广西师范大学出版社，桂林，2003年版。

邬昆如、高凌霞：《士林哲学》，五南出版公司，台北，1996年版。

夏建国：《实践规范论》，中国社会科学出版社，北京，2006年版。

萧箑父总编：《中国辩证法史稿》（第一卷），武汉大学出版社，武汉，1990年版。

谢永康：《形而上学的批判与拯救》，江苏人民出版社，南京，2008年版。

徐长福：《理论思维与工程思维：两种思维方式的僭越与划界》，上海人民出版社，上海，2002年版。

徐长福：《马克思主义研究的学术化探索》，社会科学文献出版社，北京，2010年版。

徐长福：《拯救实践》（第一卷），重庆出版社，重庆，2012年版。

徐长福：《走向实践智慧》，社会科学文献出版社，北京，2008年版。

徐友渔：《语言与哲学》，生活·读书·新知三联书店，北京，1996年版。

杨寿堪：《冲突与选择——现代哲学转向问题研究》，北京师范大学出版社，北京，1996年版。

俞吾金：《从康德到马克思》，广西师范大学出版社，桂林，2004年版。

俞吾金等：《现代性现象学》，上海社会科学院出版社，上海，2002年版。

张广智：《西方史学史》，复旦大学出版，上海，2000年版。

张康之：《总体性与乌托邦》，吉林出版集团有限责任公司，长春，2007年版。

张汝伦：《历史与实践》，上海人民出版社，上海，1995年版。

张文喜：《颠覆形而上学》，中国社会科学出版社，北京，2004年版。

张西平：《历史哲学的重建》，生活·读书·新知三联书店，北京，1997年版。

张一兵:《回到马克思》,江苏人民出版社,南京,1999年版。

张一兵:《无调式的辩证想象》,生活·读书·新知三联书店,北京,2001年版。

张志伟主编:《西方哲学史》,中国人民大学出版社,北京,2002年版。

张志伟、冯俊、李秋零、欧阳谦:《西方哲学问题研究》,中国人民大学出版社,北京,1999年版。

赵剑英、张一兵主编:《国外马克思主义的基本问题》,社会科学文献出版社,北京,2006年版。

赵修义、童世骏:《马克思恩格斯同时代的西方哲学》,华东师范大学出版社,上海,1996年版。

朱学勤:《道德理想国的覆灭》,上海三联书店,上海,1994年版。

邹诗鹏:《实践:生存论》,广西人民出版社,南宁,2002年版。

左丘明撰:《国语》,齐鲁出版社,济南,2005年版。

《外国哲学史研究集刊》第一辑,上海人民出版社,上海,1978年版。

《诸子集成·论语正义》,岳麓书社,长沙,1996年版。

四、论文

白利鹏:《建构新的生活观念与哲学观念的假设性》,载《长白学刊》,2007年第1期。

陈建涛:《总体性逻辑是马克思研究社会历史的基本方法》,载《陕西师大学报》(哲学社会科学版),1992年第1期。

陈胜云:《阿多诺与总体性》,载《江苏社会科学》,1999年第5期。

陈学明、孙云龙:《渴望总体》,载《哲学研究》,2005年第10期。

陈永国:《总体性与物化:詹姆逊批评理论中的两个重要概念》,载《山东师范大学外国语学院学报》,1999年创刊号(总第1期)。

E.莱维纳斯:《总体与无限》前言,朱刚译,载《世界哲学》,2008年第1期。

范晓丽:《历史维度:马尔库塞对马克思辩证法的理解》,载《齐鲁学刊》,2005年第5期。

傅永军:《理性缺位的总体性批判》,载《山东大学学报》(哲学社会科学版),2006年第6期。

傅永军:《论马尔库塞的理性观》,载《齐鲁学刊》,2005年第5期。

何中华:《如何看待马克思和恩格斯的思想差别》,载《现代哲学》,2007年第3期。

胡蕊:《"总体的人":西方马克思主义对人的发展的诉求》,载《黑龙江社会科学》,2008年第3期。

黄文前:《现代视域中的实践概念》,载《马克思主义与现实》,2004年第5期。

江德兴、张国顺:《实践范畴与马克思主义的总体逻辑》,《思想理论教育导刊》,2008年第2期。

蔻鸿顺:《论卢卡奇对马克思总体性思想的反思与建构》,载《郑州大学学报》(哲学社会科学版),2006年第5期。

李剑凤:《马尔库塞的艺术新感性思想研究》,载《江西社会科学》,2006年第3期。

李建群、杨晓英:《总体性方法与现代社会发展观》,载《西安交通大学学报》(社会科学版),2001年第4期。

李金辉:《西方人本主义马克思主义的理论困境反思——"总体性"概念的历史考辩》,载《学术交流》,2005年第2期。

李弢:《非总体的星丛——批判理论的阿多诺维度》,载《同济大学学报》(社会科学版),2007年第2期。

李晓林:《论马尔库塞的审美功能观》,载《山东大学学报》(哲学社会科学版),2000年第6期。

李晓晴:《马尔库塞文化批判理论的思想渊源》,载《理论探讨》,2002年第1期。

李震:《多玛斯哲学中"存在"的意义和重要性》,载《哲学与文化月刊》,2004年3月第358期。

梁树发:《马克思主义整体性与马克思主义定义问题》,载《党政干部学刊》,2005年第3期。

刘洪生:《马克思主义总体观及其理论意义》,载《哲学动态》,2006年第6期。

刘均:《"历史的总体"和"个体的总体"》,载《广西社会科学》,2000年第5期。

刘森林:《恩格斯与辩证法:误解与澄清》,载《南京大学学报》(哲学·人文科学·社会科学),2005年第1期。

刘森林:《外推背景下的总体性:对总体性的一种辩护》,载《学习与探索》,2003年第1期。

刘忠世:《结构与过程:马克思历史理论的总体构成》,载《现代哲学》,2001年第4期。

刘习根:《卢卡奇的历史总体解析》,载《前沿》,2009年第3期。

刘习根:《文化的总体性》,载《北方论丛》,2009年第2期。

刘习根:《形而上学形式的辩证法》,载《内蒙古大学学报》,2009年第1期。

刘习根:《总体性与和谐社会》,载《北京交通大学学报》(社会科学版),2010年第1期。

陆剑杰:《论马克思主义哲学实践范畴的总体性》,载《党政干部学刊》,2006年第8期。

马俊峰:《马克思主义哲学的总体精神与研究范式》,载《中国人民大学学报》,2008年第2期。

马腾:《哲学思维方式总体演变初析》,载《涪陵师范学院学报》,2002年第4期。

莫伟民:《论福柯非历史主义的历史观》,载《复旦学报》(社会科学版),2001年第3期。

欧阳康:《实践哲学的反思与建构》,载《华中科技大学学报》(人文社会科学版),2002年第3期。

盛卫国:《异化缘起的实践总体性解》,载《内蒙古社会科学》(汉文版),2006年第5期。

王东:《马克思主义哲学创新之道》,载《中共中央党校学报》,2007年第3期。

王福生:《现代性批判与总体性辩证法》,载《岭南学刊》,2008年第1期。

王公晓:《辩证思维的支柱——卢卡奇的总体性思想》,载《岱宗学刊》,2007年第2期。

王会平:《论哲学"终极关怀"》,载《社会科学辑刊》,2005年第3期。

王金林:《"一个包裹三封信"》,载《世界哲学》,2007年第2期。

王庆丰:《辩证法与反形而上学》,载《长白学刊》,2007年第6期。

王永战:《从卢卡奇的总体性思想看资本主义物化的消除》,载《理论界》,2007年第9期。

王雨辰:《论马尔库塞的马克思主义哲学观》,载《山东社会科学》,2008年第3期。

吴静:《〈辩证理性批判〉中的"总体性"与"总体化"辨析》,载《湖南社会科学》,2004年第6期。

吴友军:《论卢卡奇社会历史辩证法的总体性理论之困境》,载《哲学动态》,2006年第6期。

吴玉敏:《总体性、实践性、历史性》,载《求实》,2005年第7期。

谢永康:《反体系还是有限体系》,载《天津社会科学》,2004年第2期。

谢永康:《走向实践哲学之路》,载《学术月刊》,2006年第5期。

邢立军:《阿多诺与总体性的真实关系》,载《吉林师范大学学报》(人文社会科学版),2006年第1期。

邢立军:《差异时代的总体性:詹姆逊的总体性思想评析》,载《江西社会科学》,2007年第10期。

邢立军:《物化幻影背后的抵抗》,载《河南师范大学学报》(哲学社会科学版),2007年第5期。

熊明:《哲学的逻辑起点》,载《湖北社会科学》,2004年第9期。

荀明俐、郑克岭:《马尔库塞技术理性批判的前提批判》,载《大庆师范学院学报》,2008年第1期。

仰海峰:《后现代语境与马克思哲学总体性概念的再思考》,载《现代哲学》,2004年第4期。

杨海征:《现代性视域中的总体性概念与人类解放》,载《马克思主义与现实》,2006年第5期。

杨伍栓:《对卢卡奇总体性理论的再认识》,载《高校理论战线》,2003年第9期。

杨秀芝:《德里达解构主义理论解读》,载《理论月刊》,2005年第4期。

杨亚玲:《詹姆逊对马克思主义总体性的继承、捍卫和阐发》,载《黑龙江社会科学》,2007年第5期。

于永梅、刘强、杜向民:《论科尔施的总体性理论及其现实意义》,载《辽宁工程技术大学学报》(社会科学版),2007年第3期。

张盾:《问题意识:马克思主义哲学研究的创新路径》,载《天津社会科学》,2006年第3期。

张桂枝:《从总体性到总体化》,载《燕山大学学报》(哲学社会科学版),2008年第1期。

张嘉滨:《论马克思哲学的形上意蕴》,载《学术交流》,2003年第7期。

张金鹏:《具体总体:世界的本真之维》,载《南京社会科学》,2006年第4期。

张彭松:《"永不在场"的乌托邦》,载《北方论丛》,2004年第6期。

张曙光:《社会的总体性和人的主体性》,载《中州学刊》,1993年第5期。

张爽:《总体性:和谐社会的价值向度》,载《江淮论坛》,2008年第2期。

张一兵:《科西克的具体总体观探析》,载《唯实》,2000年第7期。

张一兵:《世界历史与自然历史》,载《理论探讨》,2001年第3期。

张一兵:《哲学本体论视域中的具体性规定》,载《东南大学学报》(哲学社会科学版),2000年第5期。

张翼星、杨生平:《试论卢卡奇的总体性思想》,载《江淮论坛》,1991年第2期。

赵司空:《论卢卡奇的总体性理论对构建和谐社会的意义》,载《江淮论坛》,2008年第3期。

赵文:《马克思"总体性"的三重维度》,载《陕西师范大学学报》(哲学社会科学版),2007年第4期。

郑祥福:《马克思主义的总体性及其当代意义》,载《福建论坛》(人文社会科学版),2007年第6期。

钟丽茜:《调和还是屈从:论审美回忆的整合作用》,载《广西师范大学学报》(哲学社会科学版),2004年第4期。

周建漳:《目的论视角与历史意义问题》,载《哲学研究》,2008年第2期。

邹广文:《关注整体性:文化哲学的重要问题》,载《河北学刊》,2007年第2期。

邹诗鹏:《"西马"当代资本主义研究的文化及历史检视》,载《南京大学学报》(哲学人文科学社会科学版),2007年第2期。

邹诗鹏:《新时代的历史哲学何为?》,载《天津社会科学》,2001年第1期。

邹诗鹏:《哲学究竟是什么学科》,载《教学与研究》,2006年第4期。

邹之坤、卓越:《卢卡奇的"总体性"对科学思维的反驳》,载《国外理论动态》,2008年第10期。

五、博士论文和硕士论文

高广旭:《历史辩证法的逻辑支点》,吉林大学硕士论文,2007年。
梅智超:《对实践活动的总体性分析》,中国人民大学博士论文,1995年。
王秀芬:《哲学的总体性关怀》,黑龙江大学硕士学位论文,2005年。

《总体与实践》后记

刘习根

本书浓缩了我博士研究生学习阶段的主要研究成果,它凝聚了徐长福先生的许多心血。在求学于先生以前,我是偶然在一个研讨会上接触到他的思想的。当时,我被他关于理论与实践之间关系的重新解读的思想所吸引。会后,我提出了向他求学的愿望。没想到先生很爽快地答应了我的请求,并赠送了他最新的一些学术论文给我,并叮嘱我若想入门,就一定要了解他的学术思想。如愿求学于先生门下之后,先生严谨的学风使我在对待任何一个学术问题上都不敢有半点马虎。记得在每个学期的读书汇报会上,先生都会认真倾听我们的读书心得和体会,每遇到有疑问的地方,先生总会耐心地给我们一一指出,并要求我们一定要论证充分。先生的这种熏陶,促使我养成了一种非常严谨的学术态度。

在本书的成稿过程中,先生也给予了悉心指导。在了解到我想作一个与形而上学相关内容的主题后,先生多次找我交流看法,并把他所找到的相关问题的最新研究资料提供给我。书稿成型后,先生又多次全文批阅把关,力图最大程度地保证书稿的学术价值,其认真之程度令我无比感激。此外,先生还鼓励我尽可能参加学术交流,如鼓励并推荐我参加2007年吉林大学主办的全国研究生哲学暑期会议、2009年辅仁大学主办的第六届士林哲学讲习会。这些交流与学习不仅开阔了我的哲学视野,也提升了我的哲学素养,本书稿的完成就是一个较好的体现。

本书选择"总体与实践"作为题目,似乎与时下流行的后现代主义格格不入。其实不然,因为追求总体性是人的形而上学本性,无论什么时候我们都必须保持这种本性。况且,本书探讨总体并非要排斥差异和多元,而是要探讨一种具有实践特质的总体。当然,这样一种从形上到形下的跨越,必然遇到很多困难和挑战。这也是我在写作过程中的一个深刻体会。现在书稿写成,也得到了一些专家的鼓励和肯定,但我总是为其中不能进一步完善的地方而忐忑。诚然,进一步的完善还需要我不断地积累和努力,正所谓"路漫漫其修远兮,吾将上下而求索"。

本书的成稿,也凝聚了其他老师和亲朋的大量心血。这里,我首先要感谢中山大学哲学系的刘森林教授、旷三平教授、马天俊教授、徐俊忠教授、王晓升教授,他们的教诲是本书得以成稿的另一个重要原因。特别是马天俊教授,他仔细阅读了我书稿的全文,并提出了很多有启发性的建议。此外,我还要感谢吉林大学哲学社会学院的贺来教授、孙正聿教授、孙利天教授、姚大志教授,辅仁大学哲学系的潘小慧教授、尤煌杰教授、黎建球教授、邬昆如教授、沈清松教授、张雪珠教授、张振东教授、房志荣教授、李震教授,南开大学哲学院的王南湜教授,中国人民大学的张康之教授,苏州大学的车玉玲教授,华南师范大学的王宏维教授、刘卓红教授,广东省肇庆学院的黎玉琴教授,他们均给予了我学术上的关心与指导。另外,我的同门同学卢永欣、刘宇、马万东、吕春颖、赵映香、张守奎等对于本书的成稿也给予了恳切帮助。

本书作为2011年度教育部人文社会科学重点研究基地重大项目"实践语言、实践思维与实践智慧"(项目批准号:11JJD710010)的中期成果得到了重庆出版集团的大力支持。重庆出版集团重点图书编辑室的各位编辑、专家为本书的出版提供了大量学术上的指导和帮助。尤其是本书的责任编辑秦琥先生,为了使本书尽可能完善,数次不辞劳苦地穿梭于重庆与广东两地,其严谨的学术态度令我钦佩。对于他的帮助,本人在此深表感谢。

我的家人的无私付出更是本书得以成稿的一个决定性因素,他们帮我承担了家里的一切事务,免除了我的后顾之忧,使我能够专心地从事书稿的写作。尤其是我的妻子周黄琴,在辛苦工作的同时,还承担着抚养小孩的重任。此外,我还要感谢我的工作单位——广东省肇庆学院为我的研究所提供的一切便利和条件。希望本书的出版能够体现出它应有的价值,以酬谢大家的关心和帮助。

2013年6月